新编21世纪高等职业教育精品教材
公共基础课系列

中华优秀传统文化

主编 姚勇
副主编 张建明 曹畅 张小静

中国人民大学出版社
·北京·

图书在版编目（CIP）数据

中华优秀传统文化 / 姚勇主编. --北京：中国人民大学出版社，2022.8
新编21世纪高等职业教育精品教材. 公共基础课系列
ISBN 978-7-300-30865-4

Ⅰ. ①中… Ⅱ. ①姚… Ⅲ. ①中华文化—高等职业教育—教材 Ⅳ. ①K203

中国版本图书馆 CIP 数据核字（2022）第 134993 号

新编 21 世纪高等职业教育精品教材 · 公共基础课系列
中华优秀传统文化
主　编　姚　勇
副主编　张建明　曹　畅　张小静
Zhonghua Youxiu Chuantong Wenhua

出版发行	中国人民大学出版社		
社　　址	北京中关村大街 31 号	**邮政编码**	100080
电　　话	010-62511242（总编室）		010-62511770（质管部）
	010-82501766（邮购部）		010-62514148（门市部）
	010-62515195（发行公司）		010-62515275（盗版举报）
网　　址	http: // www. crup. com. cn		
经　　销	新华书店		
印　　刷	北京宏伟双华印刷有限公司		
开　　本	787 mm × 1092 mm　1/16	**版　　次**	2022 年 8 月第 1 版
印　　张	18.25　插页 1	**印　　次**	2025 年 1 月第 7 次印刷
字　　数	403 000	**定　　价**	40.00 元

前言

QIAN YAN

党的二十大报告指出："中华优秀传统文化源远流长、博大精深，是中华文明的智慧结晶，其中蕴含的天下为公、民为邦本、为政以德、革故鼎新、任人唯贤、天人合一、自强不息、厚德载物、讲信修睦、亲仁善邻等，是中国人民在长期生产生活中积累的宇宙观、天下观、社会观、道德观的重要体现，同科学社会主义价值观主张具有高度契合性。"

中华优秀传统文化是实现中华民族伟大复兴的文化根基，中华民族在5000多年绵延不断的文化发展过程当中，创造了博大精深的优秀文化。这是中国人的基因，是中国人的根和魂。一个民族失去了自己的优秀传统文化，这个民族也就不复存在了。世界古代四大文明——古巴比伦文明、古埃及文明、古印度文明、中华文明中，唯独中华文明绵延不断，就是因为中国人民始终把中华优秀文化作为自己的根和魂，它已经成为中华儿女的基因，生生不息地流淌在我们的血液当中。

中华优秀传统文化源远流长，是中国宝贵的文化遗产，也是世界文化遗产，是世界文明的重要组成部分，是中国对世界文化的巨大贡献。教育部印发的《完善中华优秀传统文化教育指导纲要》指出："加强中华优秀传统文化教育，是深化中国特色社会主义教育和中国梦宣传教育的重要组成部分。"2017年，中共中央办公厅、国务院办公厅印发《关于实施中华优秀传统文化传承发展工程的意见》指出："中华文化源远流长、灿烂辉煌。在5000多年文明发展中孕育的中华优秀传统文化，积淀着中华民族最深沉的精神追求，代表着中华民族独特的精神标识，是中华民族生生不息、发展壮大的丰厚滋养，是中国特色社会主义植根的文化沃土，是当代中国发展的突出优势，对延续和发展中华文明、促进人类文明进步，发挥着重要作用。"2021年，中央宣传部印发《中华优秀传统文化传承发展工程"十四五"重点项目规划》指出："加强党对文化工作的领导，加强顶层设计，推动中华优秀传统文化传承发展走上积极健康、规范有序的轨道。这是建设社会主义文化强国的重大战略任务，对于延续中华文脉、全面提升人民群众文化素养、维护国家文化安全、增强国家文化软实力、推进国家治理体系和治理能力现代化，具有重要意义。"

中华民族的伟大复兴离不开经济发展，也离不开中华文化的兴盛和发展。而中华文化的兴盛和发展，需要我们每一个中国人自觉学习、传承并弘扬。

为了更好地开展中华优秀传统文化教育，我们编写了这本教材。

本书共有九章内容，分别是：道——哲学道德；文——诗词歌赋；武——纵横江湖；艺——琴棋书画；食——珍馐美味；衣——衣冠上国；住——亭台楼阁；行——阡陌交通；用——金玉陶瓷。本书每章均以“习言习语”开篇，设置了“引经据典”“案例导入”“理论讲坛”“知识视窗”“古为今用”“学思践悟”等栏目，并加入了“拓展阅读”“视频赏析”等二维码教学资源，供读者随扫随学，是一本新形态一体化教材。

本书具有较强的理论性、知识性、可读性和趣味性，力求做到理论联系实际，学以致用。以经典文本为据，以古今案例为辅，深入浅出，结合日常工作、学习、生活的实际，辨析传统文化的独特内涵与当代价值，切实弘扬中华传统文化传承至今的精神内核，捍卫中华传统文化中的优秀理念，筑就每一个中国人挺立的精神人格。

本书由姚勇担任主编，张建明、曹畅、张小静担任副主编，参加编写的老师还有张超、朱越、许亦、刘江珊。具体编写分工如下：张建明（第二章）、曹畅（第五章、第六章）、张小静（第八章）、张超（第一章、第三章）、朱越（第四章）、许亦（第九章）、刘江珊（第七章），全书由姚勇负责框架结构的设计、具体写作的指导和最后的统稿审稿，张建明、曹畅负责书稿的整理和初步审定工作。

由于时间有限，加之编写者水平有限，书中难免会有疏漏和不当之处，我们真诚地希望广大的学生朋友和专家学者提出宝贵的意见和建议，以便我们进一步完善。在本书的编写过程中，我们参考和借鉴了中华优秀传统文化领域的许多论著、教材等资料，在此谨向原作者表示衷心的感谢！

编者

目录

| MU LU |

第一章

道——哲学道德

习言习语

中国是有着悠久文明的国家。在世界几大古代文明中，中华文明是没有中断、延续发展至今的文明，已经有5000多年历史了。我们的祖先在几千年前创造的文字至今仍在使用。2000多年前，中国就出现了诸子百家的盛况，老子、孔子、墨子等思想家上究天文、下穷地理，广泛探讨人与人、人与社会、人与自然关系的真谛，提出了博大精深的思想体系。他们提出的很多理念，如孝悌忠信、礼义廉耻、仁者爱人、与人为善、天人合一、道法自然、自强不息等，至今仍然深深影响着中国人的生活。中国人看待世界、看待社会、看待人生，有自己独特的价值体系。中国人独特而悠久的精神世界，让中国人具有很强的民族自信心，也培育了以爱国主义为核心的民族精神。

——2014年4月1日习近平在比利时布鲁日欧洲学院谈中华文明

中国是世界上少数几个文明古国之一，有数千年灿烂辉煌的历史。中国哲学思想源远流长，她记录了伟大的中华民族在漫长的岁月里认识世界、改变世界的艰难曲折历程，集中了中华民族的智慧，沉淀于中华民族文化的深层，成为中华民族的民族自信心、凝聚力和智慧洞察力的精神源泉。

思想是文化的核心，中国哲学思想对中国古代政治、经济、哲学、文学、艺术、军事、科技、教育等方面有着深层次的影响，并发挥着潜移默化的作用。在中国传统文化中，以传统思想为代表的精神文化最能体现中华民族优秀的传统文化，充分反映了中华民族对和平、安定生活环境的向往，对和谐、稳定社会秩序的期盼，对美好、富足生活追求的渴望，进而推动了中国社会的文明发展进程。

第一节　景行维贤，厚德载物

引经据典

（乾卦）象曰：天行健，君子以自强不息；

（坤卦）象曰：地势坤，君子以厚德载物。

——《周易》

拓展阅读：《周易》释义

案例导入

庄子行于山中

庄子行于山中，见大木枝叶盛茂，伐木者止其旁而不取也。问其故，曰：“无所可用。”

庄子曰：“此木以不材得终其天年。”夫子出于山，舍于故人之家。故人喜，命竖子杀雁而烹之。

竖子请曰：“其一能鸣，其一不能鸣，请奚杀？”

主人曰：“杀不能鸣者。”

明日，弟子问于庄子曰：“昨日山中之木，以不材得终其天年，今主人之雁，以不材死；先生将何处？”

庄子笑曰：“周将处乎材与不材之间。材与不材之间，似之而非也，故未免乎累。若夫乘道德而浮游则不然，无誉无訾，一龙一蛇，与时俱化，而无肯专为；一上一下，以和为量，浮游乎万物之祖，物物而不物于物，则胡可得而累邪！此神农、黄帝之法则也。若夫万物之情，人伦之传，则不然。合则离，成则毁；廉则挫，尊则议；有为则亏，贤则谋，不肖则欺，胡可得而必乎哉！悲夫！弟子志之，其唯道德之乡乎！”（《庄子·山木》）

思考：

这个故事告诉我们，一个事物是否是“材”，要取决于他的功用，当你跳出这个逻辑之后，你才能辨识出万物之理。你认为中国传统哲学有什么精神？为何能够成为“经典”？

理论讲坛

中华民族的祖先以独特的生命智慧形成了中华文化。早在5000多年前我们就拥有了自己的文学、历史、舞蹈、音乐等，所创造的物质和精神财富如同夜晚的繁星一样不胜枚举，不断向世界展现着东方智慧和她无穷的魅力，并且为当今世界的和平、发展、繁荣作出了巨大的贡献。同时，中华民族也是世界上最早创造自己哲学思想的伟大民族之一。中华民族的传统哲学，凝聚了中华民族 5000 多年来的思想财富，承载着中华民族的生活理想。

拓展阅读：中国哲学产生的背景

一、中国传统哲学的内涵

哲学贵于高明，基于联想、抽象、辨析、分析、综合，以至顿悟，饱含智慧。以热爱为由，探究为据，成于大智慧，论天人古今，瞬息万物，皆析其理、审其美；论天地与生民，立心立命。哲学是智慧的高度结晶，反思、批判、变革，促进人类的自我超越与发展。

中国传统哲学作为中华文化的重要组成部分，对其价值的认识不应该仅仅局限于其产生与发展的时代——中国古代长期的封建社会，更应当以当代的视角对其价值进行现代性的重估。中国传统哲学在经历了被推崇、被质疑、被抛弃之后，在当代又重新被世界所重视，被国人所重视。而站在中国发展哲学的视域中反观中国传统哲学，我们可以发现诸多的可取之处。尤其是在中国发展哲学研究方兴未艾之时，其理论构建呼唤中国传统哲学的加入。这不仅是对中国传统哲学价值的全新认识，也是对中国发展哲学理论体系的特色建构。

二、中国传统哲学的精神

中国传统哲学的精神特征主要表现在天人合一、生命至上、以人为本、和谐共生、阴阳平衡五个方面。

1. 天人合一

“天人合一”为中国哲学思想，儒、道、释等诸家各有阐述。天指天空，也指天道，还指自然大道。道家所说的天，多指自然、天道。天人合一，多指人与道合即“天地与我并生，万物与我为一”的境界，也指天人相合相应，人是自然的一部分。在中国传统哲学中，能够突出地体现整体观思想的就是关于天人关系的思想。天人关系是中国五行学说中的重要命题，关于天人关系的基本观点也是中国传统思想的一个重要特征。

2. 生命至上

中国传统哲学从春秋时期便集中在以生命为中心的哲学上，是一套生命哲学，强调了生命对于中国人所具有的极其重要的意义。生命之所以重要，在于它所体现出来的价值。生命普遍贯穿于万物之中，其价值也就在万物之中得到了普遍体现。我们要不断地提升生命意义，增进生命价值，再接再厉，以止于至善。

3. 以人为本

以人为本，把人类的生存作为根本；或者，把人当作社会活动的成功资本。以人为本，要回答在我们生活的这个世界上，什么最重要、什么最根本、什么最值得我们关注的问题。以人为本的思想基础是历史唯物主义。从历史唯物主义的角度来看，历史是人民群众创造的，人民群众创造物质财富和精神财富，是社会变革的决定力量。人民群众是历史的主人。以人为本，就是以人民群众为根本、为依靠、为目的。

4. 和谐共生

中国传统哲学重视和谐共生，于个体而言，这种思想适用于人的感情，也同样适用于人的欲望。当人的感情和欲望都表现得合乎分寸，他的内心便达到一种平衡，这是精神健康所必需的。对整个社会来说，各种人都懂得适度地满足自己的欲望和感情，这时，社会便达到和谐、安定、秩序井然的状态。

5. 阴阳平衡

阴阳，是中国传统哲学中的重要范畴。它作为哲学思想渗透于中国人民生活的方方面面，也在思想家、哲学家、科学家的心目中占有重要位置。

阴阳学说是我国最古老的哲学理论之一，阴阳的概念萌生于西周，在春秋战国时期，得以长足发展。这种理论进一步向自然、社会与人的广阔领域伸展，用“阴”和“阳”归类一切，于是“阴”和“阳”便包容了无数的事物，包容自然、社会、人的一切。

《周易·系辞上》指出“一阴一阳之谓道”，把阴阳的存在及其运动变化规律作为宇宙的基本规律来理解和应用。宇宙中万事万物之间相互联系和相互对立的事物或现象，或同一事物间相互对立的两个方面，都可以用阴阳进行概括。

拓展阅读：《庄子·达生》

古为今用

尊重生命是中国传统哲学的重要精神特征，也是中国共产党倡导的生命至上理念的集中体现。

面对来势汹汹的新冠肺炎疫情，以习近平同志为核心的党中央，率领全党全军全国各族人民风雨同舟、勇抗疫情。生命至上，集中体现了中国人民深厚的仁爱传统和中国共产党人以人民为中心的价值追求。“爱人利物之谓仁”，疫情无情人有情。人的生命是最宝贵的，生命只有一次，失去不会再来。人的生命、人的价值、人的尊严得到悉心呵护。这是中国共产党执政为民理念的最好诠释，是中华文明人命关天的道德观念的最好体现，也是中国人民敬仰生命的人文精神的最好印证！

学思践悟

“人无精神则不立，国无精神则不强。精神是一个民族赖以长久生存的灵魂，唯有精神上达到一定的高度，这个民族才能在历史的洪流中屹立不倒、奋勇向前。”中国传统哲学精神同样也影响着我们生活的各个方面，请大家在课后完成以下任务：

分成3个小组，分别探究3个主题，做到简明扼要、实事求是，合作完成汇报交流：

（1）中国传统哲学精神产生的背景；

（2）中国传统哲学精神产生的背景的历史演变；

（3）中国传统哲学精神产生的背景的主要特征。

第二节 百家争鸣，德建名利

引经据典

季文子三思而后行。子闻之，曰："再，斯可矣。"

——《论语·公冶长篇》

拓展阅读：《论语·公冶长篇》释义

案例导入

贫贱不能移

孔子收徒，有教无类，不问贫富，只要认真学，他都招进门里。颜回初见孔子时，不过是个十岁多的小孩，他个头矮小，衣衫简陋，面黄肌瘦，但他的额头却出奇的高，向前凸着，双眼深凹，炯炯有神，透着机智、聪慧。颜回向孔子三拜磕了三个头，就算成了孔门弟子了。

颜回初见，并没有给孔子留下深刻的印象。后来，孔子渐渐发现，在弟子之中读书最用功的就是颜回，而且很少提问，只是瞪着一双大眼，贪食般地听孔子讲经授业。

放学了，弟子们都回家吃饭了，颜回总是最后一个走，饭后又第一个来到学堂，然后就捧卷诵读。时间长了，孔子就觉得奇怪了，颜回为什么回家吃饭这么快？

这一天，孔子派人偷偷跟随颜回，看个究竟。

原来，颜回家在贫民区。平时，颜回的父亲在城外种地，不回家吃饭；颜回的母亲又在外给人帮工，也不回家吃饭。这样，颜母每天走时给儿子做一锅菜汤。颜回回到家也不管凉热，拿起竹筒做成的饭碗，舀出菜汤就津津有味地吃起来，有时菜汤喝不饱，他就跑到井边，用水瓢舀几瓢水喝，然后拍拍胀起的肚皮，乐滋滋地拿上包，往学堂跑去。

孔子派人观察了几天，天天如此。孔子听了汇报非常怜悯颜回，又十分叹服，于是说了收在《论语》上的这段话："一箪食，一瓢饮，在陋巷，人不堪其忧，回也不改其乐。贤哉，回也。"

后来人们把颜回居住的街称为"陋街"，把颜回当年吃水的井叫作"陋井"，还在井上修建了"颜乐"亭，以追念颜回这种贫贱不改志向的德行。

思考：

根据上文的故事进行延伸，你是否能够讲出其他流派的经典故事？

理论讲坛

一、儒家思想

中国封建社会的上层建筑占统治地位的是孔孟之道。什么叫孔孟之道呢？就是孔子创立、孟子发展的儒家学说。这一学说的主要概念是仁与义，所以又称仁义之道。这一学说在中国封建社会对思想界、政治界的影响是无与伦比的。因而孔子被尊为大圣人，大成至圣文宣王，天下文官祖、历代帝王师。孟子被称为亚圣。

（一）孔子的思想

儒家思想学说的创始人是孔子。孔子（551—前 479 年），名丘，字仲尼，春秋时期鲁国陬邑（今山东曲阜）人，著名的思想家、政治家、教育家。图 1-1 为孔子画像。

图 1-1　孔子画像

孔子面对春秋末期急剧变革的社会现实，汲取夏商两朝的文化营养，继承周朝的文化传统，创造了以“仁”“礼”“中庸”为主要内容，包括哲学、政治、伦理、道德、教育等思想在内的完整学说，其学说内涵丰富，自成系统，在中国历史上产生了深远的影响。

1.“仁”是孔子思想学说的核心

拓展阅读：孔子的生平

孔子所讲的“仁”既是人与生俱来的本性（“仁也者，人也”），也是一种道德标准（“仁者爱人”），还是一种伦理观念（“孝弟也者，其为仁之本与”），更是一种政治思想（“亲亲而仁民，仁民而爱物”）。孔子说过“泛爱众”，说明所爱的人，包括众人，不是只爱一小撮。怎么爱法呢？孔子提出：“己欲立而立人，己欲达而达人。”（《论语 · 雍也》）自己想立，也要使别人立，自己想达，也要使别人达。“己所不欲，勿施于人”，自己不想要的，也不要强加给别人。这是推己及人的思想。推己及民，就形成了利民的思想。孔子提出对民要“慈”“宽”“惠”“使民以时”“务民之义”，总之，“因民之所利而利之”。利民是爱人的主要方面，也是“仁”的主要内容。孔子在倡导“仁”的基础上，进而提出“大同”社会的理想：“大道之行也，天下为公，选贤与能，讲信修睦。是故谋闭而不兴，盗窃乱贼而不作，故外户而不闭，是谓大同。”（《礼记 · 礼运》）这种大同社会实际上就是“仁”的精神得到充分全面体现的社会。图 1-2 为孙中山先生书写的《礼记 · 礼运》。

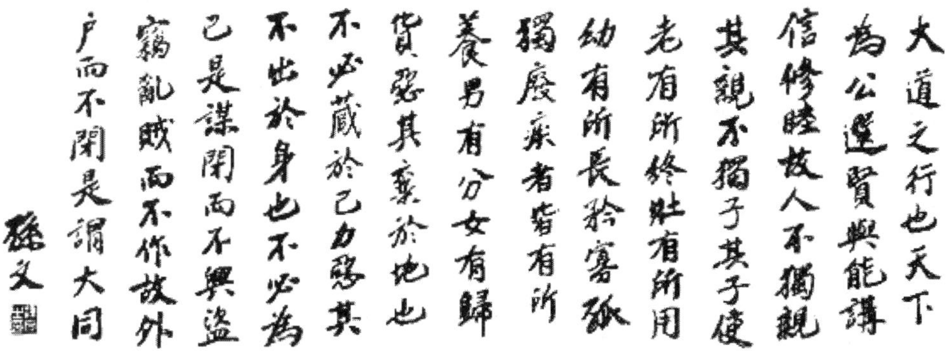

图 1-2　孙中山先生书写的《礼记·礼运》

2.“礼”是孔子思想学说的一个重要范畴

孔子认为，“礼”在周朝发展得最完备，所以最崇奉周礼，认为从天子到平民，人人都要遵守“礼”。孔子的“礼”，既是政治制度，又是道德规范，还包括礼仪、礼节。“礼”所讲的行为准则，也具有教化作用，在加强个人自身修养的时候，孔子将“礼”与“仁”结合起来（“克己复礼为仁。一日克己复礼，天下归仁焉”）；在政治上，孔子推崇“礼”，反对以刑法治国（“道之以政，齐之以刑，民免而无耻。道之以德，齐之以礼，有耻且格”）。

3.“中庸”在孔子思想学说中，既具有哲学方法论的意义，又具有品德修养的意义

“中”有中正、中和、不偏不倚等意；“庸”有平常、常道、用等意。孔子认为处理事情不偏不倚（“允执其中”）、无过无不及（“过犹不及”）的态度，是最高的道德标准。孔子主张“君子和而不同”，指出不同事物之间，不要单纯的一方依从另一方，虽然两方可能在地位和伦理关系上不同，甚至在对待事物的观点和方法上也不同，但是只要通过彼此间谅解与协调，是可以达到和谐统一的。这种观点在处理人际关系上，具有很强的指导意义。

（二）孟子的思想

孟子（约前 372—前 289 年），名轲，字子舆，战国时期鲁国邹（今山东邹城）人，我国古代著名的思想家、哲学家、教育家，儒家学说代表人物，与孔子并称“孔孟”，被后世追封为“亚圣”，仅次于孔子。孟子学说的出发点是“性善论”，提出“仁政”“王道”，主张“德治”，提倡“民贵君轻”的民本思想。图 1-3 为孟子画像。

图 1-3　孟子画像

1.“性善论”是孟子的伦理观

中国古代哲学中争论最多的问题之一就是“人性是善还是恶”。孟子认为人的本性是善的，后天的不善是因为社会造成的。他认为人性善的基本内容是仁、义、礼、智，这四种基本道德观念叫作“善端”，人的本性都有仁、义、礼、智这“四端”，只有充分发展德之四端，才能真正成为人。

2.“仁政”是孟子的政治哲学

饥寒是民之所恶，为使民免受饥寒痛苦，就要保证民的基本生活条件。为了维持生活，就必须有一定的生产资料，以农业生产为主的社会，生产资料主要是土地。因此，孟子认为：“夫仁政，必自经界始。”(《孟子·滕文公上》) 实行仁政首先要解决土地问题。他设想了一个所谓的“井田制”：“方里而井，井九百亩，其中为公田，八家皆私百亩，同养公田。”(《孟子·滕文公上》) 实际上这是一种典型的劳役地租。孟子认为，这一百亩地可以养活八口之家。在一般年景下，“仰足以事父母，俯足以畜妻子，乐岁终身饱，凶年免于死亡”(《孟子·梁惠王上》)。国家还要向人民征用三样东西：布、粮、劳力。孟子说：这三者只能“用其一”“缓其二”，如果三者都要，那也会给民造成困难。分给土地，勿夺其时，省刑罚、薄税敛，这样才能保证民的生活。“民之为道也，有恒产者有恒心，无恒产者无恒心。”(《孟子·滕文公上》) 愿意在这里安心住下，不会去逃荒、流浪、奔波。保证人民正常生活所需要的物质条件是保证社会安定的重要因素，迄今都有借鉴作用。

3.孟子主张“德治”，推行“王道”政治，提倡“民贵君轻”的民本思想

“王道”是“圣王之道”，依靠的是道德教诲和教育来施行，“王道”的力量来自道德教化，反对来自武力的“霸道”。孟子十分重视民心的向背，他通过大量历史事例反复阐述这是关乎得天下还是失天下的关键问题。孟子有一句名言：“民为贵，社稷次之，君为轻。”(《孟子·尽心下》) 民为什么贵呢？他认为：土地、人民、政事是诸侯的“三宝”，哪一个诸侯能够保护人民，那他就一定会成为王，这是谁也阻挡不住的，“保民而王，莫之能御也”(《孟子·梁惠王上》)。如果不能保护人民，反而残害人民，那他就没有资格当王，就是“一夫”，即孤家寡人，应该打倒。臣子推翻这样的君主，不算弑君，而是为民除害。孟子说：“得天下有道。得其民，斯得天下矣。”(《孟子·离娄上》) 有天下者，失民，则失天下；无天下者，得民，则得天下。孟子下结论说：“是故得乎丘民而为天子，得乎天子为诸侯，得乎诸侯为大夫。”(《孟子·尽心下》) 从这个排列顺序来看，丘民即众民比天子更重要。

（三）荀子的思想

荀子（约前313—前238年），名况，字卿，战国末期赵国人，我国古代著名的思想

家、哲学家、教育家。

荀子是继孔子、孟子之后，儒家思想学说最具代表性的人物，被誉为先秦儒家思想集大成者。荀子 50 岁来到齐国，三次出任齐国稷下学宫的祭酒（学宫之长）一职。他的学说以儒家为主，在继承前期儒家学说的基础上，又吸收了先秦诸子百家的长处加以批判性地总结和发展，建立起自己的思想体系。图 1-4 为荀子画像。

拓展阅读：稷下学宫

图 1-4　荀子画像

1. 荀子主张“人性恶”

这是与孟子主张的“人性善”正好相反的。在人性问题上，荀子否认人有与生俱来的道德观念，强调后天环境和教育对人的影响。

2. 荀子反对信仰天命、鬼神，认为自然规律是不以人的意志为转移的

荀子曾说过“天道有常，不为尧存，不为桀亡”，认为不应该由自然来主宰人，而应该由人来主宰自然，与此同时也强调了顺应自然规律的重要性。

3. 荀子宣扬“隆礼重法”

既要坚持儒家的礼治原则，又要加强国家的法治，“王道”和“霸道”并用，这是荀子推崇礼学，调和儒家、法家的思想，对孔子礼治思想进行的历史性改造。

4. 荀子主张“利义兼顾”

在利义观这个问题上，孔子和孟子都主张舍生取义、以义制利，荀子继承了他们的观点并发展为利义兼顾。

荀子的学说是符合所处时代的社会背景的，和孔子的礼治、孟子的德治相比，荀子的“礼法兼治”更符合当时社会的需要，在此基础上，形成了汉朝以后中国政治“外儒内法”“以德为主，以刑为辅”的特点。

（四）西汉儒家思想的发展

秦始皇和丞相李斯都是法家的追随者和实践者，他们为了加强中央集权的统治，不仅要在国土上统一，在文化上统一，还要在思想上统一。法家认为“儒以文乱法”，在公元前 213 年，秦始皇颁布了“焚书令”，第二年又坑杀儒生 460 余人，这就是历史上著名的“焚书坑儒”事件。“焚书坑儒”是中国封建文化专制、思想专制的一个典型事件，表面上来看大家都发出同一种声音，消除了社会不稳定因素，但是这种专制遭到了大量知识分子无声的抵抗，为秦王朝的灭亡埋下了伏笔。

西汉初年，为了消除秦王朝苛政带来的影响，统治者在经济政治上采用了“无为而治，与民休息”的政策，以恢复社会生机；在文化思想上推崇黄老道家学说，儒家学说也重新浮出水面，在传授历史文化知识方面起到了很大的作用。汉武帝接受董仲舒的建议，把不研究儒家学说的博士全部罢黜，这就是历史上著名的“罢黜百家，独尊儒术”事件。自此，儒家学说取代了黄老道家学说，成为国家政治生活的指导思想，儒家学说也成为此后 2000 多年中国社会的正统思想，占据了中国社会思想文化的主流位置。

董仲舒（前 179—前 104 年），西汉思想家、政治家、教育家，唯心主义哲学家和今文经学大师。汉武帝元光元年（前 134 年），董仲舒在著名的《举贤良对策》中系统地提出了“天人感应”“大一统”学说和“罢黜百家，独尊儒术”的主张。图 1-5 为董仲舒画像。

图 1-5　董仲舒画像

董仲舒认为，君王受命于天，君王在进行统治的时候，应当尊崇天意，如果君王无道，上天就要降灾惩罚，这就是天人感应学说。

董仲舒的大一统学说，就是要压制诸侯势力，天下统一于中央政权。他认为如果人们都持不同的观点，会不利于中央一统天下，因此要“罢黜百家，独尊儒术”。

董仲舒的学说，不仅接受和发扬了荀子的“礼法兼治”理论，还大量吸收了墨家“兼爱”“非攻”“尚同”的思想。董仲舒创立的新的儒家学说，对于巩固西汉中央政权的统一，发挥了积极的作用。

知识视窗

四书五经

《大学》《中庸》《论语》《孟子》合称为“四书”，是儒家传道、授业的基本教材。几百年来，“四书”在我国广泛流传，许多语句已成为脍炙人口的格言警句。其中《论语》《孟子》分别是孔子、孟子及其弟子的言论集，《大学》《中庸》则是《礼记》中的两篇。首次把它们编在一起的是南宋著名学者朱熹。

与“四书”齐名的是《诗》《书》《礼》《易》《春秋》，合称“五经”。相传孔子修编删定的还有《乐》，因秦始皇“焚书坑儒”，《乐》从此失传。《诗》即《诗经》，是我国最早的一部诗歌总集，共收录诗歌 305 篇。《书》即《尚书》，意为“上古之书”，是中国上古历史文件和部分追述古代事迹作品的汇编。《礼》即《礼记》，是儒家学者解释说明经书《仪礼》的文章选集。《易》即《易经》，是反映万物变化的哲学古书，被誉为“诸经之首，三玄之一”。《春秋》是孔子修订的鲁国编年史，反映了孔子的政治思想。

我们学习儒家思想，只有把握住儒家思想的精华，才能更好地继承和发扬儒家学说。

二、道家思想

（一）老子的思想

图 1-6　老子画像

道家思想学说的创始人是老子。老子（生卒年不详），姓李，名耳，字聃，春秋时期楚国苦县（今河南鹿邑）人，我国古代伟大的哲学家、思想家。图 1-6 为老子画像。

“道”是老子思想学说的基础，在理解了老子的“道”之后，可以从《道德经》中发现老子思想学说的主要内容有如下几点：

1. 老子主张以“道”为本的自然主义世界观

老子认为一切事物都遵循这样的规律（道）：事物本身的内部不是单一的、静止的，而是相对复杂和变化的，事物本身是阴阳的统一体。相互对立的事物会互相转化，即阴阳转化。一切事物皆应顺其自然地发展，不应对其施加外力而改变它们本来的发展规律。对其本质特性不加破坏，才是自然，只有这样，万物才能和谐。

2. 老子宣扬“无为而治”的政治观

既然“道”是本体，其实质是“无”，老子认为“道常无为”，那处理世间万物就要采用“无为”的方法。“天之道，不争而善胜，不言而善应，不召而自来”，根据“人法地，地法天，天法道，道法自然”的逻辑推理，人道也应当效法天道“无为而治”。对此，老子提出为君者应当守弱处静，不轻易出言，不轻易有为，最终达到“治大国若烹小鲜”的目的。这种“无为而治”的政治哲学对中国人的影响极深，在汉朝初期近百年的政治统治中，统治者就采用了“无为而治”的治国策略，使得人民休养生息，得以从秦朝末年战乱中恢复元气。

3. 老子提倡返璞归真的伦理观

老子主张自然无为，强调人与自然的和谐统一，倡导精神上的自由，反对束缚人类自由个性的一切礼乐教育。老子对春秋末年社会的认识非常清醒，他认为，既然社会的发展、礼乐的产生使得现实更加糟糕，社会更加动乱，不如回归自然，返璞归真，解除礼乐的枷锁。

4. 老子主张回归原始的社会历史观

老子认为社会越进步，人民掌握的知识越多，国家就越难治理，“民之难治，以其智多”，他理想的社会是“小国寡民”“邻国相望，鸡犬之声相闻，民至老死不相往来”。

5. 老子提出“有无相生”的辩证法

老子是中国古代系统阐述对立统一、相反相成辩证法思想的第一人，其主要命题有“反者道之动”（事物总是相互对立而又相互转化的，在循环反复之中化解矛盾、协调各方，以实现和谐平衡的发展）、“万物负阴而抱阳”（阴阳相结合而生万物，强调万物是阴阳调和的结果）、“祸兮福之所倚，福兮祸之所伏”（福与祸相互依存、互相转化，体现了矛盾的对立和统一）和“复归于无物”（回到物质的本质，任何物质都是现象和本质同时共存的统一体）。

知识视窗

《孔子见老子》

在《孔子见老子》画像石（见图 1-7）中，老子、孔子皆宽衣博带，孔子手中捧有一雁，雁在古代是一种高贵的馈赠礼品。在孔子和老子中间有一小儿，为童子项橐。《战国策·秦策》曰：“项橐生七岁，而为孔子师。”孔子见老子的故事，《史记·老子列传》和《史记·孔子世家》都有记载，孔子向老子问礼，老子送之以言。该画像石线条流畅，人物生动，展现了儒家先师孔子和道家始祖老子互敬互学、交流思想的历史画面。尤其是一代宗师孔子，长途跋涉，虚心求教，谦恭、诚恳、严谨，其治学态度让后世学者感叹不已。

图 1-7 《孔子见老子》画像石（拓片）

（二）庄子的思想

庄子（约前 369—前 286 年），名周，战国时期宋国蒙（今安徽蒙城）人，我国古代伟大的哲学家、文学家、思想家。图 1-8 为庄子画像。

庄子出身贫寒，但才华横溢，他不求功名利禄，为人放任自由，不为当时王公贵族所用，后隐居不出，在贫困的物质生活中度过了一生，但在精神生活上却非常的自由与富有，著有《庄子》一书，反映了庄子的思想学说。庄子思想学说的主要内容有以下几点：

图 1-8　庄子画像

1. 庄子继承了老子“天道自然”的无为思想，并发展为宿命论

庄子反对上天有意志的同时，排斥了人对自然的作用，在讲到人与自然的地位时，陷入了宿命论。他认为自然最崇高，人力是不可超越的，人类只能是自然的俘虏，在道或者自然面前，人类只能听从其安排和摆布，完全无法掌握自己的命运（“死生、存亡、穷达、贫富、贤与不肖、毁誉、饥渴、寒暑，是事之变，命之行也”）。荀子评判庄子的哲学思想是“蔽于天而不知人”（被自然所蒙蔽，却不了解人世），切中了庄子哲学思想的要害。

2. 庄子提倡相对主义认识论

庄子和朋友惠施观鱼，庄子说：“鯈鱼出游从容，是鱼之乐也。”惠施问：“子非鱼，安知鱼之乐？”庄子回答：“子非我，安知我不知鱼之乐？”这是庄子最有名的一段反映了其相对主义学说的问答。庄子认为事物的性质是相对的，是没有分别的，是无法认知的；对认知能力也是没有客观标准的，是不可能认知的；对真理的标准是没有是非真假的，是不可认知的。这种相对主义认识论，看到了人们在任何时候认识都带有局限性和片面性的这一事实，指出并承认这点，对取得正确认识是有好处的。但是庄子对提出的问题做了唯心主义的解答，引导人们走向虚无主义，用消解一切的态度来对待认识、对待现实世界。

3. 庄子宣扬“逍遥”的人生观

庄子认为“天地与我并生，而万物与我为一”，当人与大自然融为一体，这就是得“道”了。这里的“道”已经不是老子的自然之道，而是一种自由的、主观的、最高最理想的精神境界。“庄周梦蝶”的故事就反映了在这种逍遥的自由精神境界中对人的物化和对物的人化，这种人生态度和精神境界，是道家千百年来的风骨神韵，促使中国人民形成了平和宽广的精神境界和抗拒逆境的精神力量。

知识视窗

庄周梦蝶

庄周梦蝶的故事来自《庄子·齐物论》：“昔者庄周梦为胡蝶，栩栩然胡蝶也，自喻适志与，不知周也。俄然觉，则蘧蘧然周也。不知周之梦为胡蝶与，胡蝶之梦为周与？周与胡蝶，则必有分矣。此之谓物化。”

前几天，庄周（即庄子）做梦变成了一只蝴蝶，感到非常愉快和惬意，根本不知道自己是庄周了。一会儿醒了过来，方知自己是庄周。不知是庄周做梦变成蝴蝶了呢，还是蝴蝶做梦变成庄周了呢？庄周和蝴蝶必定是有区别的。这就叫作事物的幻化。

庄子运用浪漫的想象力和美妙的文笔，通过对梦中变化为蝴蝶和梦醒后蝴蝶复化为己的事件的描述与探讨，提出了人不可能确切地区分真实与虚幻和生死物化的观点。虽然故事很小，但由于其渗透了庄子诗化哲学的精义，成为其诗化哲学的代表。

老子和庄子的思想经常被合在一起，称为“老庄思想”，它主张顺应自然，不为利趋，不为物累，不为得喜，不为失悲，是中国传统思想中的宝贵财富，但是它缺乏冒险和创新精神，贬低了人类理性和进步的方向，是我们需要批判继承和发展的。

老子的思想学说在战国中期分化，庄子继承了老子“天道自然”的无为思想，属于正统道家。另一派则继承和发展了老子“无为而治”的政治哲学，尊轩辕黄帝和老子为创始人，形成“黄老道家”，也称“黄老学说”。齐国稷下学派即以黄老道家为主，代表人物有慎到、田骈、接子、环渊等人。司马迁认为儒家的集大成者荀子和法家的集大成者韩非，他们所治之学应归于黄老学说，由此可见诸子百家之间也是相互吸收和融合的，这体现了中国传统思想的包容性。

三、墨家思想

墨家思想学说的创始人是墨子。墨子（约前468—前376年），名翟，春秋末期战国初期宋国人，我国古代伟大的哲学家、思想家、科学家、军事家。图1-9为墨子画像。

图1-9 墨子画像

墨子的思想学说体现在《墨子》一书中，《墨子》共53章，有代表性的为10篇：兼爱、非攻、非命、天志、明鬼、尚同、尚贤、节用、节葬、非乐。墨子的思想主要有以下几点：

1. 主张“兼爱”“非攻”

兼爱和非攻是体和用的关系。兼爱是大到国家之间要兼相爱，小到人与人之间也要兼相爱，而非攻则主要表现在国与国之间。只有兼爱才能做到非攻，也只有非攻才能保证兼爱。

2. 主张“天志”“明鬼”

墨子认为天是有意志的，不仅决定着自然界的变化，还支配着人间的社会政治，如果君主违背上天的意志，就会受到上天的惩罚，这是墨家尚同、兼爱、非攻思想的核心起点。

3. 提倡“尚同”“尚贤”

墨子认为尚同与尚贤是相辅相成的，是“为政之本”。尚同思想是高度的集权主义，实施自上而下的控制与管理，它要求从组织系统的领导到思想意识，都要绝对地统一于上级，服从于上级。尚贤是尊重有才德的人，墨子把尚贤看得非常重要，提出“官无常贵，民无终贱”的主张。

4. 提倡“节用”

节用是墨子非常重视的一个观点，他反对奢侈浪费，尤其反感儒家的“久丧厚葬”，提倡俭朴。

墨家组织成员大多是有知识的劳动者，多来自社会下层，以“兴天下之利，除天下之害”为教育目的，吃苦耐劳、严于律己，把维护公理与道义当作义不容辞的责任，可以“赴汤蹈刃，死不旋踵”，至死也不后退。墨家门徒遍及天下，墨子死后，墨家分化成两支。一支转化为秦汉社会的游侠，积极从事政治活动。另一支继承和发展墨家学说，注重认识论、逻辑学的研究，在肯定感觉、经验在认识中的作用的基础上，承认理性思维在认识中的作用，对前期墨家的经验主义倾向有所克服，史称“墨家后学”或“后期墨家”。后期墨家发展了古代逻辑学，“墨辩”开创了中国逻辑学的先河，思维缜密，令人惊叹。他们在建立认识论和逻辑方面的努力，超过了古代中国的任何其他学派，在中国古代逻辑史上占有重要地位。

知识视窗

墨子守城

战国时期，楚国要攻打宋国，鲁班还为楚国特地设计制造了一种云梯做攻城之用。墨子得到这个消息，急忙去劝阻，到了楚国的郢都，找到鲁班一同去见楚王。墨子竭力说服楚王和鲁班不要攻打宋国，楚王虽然最终同意了，但是他和鲁班都舍不得放弃新造的攻城器械，想在实战中试试它的威力。

墨子同意当场试试攻城器械，解下衣带围作城墙，拿木片当武器，让鲁班同他分别代表攻守双方进行推演。鲁班多次使用不同的方法攻城，但都被墨子挡住了，鲁班攻城的器械已经使尽，而墨子守城计策还绰绰有余。

鲁班不肯认输，说道：“我有办法对付你，但是我不说。”墨子说：“我知道你要怎样对付我，但是我也不说。”楚王没有听懂，于是问墨子，墨子回答说：“鲁班是想杀害我。他以为杀了我，就没有人帮宋国守城了。他哪里知道我的门徒约有三百人，早已守在那里等着你们去进攻。”楚王叹了一口气，最终取消了攻打宋国的计划，墨子凯旋。

古为今用

在孟子看来，对于一个国家和统治者来说，风调雨顺的天时（“天时”）、优越的地理条件和丰富的自然资源（“地利”），都比不上人民的齐心协力（“人和”）。

有一座城市叫众志成城，有一颗信心叫万众一心，有一种精神叫志愿服务，有一种感动叫无私奉献。在2020年1月的武汉，在2021年7月的郑州，“逆行者”一词成为志愿者的另一个称呼，志愿者这个群体越发为人们所赞颂。志愿者是指志愿贡献个人的时间及精力，在不为任何物质报酬的情况下，为改善社会服务、促进社会进步而提供服务的人。参与志愿服务既是“助人”，也是“自助”，既是“乐人”，同时也“乐己”。参与志愿服务，既是在帮助他人、服务社会，同时也是在传递爱心和传播文明。志愿服务个人化、人性化的特征，可以有效地拉近人与人之间的心灵距离，减少疏远感，对缓解社会矛盾、促进社会和谐稳定有一定的积极作用。在疫情面前，在灾情期间，逆行的志愿者宛如一颗颗闪烁的星，用自己肩负的责任与使命编织最美的星空，照亮人们疫情期间惶恐无助的心灵，带给人们慰藉。

学思践悟

中国自古是礼仪之邦，有着许多礼仪规范。现在我们强调“八礼四仪”，“八礼”是指仪表之礼、仪式之礼、言谈之礼、待人之礼、行走之礼、观赏之礼、游览之礼、餐饮之礼；“四仪”是指7岁入学仪式、10岁成长仪式、14岁青春仪式、18岁成人仪式。请选择其中一项进行深入了解，做一个礼仪介绍，分享给大家。

第三节 弦歌不辍，薪火相传

引经据典

以家为家，以乡为乡，以国为国，以天下为天下。

——《管子·牧民》

拓展阅读：《管子·牧民》释义

案例导入

愚公移山

太行、王屋二山，方七百里，高万仞，本在冀州之南，河阳之北。

北山愚公者，年且九十，面山而居。惩山北之塞，出入之迂也，聚室而谋曰："吾与汝毕力平险，指通豫南，达于汉阴，可乎？"杂然相许。其妻献疑曰："以君之力，曾不能损魁父之丘，如太行、王屋何？且焉置土石？"杂曰："投诸渤海之尾，隐土之北。"遂率子孙荷担者三夫，叩石垦壤，箕畚运于渤海之尾。邻人京城氏之孀妻有遗男，始龀，跳往助之。寒暑易节，始一反焉。

河曲智叟笑而止之曰："甚矣，汝之不惠！以残年余力，曾不能毁山之一毛，其如土石何？"北山愚公长息曰："汝心之固，固不可彻，曾不若孀妻弱子。虽我之死，有子存焉。子又生孙，孙又生子；子又有子，子又有孙；子子孙孙无穷匮也，而山不加增，何苦而不平？"河曲智叟亡以应。

操蛇之神闻之，惧其不已也，告之于帝。帝感其诚，命夸娥氏二子负二山，一厝朔东，一厝雍南。自此，冀之南，汉之阴，无陇断焉。(《列子·汤问》)

思考：

愚公移山精神激励着中华儿女艰苦奋斗、奋勇前进，除此之外，我国还有哪些传统精神？

理论讲坛

中国素以礼仪之邦、文明古国著称于世。中华民族传统文化为人类文明发展作出了非凡的贡献。毛泽东同志曾经说过："我们这个民族有数千年的历史，有它的特点，有它的许多珍贵品。对于这些，我们还是小学生。今天的中国是历史的中国的一个发展；我们是马克思主义的历史主义者，我们不应当割断历史。从孔夫子到孙中山，我们应当给以总结，承继这一份珍贵的遗产。”邓小平同志也要求我们“大胆吸收和借鉴人类社会创造的一切文明成果”。中国传统道德，是中华民族在其长期发展过程中逐渐凝聚起来的民族精神的一个重要组成部分，从一定意义上说，是中华民族传统文化的核心。

一、道德的定义

“道德”一词，在汉语中可追溯到先秦思想家老子所著的《道德经》一书。老子说：“道生之，德畜之，物形之，势成之。是以万物莫不尊道而贵德。道之尊，德之贵，夫莫之命而常自然。”其中“道”指自然运行与人世共通的真理；而“德”是指人世的德性、品行、王道。但是，德的本意实为遵循道的规律而自身发展变化的事物。在当时，道与德是两个概念，并无道德一词。道与德是两个含义不尽相同的名词。

1. 道

“道”的原始含义是指道路，后来引申为道理、原则、规律等含义，也就是事物变化发展的规则和规律。《诗经·小雅·大东》中有“周道如砥，其直如矢”，“道”就是道路的意思，在后来发展成为“道德”中的“道”，即原则、规范。这个意义十分宽泛，有本体论意义上的“道”，如老子的“道生一，一生二，二生三，三生万物”，孔子的“凡道，无根无基，无叶无荣，万物以生，万物以成，命之曰道”；也有人生论意义上的“道”，如孟子的“仁也者，人也，合而言之，道也”；还有伦理学意义上的“道”，指处世做人的根本原则，也就是人之为人应该遵循的行为准则。

2. 德

在我国古代商朝时期，“德”字就已经产生。如“德”字在《卜辞》中为“植”或“悳”，表明心为正直就是“德”。后几经发展，“德”字更具丰富的道德意义，如《周礼·地官》认为，“德行，内外之称，在心为德，施之为行”。朱熹在他的著作《四书章句集注》中说：“德者，得也。得其道于心而不失之谓也。”

3. 道德

而“道”与“德”合为一词组成“道德”，出现在《礼记》《管子》《庄子》《孟子》《荀子》《韩非子》等诸书中，而且这一时期的“道德”具有明确的含义，即依靠社会舆论和人的内心信念来维持和调整人们相互关系的行为规范总和。随着中国传统文化的发展，“道德”渐渐成为各家著作中的常用名词。可以说，在我国古代的道德概念中，它既有道德规范的含义，也有个人道德修养的含义。道德是一种特殊的社会意识形态。它是以善恶为评价方式，主要依靠社会舆论、传统习俗和内心信念来发挥作用的行为规范的总和。作为人类社会发展到一定阶段的必然产物，道德对人和社会发展具有重要的促进作用，并随着社会的发展而不断进步。

二、中国传统道德

我们这里所讲的中国传统道德，主要是指从先秦到辛亥革命时期，以儒墨道法各家伦理道德传统为内容的伦理思想和道德实践活动的行为规范的总和。它是中华民族在长期社会实践中逐渐凝聚起来的民族精神之所在。其中，由于中国历史的特殊原因，儒家思想占有重要的地位，具有重要的影响。

从广义上理解，中国传统道德包括中国古代传统道德和中国革命道德。中国古代传统道德通常是指我国古代先哲们从西周、经春秋战国、到两汉所创造的，在此后2000多年的封建社会中一直根深蒂固地延续、发展直至清末，并在历史长河中一直为普通民众所践行的道德。中国革命道德是指中国共产党人、人民军队、一切先进分子和人民群众在中国新民主主义革命和社会主义革命、建设与改革中所形成的优良道德。

从狭义上理解，中国传统道德主要是指中国古代传统道德，本章所讲的传统道德仅是从狭义上讲的中国古代传统道德。中国古代传统道德的内容，有精华，也有糟粕。中国优秀传统道德通常指具有正面意义的传统美德，特指古代传统道德中那些超越时代性与阶级性，在今天仍有时代价值和意义的合理成分和精华内容。

三、中华优秀传统美德

中华民族强调道德至上，在5000多年的悠久历史中，孕育了优秀的传统美德，如公正无私、诚实笃信、戒奢节俭、豁达大度、温良恭俭让等修身之道；敬业乐群、公而忘私的奉献精神；“天下兴亡，匹夫有责”“苟利国家生死以，岂因祸福避趋之”的爱国情操；“先天下之忧而忧，后天下之乐而乐”的崇高志向；“己欲立而立人，己欲达而达人”“己所不欲，勿施于人”的仁爱精神；童叟无欺、诚实守信、乐善好施，反对为富不仁的商业道德；“天行健，君子以自强不息”的进取精神；“地势坤，君子以厚德载物”的宽厚精神；人定胜天，“知之为知之，不知为不知”，知耻近乎勇，艰苦奋斗的昂扬锐气；“富贵不能淫，贫贱不能移，威武不能屈”的浩然正气；厚德载物、达济天下的广阔胸襟；奋不顾身、舍生取义、见义勇为的英雄气概。如今，热爱祖国、勤劳节俭、尊老慈幼、惩恶扬善、诚实守信、孝亲尊师、廉洁奉公、团结友爱、律己宽人、谦虚礼貌等，仍然是社会主义社会道德的重要内容。在社会主义的今天，发扬中华民族的这些优良传统道德，仍然有其重要的社会价值和道德意义。这些传统美德在几千年中不断传承和发展，引导着中国人民处理人际关系，营造稳定和谐的社会秩序，是支撑中华民族生生不息的强大力量。

在当代，“爱国、敬业、诚信、友善”是社会主义核心价值观提出的公民基本道德规范，是从个人行为层面对社会主义核心价值观基本理念的凝练。它覆盖社会道德生活的各个领域，是公民必须恪守的基本道德准则，也是评价公民道德行为选择的基本价值标准。“爱国、敬业、诚信、友善”继承和延续了中华传统美德，有着丰富的内涵，是每个公民都应当遵守的行为准则。

知识视窗

社会主义核心价值观

中共十八大强调，倡导富强、民主、文明、和谐，倡导自由、平等、公正、法治，倡导爱国、敬业、诚信、友善，积极培育和践行社会主义核心价值观。只有大力弘扬社会主义核心价值观，为人民描绘美好蓝图、确立价值导向、提供价值标准，才能真正把十几亿中国人凝聚起来，汇聚中国力量，形成中国精神，保障中国道路。

（一）百善孝为先

孝是孝顺，意思是子女要顺承父母、奉养父母，尽到为人子女的责任。孝在长期历史进程中得到不断发展，成为中华传统美德中最重要的内容之一。

春秋战国时期，孔子在儒家思想中丰富和发展了孝文化的内涵，孝的地位在整个传统思想理论中上升到了核心位置，“孝”从此成为协调亲子关系的伦理规范以及古代社会道德的基础。孟子提出了“老吾老以及人之老，幼吾幼以及人之幼”的观点，并进一步强调“事亲，事之本也”，认为尊亲、事亲是人生最大的事情。孔孟对孝的论述，已经涉及后世孝道的方方面面，从而确立了传统孝道的基本面貌。

汉代是中国封建帝制社会政治、经济、文化全面定型的时期，也是孝道发展历程中极为重要的一个阶段，它建立了以孝为核心的社会统治秩序，把孝作为治国安民的主要精神基础。

西汉是中国历史上第一个“以孝治国”的王朝，提倡和推行孝道。除西汉开国皇帝刘邦和东汉开国皇帝刘秀外，汉代皇帝都以“孝”为谥号，称孝惠帝、孝文帝、孝景帝、孝武帝、孝昭帝等，表明了朝廷的政治追求。西汉把《孝经》列为各级各类学校必修课程，还创立了“举孝廉”的官吏选拔制度，把遵守、践行孝道与求爵取禄联系起来，这成为孝道社会化过程中最强劲的动力。

拓展阅读：《孝经》

宋元明清时期，程朱理学成为社会正统思想。理学家认为孝道是与生俱来的、先天的伦理属性，儿子孝顺父母是天经地义、不可违抗的。与此同时，孝道的专一性、绝对性、约束性进一步增强，对父母无条件顺从成为孝道的基本要求，“父母有不慈，儿子不可不孝”成为世人的普遍信念，孝道沦为强化君主独裁、父权专制的工具。

从历史的不断发展中可以看到，传统孝文化在促进国家和谐、人际关系和谐等方面发挥着不可替代的作用。中国历史上流传着许多孝敬父母的动人事迹，至今仍为人们津津乐道。但是，从封建社会一路走来的孝道带着封建的糟粕，和对待所有传统文化一样，对传统的孝文化，我们应该学会扬弃，取其精华，去其糟粕。

知识视窗

百里负米

仲由，字子路、季路，春秋时期鲁国人，孔子的得意弟子，他性格直率勇敢，十分孝顺。

早年家中贫穷，仲由常常自己采野菜做饭食，却从百里之外负米回家侍奉双亲。父母死后，他做了大官，奉命到楚国去，随从的车马有百乘之众，所积的粮食有万钟之多。坐在垒叠的锦褥上，吃着丰盛的筵席，他常常怀念双亲，慨叹说："即使我想吃野菜，为父母亲去负米，哪里能够再做到呢？"孔子赞扬说："你侍奉父母，可以说是生时尽力，死后思念哪！"

（二）位卑未敢忘忧国

爱国是人们对于祖国的一种深厚的依恋、爱护，以及与此相应的实际行动。爱国的核心是对民族和国家的生存发展、繁荣兴旺等根本利益的关心与维护。爱国是中华民族的优良传统，拥有悠久的历史文化渊源。从古至今，中华儿女一直高举爱国旗帜，涌现出无数爱国英雄、仁人志士，传诵着数不清的爱国诗篇，爱国思想早已融入亿万人民的心里。作为中华民族精神的核心，爱国主义精神始终是各民族、各阶层团结一致的强大动力，支撑着中华民族团结奋斗、发展壮大的伟大实践。

最早的爱国思想源自对血缘故土的留恋。《战国策》中提到"周君岂能无爱国哉"，《汉纪》中提到"亲民如子，爱国如家"，《晏子春秋》中有"利于国者爱之，害于国者恶之"，可见爱国思想历史悠久，在西周时候就明显地表现出来了。先秦时期爱国思想还停留在对故土和血缘的依恋上，因此春秋战国时期，仁人志士、诸子百家的爱国行为大都表现在为自己的国家或民族奔走呼号，献计献策。这时的爱国思想还只是服从于民族血缘和地域，是朴素的爱国主义精神。

在秦朝以后的封建王朝统治时期，爱国思想可以概括为两点：忠君和统一。秦始皇统一天下，施行郡县制，统一法律和度量衡，统一文字，修筑驰道，使全国从政治、经济和文化等各方面紧密地联系起来，建立起统一的中央集权制国家，这为"忠君"层面的爱国思想的发展创造了条件。汉武帝采纳"罢黜百家，独尊儒术"的主张，强调"天人感应"及君主的至高无上地位，形成了与统一中央集权制度相适应的思想文化，突出"忠君"思想，将爱国思想集中体现在对皇帝的无限忠诚上，忠君即爱国。随后历代封建王朝的爱国思想也不同程度地表现在忠君上。中国社会经历了儒家思想的长久统治，其"大一统"的统一思想在各朝各代都留下了深刻的痕迹，强调了国家统一、民族团结，反对分裂国家。

到了近代，从晚清到五四运动时期，爱国思想逐步发展、成熟，主要表现在为争取民族独立、国家富强和人民幸福不惜牺牲生命的献身精神。从林则徐虎门销烟开始，依次经历了洋务运动、戊戌变法、辛亥革命、五四运动等运动。这一时期的爱国思想既突破了血缘故土的限制，也突破了传统狭隘的民族局限，代表了整个中华民族的利益，在生死存亡之际挽救了中华民族，是爱国主义精神的成熟时期。

爱国就是要热爱人民。我们要尊敬我们的先辈，是他们创造了中国的今天；我们要爱父老乡亲、师长朋友，他们与我们血肉相连，共同支撑和发展着今天的中国。爱国爱民应从孝老爱亲做起，进一步到热心帮助那些处于困境之中的人。我们要怀着感恩之心，为人民服务，努力回报祖国、回报社会、回报人民，让人民生活得更富裕、更美好。

爱国就是要热爱中华民族优秀传统文化。中华民族优秀传统文化是一座丰富的宝库，既有文史哲学，又有科技艺术，尤其值得珍视的是蕴含其中的“自强不息，厚德载物”精神，“独立自主，奋发图强”精神，“崇德向善，团结友爱”精神等，这些都是我们民族的根和魂。中华民族优秀传统文化是中国特色社会主义事业的文化根基和思想支撑，对于增强我们的道路自信、理论自信、制度自信、文化自信，不断开创中国特色社会主义事业新局面具有重要意义。

在中华民族历史长河中，流传着许多仁人志士的爱国故事。为了心中那个伟大的祖国，他们抛头颅洒热血，不惧艰险，始终坚持理想。他们高大巍峨的身影，如一座座丰碑，矗立在历史的洪流之中，指引着我们前进。他们的爱国理想和行动，始终是中华儿女学习的榜样。

1. 屈原

屈原（约前 340—约前 278 年），芈姓，屈氏，名平，字原，战国时期楚国诗人、政治家。图 1-10 为屈原画像。

图 1-10　屈原画像

屈原出身于楚国宗室贵族，自幼勤奋好学，胸怀大志。屈原早年受楚怀王信任，常与怀王商议国事，参与法律的制定，主张章明法度，举贤任能，改革政治，联齐抗秦，提倡“美政”。在屈原的努力下，楚国国力有所增强，但屈原却因遭贵族排挤毁谤而被流放。公元前 278 年，秦国大将白起带兵南下，攻破了楚国国都。屈原的政治理想破灭，对前途感到绝望，虽有心报国，却无力回天，只得以死明志，怀恨投汨罗江自杀，以身殉国。百姓听到噩耗后纷纷前来打捞他的尸体，结果一无所获，于是有人用苇叶包了糯米饭，投进江中祭祀屈原，这种祭祀活动一年一年流传下来，渐渐成为一种风俗，即端午节。

屈原是中国历史上第一位伟大的爱国诗人，中国浪漫主义文学的奠基人，被誉为“中华诗祖”“辞赋之祖”，主要作品有《离骚》《九歌》《九章》《天问》等。

2. 岳飞

岳飞（1103—1142 年），字鹏举，宋朝相州汤阴县（今河南汤阴县）人，南宋时期抗金名将，中国历史上著名的军事家、战略家，民族英雄。图 1-11 为岳飞画像。

岳飞是南宋最杰出的统帅，他重视人民抗金力量，反对朝廷的消极防御战略，一贯主张积极进攻，以收复失地。岳飞治军，赏罚分明，纪律严整，又能体恤部属，以身作则，他率领的“岳家军”号称“冻死不拆屋，饿死不打掳”，金人流传有“撼山易，撼岳家军难”的评语，表达了对“岳家军”的由衷敬畏。在宋金议和过程中，岳飞遭受秦桧等人的诬陷，以莫须有的罪名被杀害。

拓展阅读：岳母刺字

图 1-11　岳飞画像

知识视窗

满江红

［宋］岳飞

怒发冲冠，凭阑处、潇潇雨歇。抬望眼，仰天长啸，壮怀激烈。三十功名尘与土，八千里路云和月。莫等闲，白了少年头，空悲切。

靖康耻，犹未雪；臣子恨，何时灭？驾长车，踏破贺兰山缺。壮志饥餐胡虏肉，笑谈渴饮匈奴血。待从头，收拾旧山河，朝天阙。

（三）诚信为立身之本

1. 诚信是人类普遍的道德要求，是中华民族的传统美德，是培育和践行社会主义核心价值观的重要内容

信字由“人”字和“言”字两部分组成。信的篆字体写作信，左边站立的是人，右边是舌头的象形。这表明，信与人的言说有关，信就是人之言。人是天地间最尊贵的，从人嘴中说出来的话当然也是最有分量的，所以是可信的。说话不算数，有辱于人言，或者说不配称作人言。诚信的要义是真实无欺不作假、真诚待人不说谎、践行约定不食言。具体来说，“诚”是尊重事实、真诚待人，既不自欺也不欺人。“信”是忠于良心、信守诺言。“诚”是“信”之根，“信”是“诚”之用。中华传统美德把诚信视为人“立身进业之本”，

要求人们“内诚于心，外信于人”。

2. 诚信对个人来说有着重要意义，是个人必须具备的道德素质和品格，是立身之本

孔子曰：“人而无信，不知其可也。”一个人如果没有诚信的品德和素质，不仅难以形成内在统一的完备的自我，而且很难发挥自己的潜能并取得成功。“诚”不仅是德、善的基础和根本，也是一切事业得以成功的保证。“信”既是个人形象和声誉的标志，也是人所应当具备的最起码的道德品质。“诚于中而必信于外”，一个人心有诚意，口中必有信语，必有诚信的行为。诚信是实现自我价值的重要保障，也是个人修德达善的内在要求。缺失诚信，就会陷入非常难堪的境地，不仅欺骗自己，也必然欺骗别人，这种自欺欺人，既毁坏了健全的自我，也破坏了人际关系。因此，诚信是个人立身之本、处世之宝。诚信是做人的第一步，不说谎话、讲信用的人，才有资格挺起胸膛光明磊落地做人。

知识视窗

季札赠剑

春秋时期，吴国公子季札（即季子，因封地在延陵，也称延陵季子）出使中原列国，途经徐国都邑（今徐州境内），与徐君一见如故，结为知己。徐君对季子的佩剑十分喜爱，有心索取，却难以启齿。季子知道徐君的心意，因出使列国所需，佩剑不便赠予，但心中已经决定出使归来时再以剑相赠。不料季子返徐时，徐君已去世，季子悲痛之余，便将佩剑挂在徐君墓前的树上永为纪念，徐君墓从此被称为“挂剑台”。

3. 诚信是一种美德，也是一种社会价值观和道德观

诚信不仅对个人来说有着重要意义，对整个社会关系来说也意义重大。就社会而言，诚信维护了正常的生产生活秩序。

诚信是齐家之道。唐代著名大臣魏征说：“夫妇有恩矣，不诚则离。”只要夫妻、父子和兄弟之间以诚相待，诚实守信，就能和睦相处，家和万事兴。若家人彼此缺乏诚信、互不信任，家庭便会四分五裂。

诚信是交友之基。朋友是建立在诚信基础上的，只有“与朋友交，言而有信”，才能达到“朋友信之”，推心置腹、无私帮助的目的。否则，朋友之间充满虚伪、欺骗，就绝不会是真正的朋友。曾子曰：“吾日三省吾身：为人谋而不忠乎？与朋友交而不信乎？传不习乎？”意思是，曾子说：“我每天都要自我反省三次：替人谋事有没有不尽心尽力的地方？与朋友交往是不是有不诚信的地方？师长传授的知识有没有复习？”对人要诚信，诚信是人格光明的表现，不欺人也不欺己，这是为人的基本德性。

诚信是为政之法。《左传》云：“信，国之宝也。”指出诚信是治国的根本法宝。孔子

在足食、足兵、民信三者中，宁肯去食、去兵，也要坚持保留民信，因为孔子认为“民无信不立”，如果人民不信任统治者，国家朝政根本立不住脚。因此，统治者必须取信于民。正如王安石所言：“自古驱民在信诚，一言为重百金轻。”这是在说商鞅徙木立信的故事，徙木立信是诚信在为政中最具代表性的事例。

知识视窗

徙木立信

秦国商鞅先后两次实行变法，变法内容为：废井田、开阡陌，实行郡县制，奖励耕织和战斗，实行连坐之法。在开始推行新法时，为了取信于民，他派人在城中竖立一木，并告知将木头搬到城门会赏赐十金。秦国民众无人相信，商鞅又把赏赐加至五十金，于是有人扛起木头搬到城门，果然获赏五十金。这件事一下子轰动了秦国，秦国民众认为国家说话算话，史称“徙木立信”。商鞅以此宣示变法开始，公布了起草的新法令并推行实施。秦国在商鞅变法之后，一改积贫积弱的状态，农业生产增加了，军事力量也强大了，终成“虎狼之秦”，最终统一六国。

古为今用

爱国是中华民族重要的传统美德，也是亘古至今永恒不变的主题。

2020 年 6 月，在加勒万河谷中，有关外军严重违反两国协议，蓄意挑起事端，试图单方面改变边境管控现状，甚至暴力攻击我前往现地交涉的官兵。面对外方的非法侵权挑衅行径，我边防官兵保持克制忍让，尽最大诚意维护两国关系大局和边境地区和平安宁。在忍无可忍的情况下，边防官兵对暴力行径予以坚决回击，取得重大胜利，有效捍卫了国家主权和领土完整。

官兵们敢于斗争、敢于胜利，展现出誓死捍卫祖国领土的赤胆忠诚和一不怕苦、二不怕死的战斗精神，涌现出某边防团团长祁发宝、某机步营营长陈红军和战士陈祥榕、肖思远、王焯冉等先进典型，彰显了新时代卫国戍边英雄官兵的昂扬风貌。

中央军委授予祁发宝“卫国戍边英雄团长”荣誉称号，追授陈红军“卫国戍边英雄”荣誉称号，给陈祥榕、肖思远、王焯冉追记一等功。

祖国和人民不会忘记，当万家团圆时，还有很多战士远离家乡和亲人，正在守卫边关。一片赤胆忠心，只为报效祖国！他们站在边疆，雄赳赳、气昂昂，唱着最爱的歌，守护最爱的国。

学思践悟

爱的天平：让我们把父母为你做的事和你为父母做的事列举出来，作为砝码放在天平的两端，看看你的天平是否倾斜得太厉害。如果是，请你加重砝码。

第二章

文——诗词歌赋

习言习语

古诗文经典已融入中华民族的血脉，成了我们的基因。我们现在一说话就蹦出来的那些东西，都是小时候记下的。语文课应该学古诗文经典，把中华民族优秀传统文化不断传承下去。

——习近平万米高空聊传统文化：要学古诗文经典

诗词歌赋，是人们对我国传统文学的概称，是中华优秀传统文化的重要组成部分。中华优秀传统文化是中华民族的精神命脉，培育了中华民族共同的情感和价值、共有的理想和精神，是最深厚的文化软实力。诗经、楚辞、先秦散文、汉赋、唐诗、宋词、元曲、明清小说汇成的中国文学长河，绵延着中华优秀传统文化的血脉，为中华民族提供了丰厚滋养，为世界文明贡献了华彩篇章。站位新时代，我们要积极发掘中华优秀传统文化的当代价值，正确处理传统与现代、守正与创新的关系，既保持文化的民族性，赓续中华深厚文脉，又体现文化的时代性，融入当代文化资源，推进中华优秀传统文化与革命文化、社会主义先进文化源流相汇、浩荡前行，为实现中华民族伟大复兴提供强大的价值引导力、文化凝聚力、精神推动力。

第一节　诗以言志，歌以咏怀

引经据典

不学诗，无以言；不学礼，无以立。

——《论语·尧曰篇第二十》

拓展阅读：《论语·尧曰篇第二十》释义

案例导入

岂曰无衣，与子同袍

2020年突发的新冠肺炎疫情，是百年来全球发生的最严重的传染病大流行，是中华人民共和国自成立以来遭遇的传播速度最快、感染范围最广、防控难度最大的重大突发公共卫生事件。在这场同严重疫情的殊死较量中，中国人民和中华民族以敢于斗争、敢于胜利的大无畏气概，铸就了生命至上、举国同心、舍生忘死、尊重科学、命运与共的伟大抗疫精神。一方有难、八方支援。其间，“岂曰无衣，与子同袍”“青山一道同云雨，明月何曾是两乡”等诗句流传甚广。仅用一句诗文，便表达出同舟共济、守望相助、期许疫情尽快好转的种种情绪。含蓄、凝练的古诗也将国人性格中“意在言外”的特征发挥得淋漓尽致。

思考：

你最喜欢的诗歌是哪一首？

理论讲坛

诗是历史的窗口，历史是诗外的风光。诗是一种文学体裁，其按照一定的音节、声调和韵律的要求，用凝练的语言、充沛的情感以及丰富的想象，高度集中地表现社会生活和人的精神世界。中国是诗的国度。诗的历史源远流长，名家辈出，名篇佳作卷帙浩繁，在中华文明中蔚为壮观。

诗是吟咏言志的有韵律的一种文学体裁与表现形式。最早的诗，指《诗经》，其诗与音乐、舞蹈是一体的，是一种乐歌，以诗的歌词用于歌唱、演奏和舞蹈表演。诗是一种有节奏韵律的文体，节奏韵律并非一成不变，于是就有各种诗体。现存节奏韵律最简单的诗体是《吴越春秋》中所引的一首古歌：“断竹，续竹；飞土，逐宍。”周秦以来，诗歌的节奏韵律逐渐由简入繁，从句式上说，就有三言、四言、五言、六言、七言以及各种句式混合的“杂言”。魏晋以后，五言和七言成为最流行的体式。南朝时期，讲究声律成为时尚，即按照一定的音调规则来遣词造句。发展至唐代，诗的字数、句式、平仄、对仗和押韵都有严格的规定，诗遂有近体与古体之分，诗体基本定型。

一、先秦诗歌“双璧”

《诗经》与《楚辞》是中国先秦诗歌的“双璧”，一为现实主义的源头，一是浪漫主义的滥觞。

（一）《诗经》

1. 概述

《诗经》是我国第一部诗歌总集。本来称为《诗》或《诗三百》，汉代学者将其列为儒家“六经”之一，遂称为《诗经》。《诗经》的诗，大多是周代采诗之官搜集来的，春秋末叶，经孔子编订，选了305篇。其中所收诗歌产生的时代上自西周初期（前11世纪），下至春秋中期（前6世纪）。《诗经》因表现体裁和音乐性质不同，分为风、雅、颂三大类。风指国风，就是民间歌谣。风是以隐喻含蓄的方法对百姓进行感化，对统治者进行劝诫。按其地区有周南、召南、邶、墉、卫、王、郑、齐、魏、唐、秦、陈、郐、曹、豳等15国风，共160篇。雅是宫廷和京畿一带的乐歌。周人称王畿为夏，“雅”与“夏”音同“啊”，故名。雅分大、小雅，主要因时代不同和音调的变化而区分。大雅音调比较沉厚，小雅音调相对比较轻快。雅共105篇，主要用于贵族酬唱。颂是歌颂的意思，是统治者宗庙祭祀时所用的乐章，旨在铺陈盛美，歌颂祖先的丰功伟绩，从而激励后人。颂又分周、鲁、商颂，共40篇，周颂产生于西周前半期，鲁颂大约是公元前7世纪鲁国的诗，商颂大约是公元前8世纪至公元前7世纪宋国的诗，但追述了商朝盛世时的景况，可以取以证说商史。《诗经》不但是中国最古老的一部文学书，也是研究殷周社会特别是西周时期最有价值的史料之一。作为我国诗歌传统的起点和源头，《诗经》以其伟大的文学成就彪炳史册。

2. 用途

《诗经》中的乐歌，原来的主要用途，一是作为各种典礼仪式的一部分，二是娱乐，三是表达对社会和政治问题的看法。但到后来，《诗经》成了贵族教育中普遍使用的文化教材，学习《诗经》成为贵族人士必需的文化素养。这种教育具有美化语言的作用，特别是在外交场合，常常需要摘引《诗经》中的诗句，曲折地表达自己的意思。这叫“赋诗言志”，对战国乃至后世“著述引诗”产生了不小的影响，其具体情况在《左传》中多有记载。《论语》记孔子的话说：“不学诗，无以言。”“诵诗三百，授之以政，不达；使于四方，不能专对；虽多，亦奚以为？”可以看出学习《诗经》对于上层人士以及准备进入上层社会的人士，具有何等重要的意义。《礼记·经解》引用孔子的话说，经过“诗教”，可以让人“温柔敦厚”。《论语》记载孔子的话，也说学了《诗》可以“迩之事父，远之事君”，即学到奉事君主和长辈的道理。按照孔子的意见（一般认为也是当时社会上层人士的意见），“诗三百，一言以蔽之，曰：思无邪”。意思就是，《诗经》中的作品，全部（或至少在总体上）是符合当时社会公认道德原则的。

3. 思想内容

《诗经》思想内容广阔，涉及周民族的史诗、赞颂、怨刺、婚恋、农事和征役等，丰富多彩。

一是周民族的史诗。《诗经·大雅》保存了五首古老的周民族史诗《生民》《公刘》《绵》《皇矣》《大明》，记述了从周始祖后稷诞生到武王灭商的一些传说和英雄史迹。

二是颂歌与怨刺诗。古诗素有“美刺”传统，具有鲜明的功利性和实用性，《诗经》可谓开其端者。其中庙堂或宫廷乐歌多歌功颂德之作，出自公卿列士或乐官之手，在颂诗中保存最多，雅诗中也有不少，如《大雅·文王》礼赞文王勤勉兴邦，祝其在天之灵保佑国运永昌。更多的作品是针砭时弊，指斥昏君、奸佞，如《魏风·硕鼠》揭示了在奴隶主残酷剥削压榨下，奴隶们辛勤劳动果实被掠夺一空，以致无以为生、流落四方的悲惨现实。全诗三章，首章即怒斥道：“硕鼠硕鼠，无食我黍！三岁贯女，莫我肯顾。逝将去女，适彼乐土。乐土乐土，爰得我所！”其章二、三分别以“无食我麦”和“无食我苗”反复咏叹，层层递进，直呼奴隶主为贪婪的大老鼠，唱出奴隶们对剥削者的无比愤恨，也表露了他们对美好生活的憧憬。

三是婚恋诗。《诗三百》，精华在《国风》，《国风》中又以婚恋诗最为精彩。“婚恋”指以恋爱、婚姻为主题的诗篇。特点是“男女相与咏歌，各言其情”（朱熹《诗集传》序）。爱情的主题像一条红线，贯穿于历代文学作品，《诗经》则为其重要源头。如《周南·关雎》：

> 关关雎鸠，在河之洲。窈窕淑女，君子好逑。
> 参差荇菜，左右流之。窈窕淑女，寤寐求之。
> 求之不得，寤寐思服。悠哉悠哉，辗转反侧。
> 参差荇菜，左右采之。窈窕淑女，琴瑟友之。
> 参差荇菜，左右芼之。窈窕淑女，钟鼓乐之。

诗人以河洲上雌雄和鸣的雎鸠起兴，写一个男子对一个采荇菜的美丽姑娘的单恋，热烈而坦率，醒着想，梦里也想，终于在想象中与自己心爱的姑娘结合了：“琴瑟友之”“钟鼓乐之”。因此诗置于《诗经》之首，后儒说诗者硬给它披上神圣的面纱。或说“《关雎》，后妃之德也”（《毛诗序》），或称“此纲纪之首，王教之端也”（朱熹《诗集传》），而它实在是一首炽热感人的情歌。

四是农事诗。周之始祖以农立国，周代经济以农为主，用于祭祀的《周颂》中就有写农事的篇章。如周王暮春省耕告诫群臣及农官的《臣工》，祭告成王、祈求丰收并诫农官的《噫嘻》，祭祀社稷的《载芟》，以及秋收后答谢社稷的《良耜》等，都属这类作品。

五是征役诗。西周晚期王室衰微，戎狄交侵，征战不已，苛酷的兵役、徭役带给民众深重的苦难，这在民歌中有广泛的描述。怨征役之苦，抒怀乡之情，忧父母失养，思远方亲人，是常见的主题。但也有爱国思想的反映，如《秦风·无衣》也是一首战歌：

岂曰无衣？与子同袍。王于兴师，修我戈矛。与子同仇！
岂曰无衣？与子同泽。王于兴师，修我矛戟。与子偕作！
岂曰无衣？与子同裳。王于兴师，修我甲兵。与子偕行！

据《左传·定公四年》所记，吴破楚入郢，楚昭王奔随。楚大夫申包胥入秦求救，立倚于庭墙而痛哭七日。秦哀公终受感动，“为之赋《无衣》”而出兵相助，说明此诗在当时是一首颇具影响的著名战歌，不仅反映了“尚气概，先勇力，忘生轻死”的“秦人之俗”（朱熹《诗集传》卷六），而且表现了同仇敌忾、勇抗外侮的精神。

4. 地位

《诗经》是在中国文学史上占有极其重要地位的奠基之作，对后世文学的发展产生了巨大而深远的影响。

一是直抒胸臆的特色。中国诗歌直抒胸臆，是从《诗经》开其端的。这主要表现为真实地反映现实生活和直率地表达思想感情。在“真”的统率下，达到思想深度与艺术美感的统一。《诗经》是来自现实生活的诗，是出自诗人心底的歌，真实地反映社会人生，直率地抒发内心情志，形成朴实自然的艺术风格，独具真朴之美。此特点也正体现了今人所云之现实主义精神。

二是赋比兴的手法。前人从《诗经》中归纳出所谓“赋”“比”“兴”的表现手法，概括和总结了《诗经》的艺术技巧，揭示出古代诗歌艺术表现手法的基本特点。赋、比、兴与风、雅、颂旧时合称“六诗”或“六义”。南宋朱熹从“诗言志”的观念出发，认为：“兴者，先言他物以引起所咏之词也”“赋者，敷也，敷陈其事而直言之者也”“比者，以彼物比此物也”。南宋胡寅《斐然集》引河南李仲蒙之说则主要突出了“诗缘情”的观念：“叙物以言情，谓之赋，情物尽者也。索物以托情，谓之比，情附物者也。触物以起情，谓之兴，物动情者也。”诸家侧重不同，解释大同小异。简而言之：比即比喻，兴即起兴，赋即铺陈直叙。赋、比、兴三者交相为用，互为补充，构成《诗经》表现手法的基本特征。

三是语言的声律节奏。《诗经》305 篇都是入乐之作。其用语特点，多与入乐有关，句型以四言为主，节奏为每句二拍，单音之词多被重叠使用，“重言”“双声”“叠韵”层出不穷。《诗经》的节奏之鲜明，声韵之和谐，极富音乐美，汉以下诗及唐人律诗的用韵皆源于此。

（二）楚辞

1. 概述

“楚辞”为古代的一种诗体。因其最早产生于南方的楚国，其辞“书楚语，作楚声，纪楚地，名楚物”，故被人称为“楚辞”。楚国诗人屈原的《离骚》是楚辞中的代表作，故楚辞又称“骚体”。其本义是泛指楚地的歌辞，以后才成为专名，指以战国时楚国屈原的创作为代表的新诗体。

2. 特征

从形式上说，这种诗体最显著的特征是每句可长可短，不是整齐的四言，在句尾或句中多用语气词“兮”字。楚辞作为一种诗体，并非屈原首创，而是在楚地歌谣的基础上逐渐形成的。西汉帝王多喜欢楚声楚歌，而文臣如枚乘、贾谊、司马相如、扬雄等人的创作也深受楚辞的影响，许多诗人甚至模仿楚辞的形式来创作。西汉末，刘向辑录屈原、宋玉的作品及汉代人模仿这种诗体的作品，书名即题作《楚辞》。西汉以后，历代诗人都有以楚辞体来创作的，梁朝昭明太子萧统编《昭明文选》，就有“骚体”；南宋朱熹编《楚辞集注》，也收录了从汉至宋的骚体作品。古人甚至将诗人称为“骚人”。

3. 代表作《离骚》

在中国文学史上，屈原是第一个伟大的诗人。他的不朽杰作《离骚》，是现存第一篇宏伟壮丽的抒情长诗。

《离骚》是中国古代文学史上第一首由诗人自觉创作、独立完成的长篇抒情诗。全文可以分成前后两部分。从开头到“岂余心之可惩”为前半篇，侧重于对以往经历的回顾，多描述现实的情况；后半篇则着重表现对未来道路的探索，并主要通过幻想方式。在前半篇中，由三方面人物，即诗人自我、“灵修”（即楚王）和一群“党人”，构成激烈的矛盾冲突。诗人用大量的笔墨，从多方面描述自我的美好而崇高的人格，又及时修身，培养高尚的品德、锻炼出众的才干，迫切地希望献身君国，令楚国振兴，使楚王成为“三后”和“尧舜”一样的圣明君主。而同诗人敌对的、代表邪恶的“党人”，只顾苟且偷安，使得楚国的前景变得危险。而楚王虽一度信任和重用诗人，最终却受了“党人”的蒙骗，从而导致诗人的失败和楚国的衰微。诗人既不能改变自己，又不能改变楚国，而且不可能离开楚国，那么，除了以身殉葬自己的理想，以死完成自己的人格，就别无选择。

《离骚》闪耀着理想主义的光辉异彩。它展现了诗人“存君兴国”的“美政”理想、深沉执着的爱国感情、放言无惮的批判精神和独立不迁的峻洁人格，字里行间闪耀着诗人思想和人格的灿烂光芒，是中国古代最为宏伟的抒情诗篇。

二、乐府民歌

乐府诗是古代的一种诗体。乐府本是掌管音乐的官署名称，后也成为诗体的名称。汉代人将乐府配乐演唱的歌曲或编录的民歌称为“歌诗”，魏晋六朝人始称这些“歌诗”为“乐府”或“乐府诗”，并将其视为一种独立的诗体。除要求配乐歌唱外，其形式和古体诗没有区别。汉代乐府诗既有文学侍臣的歌功颂德之作，如祭祀天地的《郊祀歌》，也有流传于民间的乐府民歌，总之都是合乐可歌的作品。这些作品一经乐府演唱便流行开来，后代照其曲谱重新作词入乐的也被称为“乐府”。再后来，音乐失传，仅存歌名和歌词，诗人只是沿用乐府旧题，与原来的音乐毫不相关，甚至连句式都不相同，却照称“乐府”不误。这样，“乐府”就名不副实，只成为一种诗体的名称。作为一种诗体，被后代称为“乐府诗”的作品，除了都具有一个古乐府的旧题外，几乎没有共同的特点，而这正是乐府诗的特点。乐府诗没有句式、格律的限制，实际上就是古代的“自由诗”。

乐府诗是继《诗经》《楚辞》之后，在我国诗歌发展长河中焕发异彩的诗歌形式。乐府民歌即为乐府诗中民歌部分，是乐府诗的精华，显示出劳动人民无比丰富的创造力，是我国文学历史上最宝贵的诗歌遗产之一。《陌上桑》与《孔雀东南飞》是汉乐府民歌中最优秀的作品，也是叙事诗的代表作。

《陌上桑》全诗分三节，属说唱的形式。它写一个名叫秦罗敷的美女在城南隅采桑，人们见了她都爱慕不已，正逢一个使君经过，问罗敷愿否跟他同去，罗敷断然拒绝，并将自己的丈夫夸耀了一通。罗敷一名，民歌并不罕见，应是说唱文学中女子的共名。全诗叙述采桑女拒绝使君调戏的故事，歌颂劳动妇女不慕权势、不畏强暴的主题十分鲜明，表达出劳动人民维护自己爱情与家庭生活的凛然正气。它以浪漫的描写开始，以诙谐的喜剧结束，得到人们普遍的欣赏。

如果说《陌上桑》是汉乐府民歌中虚构性叙事诗的代表作，那么《孔雀东南飞》就是汉乐府民歌中纪实性叙事诗的代表作。《孔雀东南飞》是古代最长的民间叙事诗。作品讲述了刘兰芝和焦仲卿从结婚到分手以及死后合葬的全过程，情节空前完整。它以歌颂忠贞爱情、控诉宗法制度为主题，情节上曲折跌宕，结构上复线交叉，不仅塑造了完整、丰满而感人的形象，也展现了五言诗的无限魅力，更揭示了深刻的人生教训和社会意义。

三、魏晋诗歌

（一）曹氏父子

曹操和曹丕、曹植父子三人，既是建安时代政治的中枢，又是文坛的领袖。他们以自己的特殊身份，吸引了许多文人，开创了一代文学风气。其中，曹植在政治上最终遭到失败，但在文学上却取得最大的成就。

1. 曹操（155—220 年）

字孟德，沛国谯县（今安徽亳州）人。在汉末大乱中，曹操自聚兵马，建立了可以抗衡群雄的军事力量。继而于官渡一战中击败北方最大的割据势力袁绍，逐步统一并实际统治了北部中国。曹丕代汉建立魏朝后，追尊曹操为武帝。

曹操的文学成就主要表现在诗歌方面。他的现存作品都是可配乐演唱的乐府歌辞。曹操具有很高的音乐修养，并且一生都对音乐保持着浓厚的兴趣。受他的影响，曹丕、曹植及其他建安诗人，也写作了相当数量的乐府诗。可以说，在把作为民间文学形式的乐府诗改造为文人文学重要形式的过程中，曹操起了关键的作用。曹操是一个叱咤风云的乱世英雄，审美情趣也和一般文人不同。他的诗少有华美辞藻，结构也不精细，喜从大处落笔，语言古朴，气势宏伟，内涵厚重，往往抒发悲凉慷慨的感情，跌宕起伏，显示出鲜明的个性色彩。乐府歌辞从他开始，走上了新的发展道路。

2. 曹丕（187—226 年）

字子桓，曹操次子。他依靠父亲打下的基础，代汉做了皇帝，国号魏。曹丕博学多识，勤于著述，对文学创作也很重视。他的诗作中，乐府歌辞与古诗各约一半。其中相当一部分作品沿用民歌题材，善于写游子思乡、思妇怀远之情，语言也明显带有民歌的特点，通俗流畅，不过比一般民歌略显精致，抒发感情，以委婉细致见长。

3. 曹植（192—232 年）

字子建，曹操三子。在建安作家中，他是留存作品最多、对当时及后代文学影响最大、后人评价最高的一人。曹植的生活和创作，可以公元 220 年曹丕称帝为界，分为两个时期。在前期，曹植的作品更多地抒写个人的志趣与抱负。如《白马篇》，虽是游侠题材，然诗中那位英勇少年，实际也是作者自我的化身。在后期，曹植在曹丕父子的猜忌、迫害下忍辱求生，心情极为悲愤苦闷，作品的内容与风格发生显著变化。那种雍容华贵的诗作极少出现，多为一些表达不甘闲置、要求施展才能的愿望的作品，也不像早期之作那样豪迈自信，而是显得深沉悲凉。他更多的作品集中抒写了对个人命运的失望，和对曹丕政治集团的怨恨。这些诗文中，充满受压迫的痛苦、对自由生活的向往以及预感生命将在屈辱与碌碌无为中消耗、失去其应有价值而产生的悲哀。曹植前后的诗篇，在内容上虽然有明显不同，但都感情充沛，具有鲜明的个性特征。而尤其重要的是，通过创作实践，他把文人的艺术修养、文人文学的传统与乐府民歌的特点结合起来，既吸取了民歌的长处，又改变了民歌单纯朴素的面貌。

知识视窗

悲凉慷慨的建安文学

建安是东汉末年汉献帝刘协的第五个年号（196—220年），当时都城邺城（今河北临漳县）聚集了一批文人。这一时期诗、赋、文都有了新突破，尤其是诗，吸收了汉乐府民歌长处，情辞并茂，真实地反映了汉末社会现实及文人的思想感情。因发生在汉献帝建安时期，故后人称这一时期文学为建安文学，代表人物有曹操、曹丕、曹植和孔融、陈琳、王粲、徐幹、阮瑀、应玚、刘桢，后人简称为"三曹七子"，其中"三曹"为核心。曹操诗歌风格清俊通脱，名作有《蒿里行》《短歌行》等，《龟虽寿》名句"烈士暮年，壮心不已"常被人称赞。曹丕诗歌委婉悱恻，多以爱情、伤感为题材，其《燕歌行》是现存最早的七言诗，《典论·论文》是中国文学批评史上最早的专门性论著。曹植是这一时期最负盛名的作家，传世诗、赋、文一百多篇，如《泰山梁甫行》《美女篇》《洛神赋》等。建安文学总体特点悲凉慷慨，被誉为"建安风骨"（"风骨"是指作品内在的生气、感染力及语言表达简练刚健的特点），影响深远。

（二）陶渊明

陶渊明（约365—427年），一名潜，字元亮，浔阳柴桑（今江西九江市西南）人。他出身于一个没落的官僚家庭，年轻时受儒家思想教育，颇有抱负，同时又受道家思想影响，不同于流俗。曾做过几任小官，因不愿违背自己的心愿，最终归隐田园。

在陶渊明的诗歌中，最有代表性的是田园诗。其田园诗的艺术魅力，与其说在于它是田园生活的真实写照，不如说在于其中寄托了陶渊明的人生理想。田园被陶渊明用诗的构造手段高度纯化、美化，变成痛苦世界中的一座精神避难所。

陶渊明的思想，是以老庄哲学为核心，对儒、道两家取舍调和而形成的一种特殊的"自然"哲学。他心目中的理想社会，是一种"自然"的社会。他常常把儒家虚构的淳朴无争的上古之世与道家宣扬的小国寡民的社会模式结为一体，作为理想世界来歌颂。如《劝农》诗说："悠悠上古，厥初生民。傲然自足，抱朴含真。"《时运》诗说："黄唐莫逮，慨独在余。"《饮酒》诗说："羲农去我久，举世少复真！"

同样的思想，又借助虚构，在《桃花源记》中加以形象地表现。在这种"自然"的社会中，人人自耕自食，真诚相处，无竞逐，无欺诈，甚至无君无臣。而历史在陶渊明看来，是一个堕落的过程。人们过度的物质欲望，引起无穷的竞争，产生了种种虚伪、矫饰、残忍的行为，使社会陷入黑暗。

拓展阅读：不为五斗米折腰

四、唐诗

（一）概述

唐朝（618—907 年）是我国封建社会的鼎盛时期，也是古典文学全面繁荣的时期。唐诗代表着我国古典诗歌的最高成就：大家名家星罗，佳作海汇，众体皆备，流派竞繁。清人编纂的《全唐诗》及后人辑录的《全唐诗逸》《全唐诗外编》共收录了近 52000 首诗，有姓名的作者达 2300 多人。其数量之众、作者面之广、风格流派之多、体裁样式之全及影响之大，均堪称空前，并出现了李白、杜甫、白居易这样享有世界声誉的伟大诗人和一批众星拱月的名家。

（二）诗歌题材

从诗歌题材看，唐诗几乎深入唐人生活的每一个领域，举凡朝政得失、国家兴衰、将相忠奸、战事胜负、宫廷歌舞宴乐、民间渔樵耕织、官吏的诛求贪婪、民生的哀怨疾苦、中外的通商聘问、边塞的祭神畋猎、山河景观、田园风光、琴技棋艺、书法画境，各种素材无不入题。从济苍生、安社稷的雄心，致君尧舜、立功边陲的壮志，到隐居山林的闲趣、思恋情人的哀怨；从饯别送行、羁旅思亲的离愁别恨，到累举不第、落魄淹蹇的牢骚怨恨，各种感怀均得抒发。诗歌几乎成了唐人生活中密不可分的一部分，而唐人则把诗歌的各种功能发挥得淋漓尽致。

（三）内容种类

从诗歌内容的种类看，唐诗出现了题画、评文诗如杜甫的《画鹰》《戏为六绝句》，纪游诗如韩愈的《山石》、白居易的《游悟真寺诗》，史诗如杜甫的《自京赴奉先县咏怀五百字》、李商隐的《行次西郊作一百韵》，哲理诗如张若虚的《春江花月夜》、王之涣的《登鹳雀楼》，寓言诗如柳宗元的《笼鹰词》、曹邺的《官仓鼠》，赋体诗如杜甫的《北征》、韩愈的《南山诗》，其他如白居易的《长恨歌》、元稹的《连昌宫词》宛如传奇，王维的《老将行》、白居易的《新丰折臂翁》好似人物传记，这些都是唐人对诗歌内容的拓展和创新。

（四）风格流派

从诗歌的风格流派看，鲜明独特的风格是创作成熟的标志。仅就盛唐而言，“李翰林之飘逸，杜工部之沉郁，孟襄阳之清雅，王右丞之精致，储光羲之真率，王昌龄之爽俊，高适、岑参之悲壮，李颀、常建之超凡，此盛唐之盛也”（《唐诗品汇》总序）。在相同的时代背景和社会审美心理的作用下，一部分性格、遭际、素养大致相近的诗人唱和切磋，形成风格相似的流派。唐朝诗坛先后出现过风格华丽壮美的四杰和精工纤巧的十才子，闲雅淡远的山水诗派、慷慨豪壮的边塞诗派、平易通俗的元白诗派、奇警崛峭的韩孟诗派、精深婉丽的温李诗派等众多的风格流派，形成争妍斗奇的繁荣局面。

（五）诗歌体裁

就诗歌的体裁而言，中国古典诗歌的各种体裁至唐代“其体，则三、四、五言，六、七、杂言，乐府、歌行、近体、绝句，靡弗备矣”（《诗薮》）。五、七言古体，兴于汉魏，唐人有所发展；或古律结合，使音节婉转优美，韵致生动流畅；或诗文结合，破偶为奇，使风格古朴奇崛。

唐人的五古，陈子昂、高适、王昌龄、李颀等追踪汉魏，风格高古遒劲；张九龄、孟浩然、王维、韦应物、柳宗元等效迹陶潜，风格清淡，韵味醇厚。杜甫尤其堂庑大开，记事、述行、抒怀、议论，无施不可。

唐人歌行，风格多样。初唐四杰、张若虚、刘希夷的七古，铺张排比，有类汉赋；流丽婉转，脱胎宫体。李杜二公，才大气雄，各领风骚。李白、岑参的歌行感情激荡，笔法奇幻，风格飘逸豪宕；杜甫、韩愈的歌行，感情沉郁，笔力遒劲，风格奇崛拗峭。元白歌行，随物赋形，通俗平易，律句律调，声情凄婉。

拓展阅读：歌行体

唐人乐府多不合乐，属古体。李白的乐府借旧题写己怀、述时事、别出机杼；杜甫、白居易发展了汉乐府“感于哀乐，缘事而发”的传统，创为“即事名篇，无复依傍”的新题乐府，后发展为新乐府运动；李贺则多以新题写古事，借以刺时抒怀，奇谲幽艳，自成一家。

律体是唐人的创新。他们在六朝永明体和骈文讲究声韵、崇尚骈偶的基础上，将律诗声调和谐、句法关联、平仄相对、词义对仗等要求程式化，予以定型，形成五律、七律、排律、律绝等体裁。初唐上官仪总结出六对、八对说，丰富了对仗的手法。初唐四杰的律体，风格婉丽，未尽合律，至杜审言、沈佺期、宋之问，五、七言律诗基本定型。盛唐诸家，各创意境，竞擅胜场，至杜甫则“浑涵汪茫，千汇万状”。中唐以后，气格虽降，门户纷开：十才子精工，韦柳淡远，元白平易，贾姚冷僻，杜牧俊爽，刘禹锡苍劲，李商隐沉博绵丽，各自标榜。

唐人绝句有古绝、律绝之分，大都能谱乐歌唱，即唐代的乐府。盛唐绝句，兴象玲珑，情景浑成，李白、王维、王昌龄称胜；中唐绝句，委婉工细，韵味隽永，李益、刘长卿、刘禹锡擅长；中晚唐之际的绝句，笔意曲折，议论精警，杜牧、李商隐互相颉颃。

（六）时间划分

最常见的唐诗分期是初、盛、中、晚四个阶段。初唐诗歌以陈子昂及初唐四杰为代表，形式及内容还没完全脱离南北朝时期的束缚，是唐诗的准备期。盛唐诗歌以李白、杜甫及山水田园诗派、边塞诗派为代表，具有盛唐气象，是唐诗的鼎盛期。中唐诗歌以韩愈、柳宗元、白居易、元稹等为代表，开拓出新的意境，诗风贴近现实，部分诗作能够反映民间疾苦。晚唐诗歌以李商隐、杜牧等为代表，气象衰微，但注重词句的精雕细琢，具有独特的审美价值。

（七）代表人物

1. 李白（701—762年）

字太白，号青莲居士，祖籍陇西成纪（今甘肃静宁西南）人。李白是继屈原之后，我国古代文学史上又一位伟大的浪漫主义诗人。

李白的世界观是儒、道、侠的结合体。他一生关怀国事，具有强烈的“济苍生”“安社稷”的用世思想。他蔑视等级制度，不屑于世俗沉浮，狂放自傲，不阿谀奉承，希望“平交王侯”“一匡天下”，建功立业后，飘然引退。但理想化的人生同现实人生不断发生冲突，常使李自陷入悲愤、失望和不平之中。但是，李白并没有因此消沉，始终保持着对信念的追求精神。

拓展阅读：汪伦之情

李白有《李太白集》传世。李白的诗歌是盛唐气象的典型代表，基本主题是对建功立业的渴望和怀才不遇的忧愤。代表作有《望庐山瀑布》《行路难》《蜀道难》《将进酒》《早发白帝城》等多首。李白的诗雄奇飘逸，常将想象、夸张、比喻、拟人等手法综合运用，造成神奇异彩、瑰丽动人的意境。他的诗具有“笔落惊风雨，诗成泣鬼神”的艺术魅力，感情的表达具有一种排山倒海、一泻千里的气势。他讴歌祖国山河与美丽的自然风光，风格雄奇奔放，俊逸清新，富有浪漫主义精神，达到了内容与艺术的统一。他被贺知章称为“谪仙人”。他的诗歌是昂扬奋发的时代精神、宏大蓬勃的盛唐气象的鲜明写照；是他豪放不羁的个性的生动体现；是开元、天宝之际唐朝盛极一时，又危机四伏的社会现实的深刻再现。他的诗歌是浪漫主义精神和浪漫主义艺术创作方法高度统一的产物。他与杜甫并称为“大李杜”（李商隐与杜牧并称为“小李杜”）。

2. 杜甫（712—770年）

字子美，祖籍襄阳（今湖北襄阳），自其曾祖时迁居巩县（今河南巩义西南）。杜甫是中国古代文学史上最伟大的现实主义诗人。

杜甫继承并发展了自《诗经》以来的现实主义传统，并达到了空前的高度。杜甫深受儒家思想的影响，把儒家的“兼济天下”当作人生信条，因而有“诗圣”之称。他的诗除了深切反映下层人民的苦难外，还充满爱国之情。

杜甫生活在唐朝由盛转衰的历史时期，其诗多涉及社会动荡、政治黑暗、人民疾苦，他的诗反映了当时社会矛盾和人民疾苦，他的诗记录了唐代由盛转衰的历史巨变，表达了崇高的儒家仁爱精神和强烈的忧患意识。杜甫一生写诗1500多首，其中很多是传颂千古的名篇，比如“三吏”（《石壕吏》《新安吏》《潼关吏》）和“三别”（《新婚别》《无家别》《垂老别》）。他的诗歌在反映天宝末年到大历年间的重大社会政治事件、时代的动乱及民生的疮痍方面，都达到了前所未有的深度和广度，被称为“世上疮痍，诗中圣哲；民间疾苦，笔底波澜”，因而被誉为“诗史”。

杜甫的思想核心是儒家的仁政思想，忧国忧民。他有“致君尧舜上，再使见人淳”的宏伟抱负。杜甫诗歌的基本风格是沉郁顿挫。所谓“沉郁”，是指意境的深远和情调的浑厚；所谓“顿挫”，是指笔势的纵横捭阖和音韵的抑扬变化。在此基础上，呈现出多样的风格，或平淡，或雄奇，或瑰丽，或质朴。杜甫诗歌众体兼备，尤其擅长律诗。在表现手法上，杜甫善于以少胜多，移情入景，体物入微，是艺术上的集大成者。他非常注重诗歌语言的锤炼，“语不惊人死不休”就是其语言风格的生动写照。从他的诗中，我们能读出人生的不易，从而珍惜每一寸时光，用心地生活；我们更能读懂生命的坚韧，进而从容地面对苦难，在最狭隘的石缝里开出一朵花来。杜甫流传下来的诗篇是唐诗里最多、最广泛的，对后世影响深远。

3. 白居易（772—846 年）

字乐天，晚年号香山居士。祖籍太原（今山西太原市西南），到其曾祖父时迁居下邽（今陕西渭南北）。他强调诗歌的现实内容和社会作用，把自己的诗歌分为讽喻、闲适、感伤和杂律四大类，其中以讽喻诗和感伤诗的成就最高。讽喻诗多揭露上层的腐败和下层的不幸。

白居易的感伤诗中，《长恨歌》和《琵琶行》最为著名。《长恨歌》以唐玄宗和杨玉环的爱情悲剧为题材，在叙事中加入想象和虚构手法，倾注了诗人强烈的情感，极富艺术感染力。《琵琶行》通过对人物动作、神态的描写来展示其性格和心理，由琵琶女的沦落江湖，联想到自己的被贬生活，发出了“同是天涯沦落人”的感慨。

拓展阅读：“居易”趣谈

4. 李商隐（约 813—约 858 年）

字义山，号玉谿生，怀州河内（今河南沁阳）人。他一生受朋党之争的牵连，一直沉沦下僚。他的诗歌意象丰富而又空灵缥缈，是诗人内心多种体会的组合。诗人善于用精美华丽的语言，巧用比喻和象征，表达感伤压抑的情绪，从而使他的无题诗具有一种浓厚的感伤氛围。

李商隐的诗歌创作使晚唐诗歌发出灿烂的光辉。他在心灵世界的开拓、朦胧意境的塑造、细腻传神的表现、无题诗的创作等方面，取得了很高的成就，成为继李白、杜甫之后的又一诗歌大家。

古为今用

河南新郑黄帝拜祖大典是黄帝故里民众为纪念中华人文始祖黄帝而兴起的群体性信仰活动。老百姓中间流传的民谚有“三月三，拜轩辕”“三月三，上西山，拜祖先”。当地百姓皆称黄帝为“始祖”，又称祖师、始祖神。另外，民间传说二月初九是黄帝出生之日，三月三是黄帝在新郑建都的日子，六月六是黄帝结婚的大喜之日，九月初九是黄帝升天之日。

《黄帝颂》是为河南新郑农历三月三黄帝故里拜祖大典创作的歌曲，是中原的文明，更是广大华夏民族的文明，全世界华人的文明。历届炎黄文化节拜祖大典，这首主题乐曲贯穿拜祖仪式始终。

天地玄黄　东方曙光
文明始祖　中华炎黄
薪火相传　盛世未央
华夏各族　中原家乡
和平天下　国运兴昌
和睦百姓　社稷安康
新郑拜祖　弥之高仰
同根同源　龙族荣光
大风起兮云飞扬　吾土吾心吾欢畅
四海之内皆和谐　吾思吾梦吾向往
大风起兮云飞扬　吾土吾心吾欢畅
四海之内皆和谐　吾思吾梦吾向往
祈福九州　祥和无疆
风调雨顺　百业兴旺
护佑中华　盛世运昌
护佑子孙　永续辉煌
大风起兮云飞扬　吾土吾心吾欢畅
四海之内皆和谐　吾思吾梦吾向往
大风起兮云飞扬　吾土吾心吾欢畅
四海之内皆和谐　吾思吾梦吾向往

学思践悟

1. 请以你喜欢的一首古代诗歌为例，简要分析其中蕴涵的道德情操和人文精神。

2. 与同学一起以“花”字来一场飞花令，即每人说出的古诗词一定要有“花”字。例如“花间一壶酒，独酌无相亲”“忽如一夜春风来，千树万树梨花开”。

第二节　要眇宜修，委宛言长

引经据典

乘风好去，长空万里，直下看山河。
——辛弃疾《太常引·建康中秋夜为吕叔潜赋》

拓展阅读：辛弃疾《太常引·建康中秋夜为吕叔潜赋》释义

案例导入

“望尽天涯路”的追求

2014 年 10 月 15 日，习近平总书记在文艺工作座谈会上强调：大凡伟大的作家、艺术家，都有一个渐进、渐悟、渐成的过程。文艺工作者要志存高远，就要有“望尽天涯路”的追求，耐得住“昨夜西风凋碧树”的清冷和“独上高楼”的寂寞，即便是“衣带渐宽”也“终不悔”，即便是“人憔悴”也心甘情愿，最后达到“众里寻他千百度，蓦然回首，那人却在，灯火阑珊处”的领悟。

“昨夜西风凋碧树，独上高楼，望尽天涯路”，出自宋代晏殊的《蝶恋花·槛菊愁烟兰泣露》；“衣带渐宽终不悔，为伊消得人憔悴”，出自宋代柳永《蝶恋花·伫倚危楼风细细》；“众里寻他千百度，蓦然回首，那人却在，灯火阑珊处”，出自宋代辛弃疾《青玉案·元夕》。近代著名学者王国维在《人间词话》中，借这三句话比喻“古今之成大事业、大学问者，必经过三种之境界”。王国维的三种境界启示我们，成就事业、读书治学要有明确的目标，有坚定的恒心，经过不懈探求，才能最终豁然开朗，取得成就。习近平总书记引用这些词句，意在勉励文艺工作者要志存高远，不断追求更高的境界，实现自我提升、自我超越。

思考：

你最喜欢的词是哪一首？

理论讲坛

一、词

（一）概述

词是诗的别体，是唐五代兴起的一种合乐而歌的新诗体，是一种新的文学样式，经过长期不间断发展，到宋代进入全盛时期，故俗称宋词。词又称曲子词、长短句、诗余，是配合宴乐乐曲而填写的歌诗，词牌是词的调子的名称，不同的词牌在总句数、每句的字数、平仄上都有规定。词在形式上的特点是：调有定格，句有定数，字有定声。按字数不同可分为长调（91 个字以上）、中调（50～90 个字）、小令（58 个字以内）。词有单调和双调之分，双调就是分两大段，两段的平仄、字数是相等或大致相等的，单调只有一段。词的一段叫一阕或一片，第一段叫前阕、上阕、上片，第二段叫后阕、下阕、下片。词与诗的最大区别是词以辞配乐，因而作词又称为“填词”。词的流派有两种，婉约派与豪放派。

最早的唐代民间词是在敦煌发现的曲子词，它的作者众多，反映的社会场景广阔，境域宽宏，生活气息浓郁，语言朴素清新。词体在民间兴起后，盛唐和中唐的一些诗人如张志和、韦应物、白居易、刘禹锡等都填过词。晚唐时期，文人填词者渐多，其中影响最大的是温庭筠。词到了南唐二主李璟和李煜的手里，开始大放光彩，他们极大地提升了词的表现力。王国维在《人间词话》中指出，“词至李后主而眼界始大、感慨遂深，遂变伶工之词而为士大夫之词”。

词到宋代进入全盛期，无论是作词的人数还是词的数量与质量，都呈现出空前绝后的繁盛，所以“宋词”也与“唐诗”并称为“一代之文学”。宋词的发展主要可分为四个阶段。第一个阶段，晏殊、张先、晏几道、欧阳修等承袭“花间”余绪，为由唐入宋的过渡；第二个阶段，柳永、苏轼在形式与内容上所进行的新的开拓以及秦观、赵令畤、贺铸等人的艺术创造，促进宋词出现多种风格竞相发展的繁荣局面；第三个阶段，周邦彦在艺术创作上的集大成，体现了宋词的深化与成熟；第四个阶段，以辛弃疾为中心的豪放派词人将词推向雄奇阔大的境界，无事无物不可入词。这四个阶段在时间上并非截然分开，而是互相交错在一起的；就其发展演变的实际情况来看，继承与创新也不是相互脱节的。

（二）代表人物

1. 李煜（937—978 年）

字重光，号钟隐，继承父位做了南唐国君，世称李后主。39 岁时，国破，被宋军所俘，囚居汴京三年，后被宋太宗毒死。

李煜词以南唐灭亡为分界线，大致可分为前后两期。其前期词虽说没有太大的创新，一些花间词人常用的浓丽光鲜的词语典故也常常出现在他的作品中，但他还是沿着其前辈的方向前进了一步，更多地表现了一种与晚唐及西蜀花间词不同的风格。花间词的意象细密、堆砌、隐约，在精雕细刻、五光十色中呈现一种云遮雾罩、曲折回环的效果。而李煜的词则流动清新，他多以描述对象的心理活动、感情起伏为主线，把视觉意象贯穿在情绪主线之中一一呈现，意象与意蕴结合得十分自然。

代表李煜最高创作成就的是他的后期词，由于国破被囚，他的词风发生重大转变，抒发了亡国的不幸和对故国的深切思念，深沉含蓄。

李煜前期词题材比较陈旧，语言上受唐五代词人影响较多，而且有些并非出自切身体验，所以不易深入。其后期词则发自内心，写的是从未有人写过的作为亡国君主的故国之思，而词中流露的，又主要是追逝年华、感慨人事变迁无情、哀叹命运等容易引起普通人共鸣的情绪，因此艺术感染力大大加强，更由于他采用了唐五代词人少用的白描手法，以清新的语言写情，因而形成了独特的风格。

2. 柳永（约 987—约 1053 年）

字耆卿，原名三变，后改名永，崇安（今福建武夷山市）人。他长期混迹于下僚，对市民生活有相当的了解。他的词以男女风情和羁旅行役题材为最多。风情词有的表现了世俗女性大胆而泼辣的意识；有的写对艺伎的思慕和游宴歌舞的欢乐；有的写下层女性的不幸和她们从良的愿望。词风新颖，生动而大胆。羁旅行役词形象鲜明地描绘了大自然四季更替的风光。但柳永同时又用悲秋的笔调，抒写了天涯沦落的不遇之感。因此，他的羁旅行役词比较全面地展现了他一生中的追求、挫折、矛盾、苦闷、辛酸、失意的心态，寄寓着他的欢乐和痛苦。

柳永是宋代第一个大量创作慢词的词人，在他的努力下，唐五代以来词坛上小令一统天下的格局从根本上得以改变，形成了慢词和小令平分秋色的局面。他凭借着自己的不断探索和创新精神，开辟了一条词创作的新路。在词的语言上，他大胆吸收俚俗语言，使词显得生动活泼；在表现手法上，他创造性地运用铺叙和白描，对词的艺术表现是一个重大的突破。他的词雅俗共赏，在当时流传很广，据叶梦得《避暑录话》记载，在西夏也流传有“凡有井水处，皆能歌柳词”的话语，可见柳词影响之大。

拓展阅读：柳永和晏殊的“较量”

3. 苏轼（1037—1101 年）

字子瞻，号东坡居士，眉州眉山（今属四川）人。苏轼一生坎坷，仕途多变，屡遭贬谪。但他以自己长江大河般的学识与才情将这些遭遇一一化解，并化作笔底的波澜。从性格上讲，他既严正又平和，既坚持了士大夫积极入世、刚正不阿、恪守信念的人格理想，又保持了士大夫追求超越世俗、追求艺术化的人生境界与心灵境界的人格理想。他将两者融为一体，巧妙地解决了进取与退隐、入世与出世、社会与个人那一类在士大夫心灵上历来相互纠结缠绕的矛盾，并在其文学作品中加以充分表现。

苏轼在词的创作上取得了非凡的成就。他对词体进行了全面改革，提出了“诗词一体”“自成一家”的词学观念和创作主张。“以诗为词”，打破了诗与词的界限，突破了“词为艳科”的思维定式，开拓了词境，提升了词品，扩大了词的表现力，使词像诗一样可以充分表现作者的人生抱负和个性，大大提高了词的文学地位。

在题材上，他既写男女恋情、离合悲欢之类的传统内容，又突破“词为艳科”的狭隘范畴，将通常只在诗中出现的田园风情、山水景物、人生志趣、怀古感今以及咏物记事等内容移入词中，并充分利用词的体式上的特点，取得诗所难以具有的艺术效果。而最能反映苏轼在词的题材方面的开拓性的有两类：一类是写自己的抱负与理想，表现出一种慷慨豪迈的精神，如《江城子·密州出猎》；另一类是写自己面对自然、感怀今昔之际带有哲理性的人生感受，表现出一种高逸旷达的精神，如《水调歌头·丙辰中秋》。

苏轼词的风格变化多端。他的词同他的诗文一样，往往以意为主，任情流泻，故其风格也随着内容特点、情感基调的变化而变化。如《江城子·密州出猎》的热情浓烈、意气奋昂，《念奴娇·赤壁怀古》的开阔动荡、雄壮勃发，其风格可以用“豪放”和“高旷”来形容。而苏轼写恋情、写伤感的词，则又委婉而细密，如悼亡之作《江城子·乙卯正月二十日夜记梦》。

知识视窗

豪放词派

豪放词派，是宋词两大流派之一，因为题材、风格、用调及创作手法等与婉约派多不相同，被婉约派称为“别派”。

豪放词题材广阔，可以像诗文一样反映生活，也可展示军情国事等重大题材。它境界宏大、气势恢宏、不拘格律、崇尚直率，不求含蓄婉曲。如果婉约词须十七八岁女孩拿红牙板来唱，豪放词就须关西大汉拿铜琵琶铁绰板来歌。苏轼词风洒脱旷达，开创豪放词风，他用广泛的题材、开阔的视野代替了五代婉约词儿女之情、离别之绪，用恢宏豪放的风格取代了含蓄婉约的风格，又直接抒发情感，突破了格律的限制；还用诗的语言写词，为词开拓出新天地，其中《念奴娇·赤壁怀古》最著名。同时代豪放派词人还有王安石、范仲淹等。北宋灭亡后，危急的国势为豪放词派发展提供了机会。南宋著名豪放派词人有辛弃疾、岳飞、张元幹、张孝祥、陆游等。辛弃疾是最著名的豪放派词人。他的词无所不包，既写景状物又抒情议论。他更用散文的笔法填词，大量运用比兴、典故，极大丰富了词的表现手法，完成了词体的解放，实现了词风的变革，把豪放派词创作推向顶峰。辛词名篇有《水龙吟·登建康赏心亭》《青玉案·东风夜放花千树》。豪放词派丰富了古代文学的宝库，对后代词人产生了深远的影响。

4. 李清照（1084—约 1151 年）

号易安居士，齐州章丘（今山东章丘）人。与济南历城人辛弃疾合称“济南二安”（辛弃疾字幼安）。其父李格非，北宋文学家，以文章受知于苏轼。其夫赵明诚，为徽宗崇宁间宰相赵挺之之子，金石考据家。李清照早年生活优裕，工书能文，擅长书画，通晓音律。婚后与赵明诚共同致力于书画金石的整理，编写了《金石录》。他们的住所为“易安堂”，因此李清照也自号易安居士。中原沦陷后，李清照与丈夫向南流亡，过着颠沛游离、凄凉愁苦的生活。赵明诚病死，她的生活境遇孤苦。李清照幼承家学，早有才名。她以词著名，兼工诗文，并写有《词论》，在中国文学史上享有崇高声誉，正所谓“文有李清照，武有秦良玉（明末女将）”。李清照早年生活安定，词作多写相思之情；金兵入侵后，遭遇国家剧变，词作多感慨身世飘零。她的诗文感时咏史，与词风迥异。现存诗文及词为后人所辑，有《漱玉词》等。

在理论上，李清照提出词“别是一家”之说，即词是与诗不同的一种独立的抒情文体，词对音乐性和节奏感有更独特的要求。在音律、思想内容、艺术风格、表现形式等方面，都应保持自己的特色。而她写的词也独具一格，称“易安体”。李清照从词的本体论角度确立了词体在文学上的独立地位，后世称其为婉约词宗。

李清照的词以靖康之变为界，分前后两期。前期主要描写她在少女和少妇时期对生活的热爱，与丈夫的爱情生活及离别的愁绪，描写细腻，委婉动人。靖康之变后遭受国破家亡的打击、人生命运发生剧变，她的心境和词境都起了很大的变化，词风凄清淡雅，充满孀居之苦、沦落之悲、亡国之痛，著名的《声声慢·寻寻觅觅》就是在这样的情境中写出来的。

李清照的词洋溢着强烈的感情，擅长运用各种表现手法深刻而细腻地反映生活。在内容上，她善于选取日常的起居环境、行动细节来表现自己的内心世界。在语言运用上，善于炼字。无论是口语，还是书面语，一经她提炼，就显得别开生面，风韵天然，如“知否，知否，应是绿肥红瘦”（《如梦令·昨夜雨疏风骤》）。

知识视窗

婉约词派

婉约词派是宋词的两大流派之一。“婉”为柔美、婉曲。“约”的本义是缠束，引申为精练、隐约、微妙。

婉约词最早出现在唐五代，文人多把眼光盯在深闺绣房、秦楼楚馆，只留心身边花前月下浅斟低唱的生活，作词的目的多为抒发兴致、娱乐客人，在酒宴歌席上由歌伎舞妾唱奏（故也称宴乐），被呼为“艳曲”“女音”，最适合由十七八岁女孩拿红牙板演唱。内容多写儿女情长、离愁别绪，音律和谐柔美。北宋时，国家稳定，城市繁荣，繁华的城市生活促进了婉约词的发展，形成了婉约词派。婉约词风格含蓄，隐喻曲折，寄情委婉，文辞绮丽。著名作家有欧阳修、晏殊、晏几道、柳永、秦观、贺铸、周邦彦、李清照等。

婉约词派把过去狭窄的艳情词扩展到城市生活的各个方面，过去仅有小令，后又创造出慢词长调，语言多用城市中百姓市民常用的话，因而广受欢迎，相传凡是有井水的地方都能唱柳永的词。婉约词历来被当作词之正宗，名篇佳作有：柳永的《雨霖铃·寒蝉凄切》、秦观的《鹊桥仙·纤云弄巧》、李清照的《声声慢·寻寻觅觅》。南宋又出现了姜夔、吴文英、张炎等优秀婉约派词人。

5. 辛弃疾（1140—1207 年）

字幼安，号稼轩，历城（今山东济南）人。辛弃疾的词今存六百多首，词境开阔，内容丰富，有建功立业的渴望，有深沉的使命感，充满着激荡的豪情和愤懑的心绪。辛弃疾的词的内容主要有三方面：一是直接描写抗金的战斗生活，渴望成就英雄伟业的雄心壮志；二是表现深广的社会忧患和抒发自己怀才不遇、抱负难以实现的苦闷；三是描写农村景物、农民生活习俗和隐逸的情趣。

辛弃疾的词在艺术风格上也是丰富多彩的。首先，是对词进行大胆的创新，更新了表现方法。在苏轼“以诗为词”的基础上，进而“以文为词”，吸收散文的创作手法，把议论、对话等移植入词，进一步打破了“诗庄词媚”的界限。其次，是表现形式和风格的多样化。辛弃疾的词向来以豪放著称，词作大多悲壮激昂、豪迈奔放，但又兼有清丽、飘逸、妩媚的风格。而最能体现他个性风格的则是刚柔相济和亦庄亦谐的词风。写豪气，以深婉之笔出之；写柔情，则渗透着英雄主义豪气。

拓展阅读：陆游与《钗头凤》

二、曲

（一）概述

曲，又称为词余、乐府，产生于金元之际。曲和词都是配合音乐、讲究平仄的长短句，其主要区别在于所配的音乐不同，以及由此而产生的格律上的差别。曲与词一样，也是流行音乐的产物。当时的流行音乐叫“北曲”，是金人入主中原以后，来自北方的音乐与汉族原有的音乐结合而产生的“新变声”；元明之际，南方又开始流行另外一种独具风格的音乐，人称“南曲”，明清时盛行。所以，“曲”应该兼指南曲和北曲。同时，南曲和北曲不仅是流行歌曲，而且也用于歌剧演唱，因此，“曲”又应该包括元明杂剧（北曲）和明清传奇（南曲）。作为一种诗体，“曲”在元代主要指非戏曲的歌曲，即通常所谓的“散曲”。散曲又有“小令”和“套数”之分。如词一样，曲也有乐谱，叫作“曲调”，每一个曲调都有特定的名称，叫作“曲牌”。古人写曲，原来也是按照乐谱填词，是可歌可唱的，故选用什么曲调要与所表现的感情色彩相配。曲词也要讲究格律，其句式、平仄、押韵等多有特定格式，统称为“曲律”。

中国戏曲艺术的形成，经历了一个漫长的发展过程。在戏曲正式产生以前，不同历史时期的许多表演艺术已有戏曲艺术的萌芽或因素，对戏曲的形成起了很大的作用。先后经历了先秦时期的歌舞戏、两汉时期的滑稽戏、唐宋时期的参军戏、宋金时期的杂剧与院本，到元代形成了最为壮观的表演艺术形式——元曲。由于其巨大的影响力，元曲与唐诗、宋词并称为“一代之文学”。元曲主要包括元杂剧、南戏及散曲几种形式。

元杂剧一般由四折组成一个剧本。“折”相当于今天的“幕”，是全剧矛盾冲突发展的自然段落。角色主要分为末、旦、净三类，在乐曲调上，一折只采用一个宫调，全剧采用“一人主唱”的方法。南戏产生于浙江永嘉一带，又称为“永嘉杂剧”。剧本由若干“出”组成，出数不定。曲词的宫调也没有规定。南戏角色分为生、旦、净、末、丑等多类，歌唱的形式多种多样，独唱、对唱、合唱皆可。散曲是元代产生的一种配合流行曲调进行清唱的抒情韵文，包括小令和套数。小令又称“叶儿”，是独立的单曲，调短字少是其最基本的特征。套数又称“套曲”“散套”，它由同一宫调的若干首曲子连缀而成。散曲句式灵活多变，语言崇尚通俗化、口语化，具有浓郁的市井特色和地方特色。

元代戏剧发展到明清时期称为“传奇”。传奇是在南戏基础上发展起来的。传奇的体制比杂剧自由，每本戏不限出数，可多可少；每出戏所用曲牌也比较自由，可以换调换韵；台上角色皆可唱，不止限一人主唱到底；篇幅一般较长，一本戏往往有好几十出。

（二）代表人物及作品

1. 关汉卿与《窦娥冤》

关汉卿（约1219—约1300年），号已斋叟，大都（今北京市）人。他是元代剧坛的杰出代表和元杂剧的奠基人。他一生创作杂剧60多种，今存《窦娥冤》《救风尘》《望江亭》等18种。

《窦娥冤》是中国优秀的古典戏剧之一，是关汉卿的代表作。窦娥的悲剧命运，极具震撼力和典型意义。窦娥3岁丧母，由于家贫，被卖做童养媳。17岁结婚，不久成了寡妇。恶棍张驴儿企图霸占她，她不从；张驴儿下毒阴差阳错害死了自己的父亲，却反诬窦娥。贪官是非不分，胡乱判案，屈斩窦娥，造成冤案。窦娥死前指天发誓，立下三桩誓言——血溅白练，六月飞雪，大旱三年，对黑暗的现实社会提出了强烈的控诉。《窦娥冤》揭露了官府昏庸残暴、草菅人命而使恶人横行的罪行，塑造了窦娥这一贤惠善良、正直不屈的劳动妇女形象。窦娥的悲剧，是恶人横行和官府颠倒黑白造成的；窦娥的悲惨命运，典型地显示出善良的百姓被推向深渊的过程，揭示了专制社会的吃人本质，具有深刻的典型意义。

关汉卿的《窦娥冤》、马致远的《汉宫秋》、白朴的《梧桐雨》以及纪君祥的《赵氏孤儿》，列为元杂剧“四大悲剧”。

2. 王实甫与《西厢记》

王实甫（1260—1336年），名德信，大都（今北京市）人。王实甫创作的杂剧有14种。其代表作《西厢记》突破了元杂剧一般一本四折表现一个故事的体制，按戏剧内容展开为五本二十一折。《西厢记》取材于唐代元稹的《莺莺传》、金代董解元的《西厢记诸宫调》，王实甫在借鉴前人创作的基础上，进行大胆的艺术再加工，对故事的题旨做了新的改造。

《西厢记》通过崔莺莺和张生的爱情故事，有力地抨击了专制社会礼教的腐朽、虚伪，热情歌颂了追求婚姻自由的青年男女，表达了“愿天下有情人终成眷属”的美好理想。崔莺莺是相府千金，受封建礼教和家长的严厉束缚，内心苦闷、烦恼，偶遇张生，产生爱情。她渴望真挚的爱情，争取婚姻自由，同时又表现出动摇、疑虑的心理，最后在红娘的帮助下，终于和张生结合。

《西厢记》结构宏伟、情节曲折生动，一波未平，一波又起，跌宕起伏，引人入胜。情节展开与人物性格刻画完美结合，使剧本既以情节取胜，又成功塑造了众多的人物形象。《西厢记》语言华丽优美，与剧本所写的爱情内容相协调。心理刻画、景致描写都很出色，许多曲文本身就是优美的诗篇，如“碧云天，黄花地，西风紧，北雁南飞。晓来谁染霜林醉？总是离人泪”，情景交融，色彩绚丽，婉转动人。

3. 汤显祖与《牡丹亭》

汤显祖（1550—1616 年），字义仍，号海若、若士、清远道人，临川（今江西抚州）人。汤显祖创作了《紫钗记》《牡丹亭》《南柯记》《邯郸记》，后称“临川四梦”。其中《牡丹亭》是其代表作。

《牡丹亭》又名《还魂记》，通过杜丽娘、柳梦梅的爱情故事，表现了作者反对封建婚姻制度、追求个性自由的理想。剧本讲述南安太守杜宝之女杜丽娘因读《诗经·关雎》而萌发春情，私游春光烂漫的后花园，游园之后梦见自己与书生柳梦梅幽会，醒后寻梦不得，痛苦绝望，忧郁而终。三年后，她所思念的柳梦梅也为了寻访梦中人来到此地，养病梅花庵，偶游后花园拾得杜丽娘的画像而痴迷。在杜丽娘阴魂的指引下，柳梦梅掘墓开棺，杜丽娘复生。后柳梦梅赴京高中状元，皇帝亲为主婚，有情人终成眷属。《牡丹亭》是一首至真、至美、至纯的爱情颂歌，是汤显祖“至情”论的演绎。剧本通过大胆的追求爱情和梦幻情感的描写，肯定了杜丽娘的人性欲望，这在封建伦理盛行的明代中叶，具有强烈的进步意义。作品情节离奇，辞采华丽，具有浓郁的浪漫色彩，是古代爱情戏中影响最大、艺术成就最高的杰作之一。

4. 洪昇与《长生殿》

洪昇（1645—1704 年），字昉思，号稗畦、南屏樵者，钱塘（今浙江杭州）人。《长生殿》描述唐明皇李隆基和杨玉环的爱情故事，其前半部基本上是现实主义的描写，后半部则显然加强了浪漫主义的描写。作者虽然谴责了李隆基因宠爱杨玉环而致国事败坏、无法收拾的罪尤，然而对他们两人的爱情悲剧却很同情。他写李隆基退位后对过去之事有所悔悟，在深宫中因思念杨玉环而无比痛苦。剧本的后半部着重描写了李隆基和杨玉环鬼魂的悔恨心情以及相互之间的深情怀念。由于这种真情，两人终于在月宫重新团圆。作者不但对李、杨两人加以美化和净化，而且特别宣扬一种“一悔能教万孽清”的思想，这是值得我们批判性看待的。

《长生殿》的艺术特点主要表现在两个方面。其一，在结构方面，全剧达五十出，场面壮丽，情节曲折，且组织得相当严密。其二，《长生殿》的曲词优美，尤为人们称道。

从文字上说，它具有清丽流畅、刻画细致、抒情色彩浓郁的特点。

5. 孔尚任与《桃花扇》

孔尚任（1648—1718年），字聘之，又字季重，号东塘（《随园诗话》所载为东堂），别号岸堂，自称云亭山人，山东曲阜人，孔子第64代孙，清初诗人、戏曲作家。他继承了儒家的思想传统与学术，自幼即留意礼、乐、兵、农等学问，还考证过乐律，为以后的戏曲创作打下了音乐知识基础。世人将他与《长生殿》作者洪昇并论，称“南洪北孔”。

《桃花扇》是一部借用复社文人侯方域与秦淮名伎李香君的爱情故事来反映南明一代兴亡的历史剧。全剧以侯方域、李香君的悲欢离合为主线，展现了明末南京的社会现实。同时也揭露了弘光政权衰亡的原因，歌颂了对国家忠贞不渝的民族英雄和底层百姓，展现了明朝遗民的亡国之痛。《桃花扇》的意义，就在于艺术地、真实地反映了南明覆灭的过程，揭示了覆灭的原因。在作者看来，明朝的三百年基业，就葬送在弘光政权的君臣之手。这个沉痛的历史悲剧，使作者感慨万千，悲愤之极，于是借侯、李的“离合之情”，抒发了深沉的“兴亡之感”。优美温柔与悲凉慷慨的语言，使这部历史剧成为“哭声泪痕之书”。

知识视窗

京剧的艺术特点

1. 在唱腔上，京剧吸收了昆曲、梆子腔等多种地方腔调，以二黄、西皮为主要声腔，其吹打曲牌主要来自昆曲。

2. 在乐器上，京剧有单皮鼓、拍板、堂鼓、大堂鼓、大锣、小锣、铙钹、碰钟、云锣、汤锣、京胡、二胡、小三弦、月琴、笙、唢呐、挑子等。

3. 在角色上，京剧最初行当分为生、旦、净、末、丑、副、外、武、杂、流十行，不过后来只留下四行：生、旦、净、丑。其各有一套比较严格的表演程式，在唱、念、做、打上各具特色，表现出不同人物的性格特征。

4. 在脸谱上，由于每个历史人物或某一种类型的人物都有一种大概的程式，就如唱歌、奏乐需要按乐谱一样，所以称为“脸谱”。“生”“旦”面部化妆比较简单，略施脂粉，叫“素面”；而“净”和“丑”化妆起来则非常麻烦，再加上图案复杂，演员化妆的时间就要用上几个小时，这两个角色也被称为“花脸”。

5. 在服饰上，京剧的服饰具有强烈的中国特色，可谓极尽烦琐之能事，主要分为大衣、二衣、三衣和云肩四大类。

古为今用

《中国诗词大会》是继《中国汉字听写大会》《中国成语大会》《中国谜语大会》之后，

为贯彻落实习近平总书记关于弘扬中华优秀传统文化的指示精神，为让古代经典诗词，深深印在国民大众的脑子里，成为“中华民族文化基因”，而由国家语言文字工作委员会、中央广播电视总台推出的原创文化类演播室益智竞赛节目。《中国诗词大会》以“赏中华诗词，寻文化基因，品生活之美”为宗旨，通过演播室比赛的形式，重温经典诗词，继承和发扬中华优秀传统文化，带动全民重温那些曾经学过的古诗词，分享诗词之美，感受诗词之趣。快去看一场精彩的比赛吧！

学思践悟

1. 选一首你喜欢的词，向同学分享你对这首词的看法和感受。

2. 京剧被称为中国的国粹，在网上搜索有关内容、阅读有关书籍，了解京剧的发展历史，思考京剧被称为国粹的原因。

第三节　赋文盛世，立言明道

引经据典

立志而圣则圣矣，立志而贤则贤矣。

——王阳明《教条示龙场诸生》

拓展阅读：王阳明《教条示龙场诸生》释义

案例导入

“究天人之际，通古今之变”

2015年8月23日，习近平主席致信祝贺第二十二届国际历史科学大会开幕。他在贺信中说，历史研究是一切社会科学的基础，承担着“究天人之际，通古今之变”的使命。重视历史、研究历史、借鉴历史，可以给人类带来很多了解昨天、把握今天、开创明天的智慧。

“究天人之际，通古今之变”语出司马迁的《报任安书》，原句为“亦欲以究天人之际，通古今之变，成一家之言”。大意是说，探究自然现象与人类社会之间的关系，通晓古往今来的社会演变进程，以形成自己独到的理论学说。

思考：

《报任安书》是一篇散文赋，你还知道历史上哪些有名的赋？

理论讲坛

文是古代的“正统文学”。在古代，“文”有广义、狭义之分。广义的“文”泛指一切文体，包括诗歌，如萧统编的《昭明文选》就将古诗、楚辞、乐府以及各种文体都汇于一书，而刘勰《文心雕龙》中也有《辨骚》《明诗》《乐府》等篇，“文心”也包括“诗心”。直到明朝吴讷的《文章辨体》，还将歌谣、乐府、古诗、律诗、词曲等统称为“文”。狭义的“文”则特指诗体以外的所有文体，也是本文所论述的范畴。

一、史家之文

我国自古有重史的传统。先秦历史散文出自史官之手，所谓“左史记言，右史记事”，主要记载各国的政治、军事、外交等事件以及统治者、谋臣策士的言论等。史家之文的发展约可分为三期。初期的历史散文，以《尚书》和《春秋》为代表。《尚书》是我国最早的历史散文集；《春秋》是我国第一部编年史。第二阶段的历史散文，以编年史《左传》和国别史《国语》为代表，全面而具体地反映了当时政治、经济、军事、外交等社会面貌。第三阶段是《战国策》，在历史散文的发展上达到了新的高峰。

1.《尚书》

《尚书》是我国最早的一部历史文献，大体是春秋以前历代史官所收藏的政府重要文件和政治论文的选编。《尚书》原称《书》，"尚"通"上"，指"上古之书"；儒家列入"六经"，又称《书经》。所载"皆典、谟、训、诰、誓、命之文"，内容主要是重要史实或专题史实、君臣谋略、开导君主之言、勉励文告、主上誓言、君主训诫和士众誓词。作为我国第一部兼记叙和论说的散文集，"虽非为作文设，而千万世文章，从是出焉"(李耆卿《文章精义》)，故其文学价值不容忽视。

知识视窗

十三经

指《诗经》《尚书》《周礼》《仪礼》《礼记》《易经》《左传》《公羊传》《穀梁传》《论语》《尔雅》《孝经》《孟子》十三部儒家经典。"十三经"是由汉朝的"五经"逐渐发展而来的，最终形成于宋代。西汉时，以《易》《诗》《书》《礼》《春秋》为"五经"，立于学官。东汉时加上《论语》《孝经》，合称为"七经"。唐朝时，将《春秋》分为"三传"，即《左传》《公羊传》《穀梁传》；将《礼经》分为"三礼"，即《周礼》《仪礼》《礼记》。这六部书再加上《易》《书》《诗》，合称为"九经"，也立于学官，用于开科取士。唐文宗开成年间，在国子学刻石，在以上"九经"之外，还加上了《论语》《尔雅》《孝经》，共"十二经"。北宋时，《孟子》正式列于经部，和《论语》《尔雅》《孝经》一起，加上原来的"九经"，构成"十三经"。"十三经"的内容极为宽博，就传统观念而言，《易》《诗》《书》《礼》《春秋》谓之"经"，《左传》《公羊传》《穀梁传》属于《春秋》之"传"，《礼记》《孝经》《论语》《孟子》均为"记"，《尔雅》则是汉代经师的训诂之作。这十三种文献，当以"经"的地位最高，"传""记"次之，《尔雅》又次之。

2.《史记》

《史记》，最初称为《太史公书》或《太史公记》《太史记》，是西汉史学家司马迁撰写的纪传体史书，是中国历史上第一部纪传体通史，作品中撰写了上至上古传说中的黄帝时期，下至汉武帝太初四年（前101年）间共3000多年的历史。全书有本纪12篇，表10篇，书8篇，世家30篇，列传70篇，共130篇，52万余字。《史记》取材广泛，记事翔实，内容丰富，规模巨大，体系完备，被列为“二十四史”之首，与《汉书》《后汉书》《三国志》合称“前四史”，对后世史学和文学的发展都产生了深远影响。其首创的纪传体编史方法为后来历代“正史”所传承。《史记》还被认为是一部优秀的文学著作，在中国文学史上有重要地位，被鲁迅誉为“史家之绝唱，无韵之离骚”，有很高的文学价值。刘向等人认为此书“善序事理，辨而不华，质而不俚”。

3.《战国策》

《战国策》又称《国策》，为西汉刘向编订的国别体史书，记载了东周、西周及秦、齐、楚、赵、魏、韩、燕、宋、卫、中山各国之事，记事年代起于战国初年，止于秦灭六国，约有240年的历史，分为12策、33卷，共497篇。主要记述了战国时期游说之士的政治主张和言行策略。《战国策》善于述事明理，描写人物形象逼真，大量运用寓言、比喻，语言生动，富于文采。如《邹忌讽齐王纳谏》《触龙说赵太后》《鲁仲连义不帝秦》等成为古代散文中非常具有代表性的名篇；还有一些篇章，着重于刻画人物的性格，写得神采照人，如《荆轲刺秦王》等。书中的许多寓言故事如“画蛇添足”“狐假虎威”等流传至今。《战国策》也是一部优秀的散文集，对中国两汉以来史传文、政论文的发展有相当大的影响。

4.《资治通鉴》

《资治通鉴》是北宋史学家司马光主编的一部多卷本编年体史书，是中国历史上第一部编年体通史。全书以时间为纲、事件为目，从周威烈王二十三年（前403年）写起，到五代后周世宗显德六年（959年）征淮南停笔，记述了涵盖十六朝1362年的丰富历史事实。全书计294卷，另附目录30卷、《考异》30卷。该书取材甚广，网罗极富，除依据正史外，还采用了野史杂志320余种，而且对史料的取舍极严，考辨异同，尽力求真，所以记述内容比较翔实可信，为历代史学家所推崇。《资治通鉴》文字以荀悦的《汉纪》为宗，力求简明扼要，文笔生动流畅，朴质精炼，富有文学意味，不仅可以作为历史著作阅读，有些篇章也可当作文学作品欣赏。《资治通鉴》的内容以政治、军事和民族关系为主，兼及经济、文化和历史人物评价，借以展示历代君臣治乱、成败、安危之迹，作为历史的借鉴，警示后人。司马光的《资治通鉴》与司马迁的《史记》并列为中国史学的不朽巨著，合称为“史学双璧”，在中国史学著作里具有较高的文学价值。

二、诸子散文

诸子散文指的是先秦至汉初各个学派的著作，反映了不同学派的思想倾向、政治主张和哲学观点，主要是先秦哲理散文。从春秋末期开始，天下进入封建社会取代奴隶社会的历史大变革时期，“士”这个阶层随之发展壮大。他们从不同的阶级立场和阶级利益出发，活跃于整个社会生活中，著书立说，进行辩论，在思想文化领域形成了“百家竞作，九流并起”的局面。这一时期比较重要的有儒、法、道、墨四家，另外还有阴阳、纵横、名家等学派。先秦时期诸子散文的发展，大致可以分为三个时期：前期是春秋末期和战国初期，主要著作有《论语》《道德经》《墨子》；中期是战国中期，主要著作有《孟子》《庄子》等；后期是战国后期，主要著作有《荀子》《韩非子》《吕氏春秋》等。诸子散文，文风各具特点，《孟子》善辩犀利，《庄子》汪洋恣肆，《荀子》深厚醇正，《韩非子》激切峭刻，各呈异彩。

1.《孟子》

《孟子》，是战国时期孟子的言论汇编，全书共 7 篇，记录了孟子与其他各家思想的争辩、对弟子的言传身教、游说诸侯等内容，由孟子及其弟子（万章等）共同编撰而成。《孟子》记录了孟子的治国思想、政治策略（仁政、民本等）和政治行动，成书大约在战国中期，属儒家经典著作。《孟子》的语言明白晓畅，平实浅近，同时又精炼准确，体现了语录体向专题性论文的过渡，其突出的文学成就在于高超的论辩艺术。气势浩然是《孟子》散文的重要风格特征。拥有这种浩然之气的人，能够在精神上压倒对方，能够做到藐视政治权势，鄙夷物质贪欲，气概非凡，刚正不阿，无私无畏。《孟子》中大量使用排偶句、叠句等修辞手法，来增强文章的气势，使文气磅礴，“若决江河，沛然而莫之能御也”。

2.《庄子》

《庄子》由庄子所作，是我国古代典籍中的瑰宝，无论在思想史、文学史上，都具有极其重要的地位，对后世的影响十分深远，是道家学派的代表作，成书于战国中晚期。现存《庄子》一书，为晋人郭象整理编订，《内篇》7 篇、《外篇》15 篇、《杂篇》11 篇，共 33 篇。魏晋时代，《庄子》与《周易》《道德经》并称为“三玄”，成为玄学主要的经典。《庄子》散文特点：一是气势宏伟，景象壮阔，具有雄奇怪诞的艺术意境；二是辛辣幽默，嬉笑怒骂，皆成文章；三是善于比喻，生动活泼；四是善于利用典型事件，虚构故事，反映主题思想；五是笔法多种多样，行文千变万化；六是语言丰富多彩，生动形象，表达力强，富有创造性，具有强烈的艺术效果和很高的美学价值。

三、汉代大赋

1. 概述

赋，是中国古典文学的一种重要文体，它讲求文采、韵律，兼具诗歌和散文的性质。赋的主要特点是铺陈写物，“不歌而诵”，侧重于写景，借景抒情，接近于散文，但在发展中吸收了楚辞的某一特点——华丽的辞藻、夸张的手法，因而丰富了自己的体制。最早出现于诸子散文中，叫“短赋”；以屈原为代表的“骚体”是诗向赋的过渡，叫“骚体赋”；汉代正式确定了赋的体例，称为“辞赋”；魏晋以后，日益向骈文方向发展，叫作“骈赋”；唐代又由骈体转入律体，叫“律赋”；宋代以散文形式写赋，称为“文赋”。赋萌生于战国，兴盛于汉唐，衰于宋元明清。在汉唐时期，有只作赋而不写诗的文人，却几乎没有只作诗而不写赋的才子。建安以后乃至整个六朝时期，对赋的推崇甚于诗。赋是汉代最具代表性、最能彰显其时代精神的一种文学样式。它是在远承《诗经》赋颂传统，近接《楚辞》，兼收战国纵横之文铺张恣意之风和先秦诸子作品相关因素的基础上，综合而成的一种新文体。它与汉代的诗文一起，成就了汉代文学的灿烂与辉煌。著名的赋有：司马相如的《子虚赋》《上林赋》，贾谊的《吊屈原赋》，张衡的《二京赋》《归田赋》，扬雄的《长杨赋》。

2. 特点

汉赋的特点是散韵结合、专事铺叙。汉赋的内容可分为五类：一是渲染宫殿城市；二是描写帝王游猎；三是叙述旅行经历；四是抒发不遇之情；五是杂谈禽兽草木。汉赋分为骚体赋、大赋和小赋。汉初的赋是从楚辞脱胎而来的，所以叫骚体赋，其内容、形式和风格都和楚辞相当接近，如内容上侧重于抒情。大赋又叫散体大赋，规模巨大、结构恢宏、气势磅礴、语汇华丽，往往是成千上万言的鸿篇巨制。西汉时的贾谊、枚乘、司马相如、扬雄，东汉时的班固、张衡等，都是大赋的行家；小赋扬弃了大赋篇幅冗长、辞藻堆砌、舍本逐末、缺乏情感的缺陷，在保留汉赋基本文采的基础上，创造出篇幅较小、文采清丽、讥讽时事、抒情咏物的短篇小赋，赵壹、蔡邕、祢衡等都是小赋的高手。

古人往往把汉大赋奉为汉赋正宗，因为汉大赋铺排夸张、辞藻华丽，真正体现出一个王朝的开阔胸襟和恢宏气度。汉大赋这种鸿篇巨制体裁的创立，非常适合表现隆盛时代的面貌和统治者的豪华生活、骄奢心理。西汉帝王为了奢侈享乐，显示权威和气派，大肆修筑宫殿、辟建园圃、田猎巡狩、玩弄犬马、享受声色，同时又需要文人为之歌功颂德、粉饰逢迎。汉帝国经济、文化、外交实力强大，上层统治者好大喜功，崇尚巨丽、博大。“大就是美”这种自古有之的民族特色审美传统，便迅速而又全面地成为当时整个民族的社会心理和审美风尚。要大，要有光辉，就必须有丰富的内容去填充。而这个“内容”必须是物。它要穷尽事物，因此它要铺排，要通过铺陈排列来达到对天地万物的穷尽，于是出现自然物的纷纷繁繁的罗列、无所不包的描写。广陵的狂潮、大海的惊涛、云梦泽的风物、上林苑的山水……成了人们欣赏的对象，也成了作家们重要的描写对象。他们“控引天地，错综古今”，还向人们展示了一个更为阔大无限的想象境界。

3. 代表作家和作品

汉大赋的奠基者和成就最高的代表作家是司马相如。据《史记·司马相如列传》记载：“司马相如者，蜀郡成都人也，字长卿。少时好读书，学击剑，故其亲名之曰犬子。相如既学，慕蔺相如之为人，更名相如。以赀为郎，事孝景帝，为武骑常侍，非其好也。会景帝不好辞赋，是时梁孝王来朝，从游说之士齐人邹阳、淮阴枚乘、吴庄忌夫子之徒，相如见而说之，因病免，客游梁。梁孝王令与诸生同舍，相如得与诸生游士居数岁，乃著子虚之赋。”

《子虚赋》《上林赋》二赋，是司马相如的代表作。这两篇赋的内容，也是在一个虚构框架中以问答体的形式展开的。《子虚赋》假设楚国使者子虚出使齐国，向齐国之臣乌有先生夸耀楚国的云梦泽和楚王在此游猎的盛况，乌有先生不服，夸称齐国地域之广大和物产之丰富为楚国所不能及。《上林赋》则由亡是公针对二人所说，又铺陈天子上林苑的壮丽和天子游猎的盛举，表明诸侯不能与天子相提并论，然后“曲终奏雅”，说出一番应当提倡节俭的道德教训。两篇赋最突出的一点是极度的铺张扬厉，这也反映着那个时代的精神。作者以“苞括宇宙，总览人物”（《西京杂记》）的巨大时空意识所做的呆板堆砌而又浑厚雄伟的铺陈描写，正式展示了中华民族进入一个新的历史时代，展示了那个时代繁荣富强、蓬勃向上的生气。

拓展阅读：宋玉是美男子吗?

四、明清小说

1.《三国演义》

《三国演义》全名为《三国志通俗演义》。作者是元末明初小说家罗贯中，是中国第一部长篇章回体历史演义小说。描写了从东汉末年到西晋初年之间近 105 年的历史风云。全书反映了三国时代的政治军事斗争，反映了三国时代各类社会矛盾的转化，并概括了这一时代的历史巨变，塑造了一批叱咤风云的三国英雄人物。

2.《水浒传》

《水浒传》是中国历史上第一部用古白话文写成的歌颂农民起义的长篇章回体小说，以宋江领导的起义军为主要题材，通过一系列梁山英雄反抗压迫、英勇斗争的生动故事，暴露了北宋末年统治阶级的腐朽和残暴，揭露了当时尖锐对立的社会矛盾和“官逼民反”的残酷现实。按 120 回本计，前 70 回讲述各个好汉上梁山的过程，后 50 回主要为宋江全伙受招安为朝廷效力，以及被奸臣所害。书中共出现数百之多的人物，是世界文学史上人物最多的小说之一。

3.《西游记》

《西游记》是由明代小说家吴承恩所创作的中国古代第一部浪漫主义章回体长篇神魔小说。《西游记》主要描写了唐太宗贞观年间孙悟空、猪八戒、沙僧、白龙马四弟子保护唐僧西行取经，沿途历经磨难，一路降妖伏魔，化险为夷，最后到达西天，取得真经的故事。

4.《红楼梦》

《红楼梦》，又名《石头记》《金玉缘》，共 120 回，前 80 回为曹雪芹所作，后 40 回为高鹗续写。小说以贾、史、王、薛四大家族的兴衰为背景，以贾府的家庭琐事、闺阁闲情为中心，以贾宝玉、林黛玉、薛宝钗的爱情、婚姻故事为主线，展示了一个个青年女子的悲惨结局和封建制度行将灭亡的历史命运，显示了作者对社会生活的巨大概括力和精确的表现力。

五、文论随笔

笔记是指作家随手记录的、不受结构体制约束的、生动活泼而富于知识性与可读性的杂记式文体。这种文体可追溯到先秦，如韩非子的《说林》就可视为一部优秀的笔记。至汉魏六朝，更逐渐定型并得以发展，"笔记"作为一个专有名词也得以确认。

1.《文心雕龙》

《文心雕龙》是南朝文学理论家刘勰创作的文学理论著作，成书于南朝齐和帝中兴元年至二年（501—502 年）。《文心雕龙》共 10 卷，50 篇，分上下两编，各 25 篇，包括总论、文体论、创作论、批评鉴赏论四个部分。《文心雕龙》是中国现存最早的一部文章学论著，由于书中所论多涉及文学创作，故现代学者又多视之为现存最早的一部用中文撰写的综合性的文学批评专著。作为一部体大思精之作，它既总结了先秦以来文学创作的经验，又继承和发扬了前人文学理论的丰富遗产，在文学的各个方面提出了自己精辟的见解，形成了完整的理论体系。它的产生在中国文艺理论史上具有重大的意义，对后世产生了巨大而深远的影响。鲁迅先生认为它可以和亚里士多德的《诗学》相媲美。

2.《梦溪笔谈》

《梦溪笔谈》由北宋科学家、政治家沈括撰写，是一部涉及古代中国自然科学、工艺技术及社会历史现象的综合性笔记体著作。该书在国际上亦受重视，英国科学史家李约瑟评价其为"中国科学史上的里程碑"。由于《梦溪笔谈》近三分之一的条目属科技类，因而有论者认为《梦溪笔谈》不能算是完全意义上的文学作品，但是由于《梦溪笔谈》本身极具文学性，《梦溪笔谈》中有 20 多个条目记述的内容属文学类，因此，它在文学方面的价值也受到不少研究者的重视。《梦溪笔谈》以灵活多样的形式，平易朴实、清新的文风，精炼通俗的语言，涤荡了当时的形式主义文风，诸如"雁荡山"等众多条目，既是优秀的科技文艺小品，也是文笔极为精美的散文佳作。《梦溪笔谈》是一部文字优美、叙事生动、富有文学色彩的好作品。

3.《容斋随笔》

《容斋随笔》是南宋洪迈（1123—1202 年）著的史料笔记，被历史学家公认为研究宋代历史的必读之书。《容斋随笔》内容繁复，议论精当，是一部涉及领域极为广泛的著作，自经史诸子百家、诗词文翰以及历代典章制度、医卜、星历等，无不有所论说，而且其考证辨析之确切，议论评价之精当，皆倍受称道。《容斋随笔》最重要的价值和贡献是考证了前朝的一些史实，如政治制度、事件、年代、人物等，对历代经史典籍进行了重评、辨伪与订误，提出了许多颇有见地的观点，更正了许多流传已久的谬误，不仅在中国历史文献上有着重要的地位和影响，而且对中国文化的发展意义重大。《容斋随笔》与沈括的《梦溪笔谈》、王应麟的《困学纪闻》，是宋代三大最有学术价值的笔记。

4.《传习录》

《传习录》，哲学著作，由中国明代哲学家、宋明理学心学一派的代表人物王守仁（王阳明）著，全书分为上、中、下三卷，是其问答语录和论学书信集。传习一词源出《论语》中的“传不习乎”一语。《传习录》重点讨论了“心即理”“致良知”“知行合一”等思想，是研究阳明哲学思想的主要资料。《传习录》是一部简明而有代表性的儒家哲学著作，不但全面阐述了王阳明的思想，也体现了他辩证的授课方法，以及生动活泼、善于用譬、常带机锋的语言艺术。

古为今用

“天地形胜，城以盛民，而文明兴焉。”一个城市就是一部历史，记录着这块土地的风雨兴衰，见证着这里人民的智慧创造。

从江南到漠北，从东海到西疆，灿若星河的中华名城叙述着泱泱华夏的辉煌。在中华民族复兴的伟大时代，传统在创新中传承，文明在进步中光大。幸福安康、勤劳勇敢的人民和他们绚丽多彩、日新月异的城市，科学发展，共建和谐，一同推动着中国历史巨轮滚滚向前。今天的城市，是欣欣向荣的中国的缩影。

盛世方写华章。大汉盛唐，是所有炎黄子孙最骄傲的印记。繁荣昌盛的汉唐气象，孕育了汉唐歌赋的磅礴恢宏。又逢盛世，何妨且歌且赋？沐浴在城市光辉中的人们，心为之动，而后赋成。

学思践悟

1. 朗诵一首写自己家乡的赋，感受赋的艺术特色，并向同学推介宣传自己的家乡。
2. 选一个你喜欢的格言或古典小说中的历史人物，向同学分享其对你人生的影响。

第三章

武——纵横江湖

习言习语

体育是提高人民健康水平的重要途径，是满足人民群众对美好生活向往、促进人的全面发展的重要手段，是促进经济社会发展的重要动力，是展示国家文化软实力的重要平台。

——2020 年 9 月 22 日习近平总书记在教育文化卫生体育领域专家代表座谈会上的讲话

中国传统武术有着数千年的悠久历史，中国的传统武术文化也是中国传统文化的产物之一，它有着独特的文化魅力，是经历了漫长悠久历史选择的优秀的精神产物，是我国的传统文化思想贯穿于武术运动中的集中体现，有着非常重要的社会价值。中国传统武术源起于原始社会末期，已传承了数千年，其生成与发展历程，始终与中国的经济、政治、军事、文化相联系、相激荡。正是由此，武术具备了浓厚的中华民族特色，并被视作传统中国文化的内在构成部分。

第一节　止戈为武，形神兼备

引经据典

夫文，止戈为武。武王克商，作《颂》曰："载戢干戈，载櫜弓矢。我求懿德，肆于时夏，允王保之。"又作《武》，其卒章曰："耆定尔功。"其三曰："铺时绎思，我徂求定。"其六曰："绥万邦，屡丰年。"

——《左传·宣公十二年》

拓展阅读：《左传·宣公十二年》释义

案例导入

仓颉造"武"的传说

在民间武术界，有人认为"武"字的发明创造者是传说中的仓颉。据说仓颉在观看审讯一起偷盗案时，发现审判者威风凛凛、义正词严，而偷盗者魂飞魄散、无地自容。于是，仓颉根据刑罚不如威慑的规律，创造了"武"字，还特地把"匕首"拿掉。所以"武"字没有"撇"，其含义是威慑，它与打仗、动兵不同。这种说法虽然没有权威性根据，但显然增添了武术文化的丰富多彩与传统魅力。

思考：

这个故事给我们讲述了"武"的一个来源。对武术的缘起和发展，你还了解多少？

理论讲坛

中华民族的历史文化大观园中，很少有其他的传统体育类型能够像武术一样如此地深入大众血脉，广传五湖四海，历经悠久时空，享誉世界各地。长期以来，无论在国内还是国际，武术（见图 3-1）早已成为中华民族独一无二的特色文化品牌和全球代表符号。这一特点，既让众多的中华民族子孙一提起武术自豪与敬意便油然而生，同时也构成了我们认识武术的某种无形文化背景与客观现实基础。

一、武术的概念

"武术"一词出现很早，但和我们现在所说的武术的意思相去甚远。《昭明文选》载南

图 3-1　武术简图

北朝颜延之的《皇太子释奠会》诗中有“偃闭武术，阐扬文令”的句子。《辞源》解释“武术”为“犹言军事”，“后多指强身、自卫等技击之术”。武术称为技击之术是后事了。可见无论是“武”还是“武术”，在古代都是指与“文”相对的军事活动，它首先是关系到兴国安邦的军国大事，里面既包含“克定祸乱”所需要的军事实力，也包含士卒的勇武和作战能力等因素，否则就无从谈“克定祸乱”，也无从谈“止戈”。从这里也多少可以看出语言的抽象过程，反映了“武”和“武术”中“技击”这样的“本质”因素。

二、武术的发展

拓展阅读：弹歌

《中国武术史》指出，武术的发生根源于人的生存本能，“在原始人群的生存竞争中，人与兽斗固然是技击萌生的因素之一，而人与人斗，则与武术的萌生有更为直接的联系”。在人类社会早期，因为资源相对匮乏，个人与个人、群体与群体、国家与国家之间的争夺、杀戮，不仅难免，而且频繁。即便到了大一统的时代，社会的安定也往往因生产力的低下难以长久为继，以致国家内部及周边纷争难止。何以取得争斗及战争的胜利呢？在漫长的冷兵器时代，自然也就只能凭借身体本身和简易器械，武术最初包含的各类技击正由此应运而生。

在战火不断的春秋战国时期，传统武术进入第一个快速发展的时期。军事技击和剑术等伴随着士族阶层一并崛起，并开始由军旅走向民间。众多的侠士都自备刀剑利器，贵族阶级则以门客等形式，广泛收罗擅长武术的人才。

秦汉以后，兵械的种类逐渐多样化。秦始皇陵兵马俑中出土的大批武士俑及其携带的各种兵器——弓、箙、剑、矛、戈、戟、吴钩等，便是其中明证。当然，因为统一帝国的建立、中央权力的强化，统治阶层一方面更加注重军事技能的整理和总结，产生出专门的兵械、武艺训练方法；另一方面，也对非官方的习武及侠士活动加强管理，以维护政府权威与统一秩序。

隋唐时期，中国传统武术的发展进入一个相对高潮的阶段。隋唐初年都执行府兵制，主张“寓兵于农”“兵农合一”。当战事来临，政府征集府兵征战杀伐；征战结束，则“兵散于府，将归于朝”。府兵们在农闲时加紧练习武艺，这无疑有助于武术在民间的传播。贞观年间，太宗还专门设置折冲府，以负责府兵的武艺训练。唐代统治阶级的鼓励政策，使得相关武术理论著述得以出现，如王琚的《射经》，内容包括马射、步射、平射、筒射等多种射箭手法。

宋元之际，传统武术得到进一步发展，民间武术初步摆脱了军事武学的影响，呈现独立发展之势。宋朝军队推行募兵制，即借助选募、武考等形式来选拔兵员。在军事训练中，又采用统一的教法与定期的考核制度，这对武艺的推广和提升助益良多。

此外，因为宋代商业的繁荣和城市文化的兴盛，以健身、娱乐为主要取向的武艺结社组织也开始在城市中出现。此外，这一时期兵器的种类大增、形制复杂，武艺向多样化发展，以致民间出现了“十八般武艺”的说法。

知识视窗

三箭定天山

唐龙朔元年（661 年），一向与唐友好的回纥首领婆闰死，继位的比粟转而与唐为敌。唐高宗李治诏右屯卫大将军郑仁泰为主将，薛仁贵为副将，领兵赴天山攻打九姓铁勒。临行，李治特在内殿赐宴，在席间对薛仁贵说：“古代有善于射箭的人，能穿透七层铠甲，你射五层看看。”薛仁贵应命，置甲取弓箭射去，只听弓弦响过，箭已穿五甲而过。李治大吃一惊，当即命人取坚甲赏赐薛仁贵。

郑仁泰、薛仁贵率军赴天山后，九姓铁勒拥众十余万相拒，并令骁勇骑士数十人前来挑战。薛仁贵临阵发三箭射死三人，其余骑士慑于薛仁贵神威，都下马请降。薛仁贵乘势挥军掩杀，大败九姓铁勒。接着，薛仁贵又越过碛北追击铁勒败军，擒其叶护（首领）兄弟三人。薛仁贵收兵后，军中传唱说：“将军三箭定天山，壮士长歌入汉关。”从此，九姓铁勒衰败，不再为边患。

明清时期，传统武术的发展跨入成熟和繁荣阶段，不仅武术流派林立，而且不同风格的拳术与器械纷纷涌现。此间，武术逐渐退出军阵的同时，民间武术逐渐兴盛，进入多渠道普及和蓬勃发展。

整个明朝，北方的军事威胁始终未能解除，东南沿海又屡遭倭寇入侵。在这样的背景下，明代出现了一批军事将领，不仅在战争中立下军功，也在武术实践和理论方面多有建树。抗倭名将戚继光编写《纪效新书》，对当时的武术多有归类和评述。如对枪法的描述：“夫长枪之法，始于杨氏，谓之曰‘梨花’，天下咸尚之。其妙在于熟知而已。熟则心能忘手，手能忘枪，圆神而不滞。”

综上，传统武术在2000多年的发展历程中，主要呈现出以下特点：首先，兵械种类日趋多元。从春秋战国时期以剑为主，发展到宋元之际的“十八般武艺”，再到明清阶段进一步扩充。其次，武术流派不断增加。同样是修习拳法、枪法、剑法，秦汉时期只有基本的攻防技法，明清时期却已演化出诸多的门派、教派，并各自奉行差异化的演练与攻防套路。最后，民间武术团体逐步兴盛。宋元以前的武术修习团体大多依附于政府和军队，明清之际则出现大量独立的民间武术团体，并通过著书立说、开馆授徒，形成了较为完备的武术修习及传承系统。

三、武术的价值

武术在中国流传了几千年，一直沿革到今天而没有被历史淘汰，这个事实本身就说明武术随着历史进程不断地发展，在不同的历史条件下，人们为了满足当时的社会需要而不断地对武术进行创新，使它不断地以新的内容和形式满足人们新的需要。

1. 健身价值

练习武术是通过人体的运动实现的，练习者只要进行适度的身体运动就能够增进身体健康。从近代武术的发展来看，武术的健身价值在其社会价值中占有主导的地位。

2. 技击价值

在古代，武术本是一种武技，是一种技击术。进行武术锻炼的人，一方面可以全面地提高身体素质，而随着身体素质的提高，也就必然提高了进行技击对抗的能力；另一方面，更重要的是通过武术锻炼，练习者学会一些攻防技击技术，直接提高格斗对抗的水平。

3. 观赏价值

从需要的角度考虑，在古代，武术除可以满足人们自卫的需要外，还可以用来满足人们在社会生活中的需要。武术作为一种技击技术，除用它进行实战和健身以外，在日常进行操练和对抗性练习时都可以供人们观看，如果能吸引观众，就说明它有一定的甚至很高的观赏价值。进行操练和对抗性练习的人是习者，是演员，观看的人则是看客，是观众。习者的演武和看客的观赏共同构成了观赏的过程。由于武术具有一定的观赏价值，因此它能在一定程度上满足人们精神生活的需要。

4. 教育价值

这里讨论的武术的教育价值，是指武术在学校教育中的作用和地位。中国在秦以前的学校教育中即重视有关军事技能的教学内容，在《周礼》中有这方面的记载：“保氏：掌谏王恶，而养国子以道，乃教之六艺：一曰五礼，二曰六乐，三曰五射，四曰五御（驭），五曰六书，六曰九数。”（《周礼·地官司徒·保氏》）其中，射、御（驭）都是和军事、攻防技术有关的内容。

后来由于文武分途，过分地重视教化、道德的作用，从而有重文轻武的倾向，“偃闭武术，阐扬文令”，极大地削弱了武技在学校教育中的地位和作用。中国历史上，自汉以后，体育，包括武术就在学校教育中没能够占有必要的位置，这种情况一直持续到近现代。陈独秀认为中国封建旧教育的最大的缺点在于偏重学生脑部的教育而忽略了身体的锻炼，以致慨叹：“余每见吾国曾受教育之青年，手无缚鸡之力，心无一夫之雄，白面纤腰，妩媚若处子，畏寒怯热，柔弱若病夫。以如此心身薄弱之国民，将何以任重而致远乎？”

自中华人民共和国成立以来，武术在学校体育教育中受到了必要的重视。特别是在举国上下为振兴中华而努力奋斗的历史大潮中，作为一种民族传统体育运动项目，武术这一民族传统体育运动项目，对提高民族自信心和增强民族的凝聚力都有着重要的作用。

5. 经济价值

从经济的角度考虑，发展体育运动的最终目的是促进经济的发展。体育和经济的发展有一种内在的联系，经济的发展需要健康的劳动力，体育的发展可以为社会提供更多的健康的劳动力；而体育的发展需要有足够的物质和资金上的保证，经济的发展能从提供物质和资金上保证体育的发展。同时，体育本身还可以成为一种产业，体育产业的发展能够直接带动经济的发展。这就决定了体育在国民经济中的地位，它有其独立的社会职能。

古为今用

武术的健身作用，在一定程度上能够帮助大学生树立正确的世界观、人生观、价值观。练武对意志品质的考验是多面的。练习基本功，要不断克服疼痛关，培养“冬练三九，夏练三伏”，常年有恒，培养坚持不懈的意志品质。套路练习，要克服枯燥关，培养刻苦耐劳、砥砺精进、永不自满的品质。遇到强手，要克服消极逃避关，锻炼勇敢无畏、坚韧不屈的战斗意志。经过长期锻炼，可以培养人们勤奋刻苦、果敢顽强、虚心好学、勇于进取的良好习性和意志品德。武术还包含深刻而广泛的道德内容，如互教互学、以武会友、切磋技艺、讲礼守信、见义勇为、不凌弱逞强等品德。激烈的攻防技术和人生修行结合起来，是中国武术传统道德观念的体现。

学思践悟

请大家以“我心目中的传统武术”为题，在班级内部组织一个演讲比赛。要求主题鲜明、中心突出，结构严谨、层次清晰，内容正确、联系实际，选材典型、杜绝抄袭，以情感人、以形传神、感染力强。

第二节　尚武崇德，气吞山河

引经据典

子曰："恭而无礼则劳，慎而无礼则葸，勇而无礼则乱，直而无礼则绞。君子笃于亲，则民兴于仁，故旧不遗，则民不偷。"

——《论语·泰伯篇》

拓展阅读：《论语·泰伯篇》释义

案例导入

闻鸡起舞

晋代的祖逖是个胸怀坦荡、有远大抱负的人。可他小时候却是个不爱读书的淘气孩子。进入青年时期，他意识到自己知识的贫乏，深感不读书无以报效国家，于是就发奋读起书来。他广泛阅读书籍，认真学习历史，从中汲取了丰富的知识，学问大有长进。他曾几次进出京都洛阳，接触过他的人都说，祖逖是个能辅佐帝王治理国家的人才。祖逖 24 岁的时候，曾有人推荐他去做官，他没有答应，仍然不懈地努力读书。

后来，祖逖和幼时的好友刘琨一起担任司州主簿。他与刘琨感情深厚，不仅常常同床而卧，同被而眠，而且还有着共同的远大理想：建功立业，复兴晋国，成为国家的栋梁之材。

一次，半夜里祖逖在睡梦中听到公鸡的鸣叫声，他一脚把刘琨叫醒，对他说："你听见鸡叫了吗？"刘琨说："半夜听见鸡叫不吉利。"祖逖说："我偏不这样想，咱们干脆以后听见鸡叫就起床练剑如何？"刘琨欣然同意。于是他们每天鸡叫后就起床练剑，剑光飞舞，剑声铿锵。冬去春来，寒来暑往，从不间断。功夫不负有心人，经过长期的刻苦学习和训练，他们终于成为能文能武的全才，既能写得一手好文章，又能带兵打胜仗。祖逖被封为镇西将军，实现了他报效国家的愿望；刘琨做了征北中郎将，兼管并、冀、幽三州的军事，也充分发挥了他的文才武略。(《晋书·祖逖传》)

思考：

闻鸡起舞的故事原意为听到鸡啼就起来舞剑，后来比喻志士奋发向上、坚持不懈的精神。请同学们带着这样的问题想一想，中华传统武术有哪些精神？

理论讲坛

源远流长的中国文化孕育了中华民族有别于世界其他民族的价值观念、理想境界、道德尺度和人生态度，它们共同构成了独具特色的中国文化精神。武术在这个土壤中诞生、成熟，无形中浸染和秉承了中国文化精神的基本元素，并且呈现出自身别具一格的特色。

一、尚武崇德、德艺双馨的武艺精神

“文有文德，武有武德。”中华民族一向以崇德重礼著称，华夏神州素有“礼仪之邦”的美誉。在以道为本、以德立国、以礼树人的文化传统浸染之下，有关武术伦理道德思想的历史积淀，最终形成了武林人士公认和遵循的中国武术特有的武德文化传统，以健身卫国、尊师重道、扶危济困、见义勇为等为象征的武德精神也深受历代百姓传诵和敬仰，极大地烘托并彰显了中国武术博大精深的文化内涵和传奇魅力。

由于历史上武术与军事活动长期密切关联，因此，传统“武德”词义，从广义上说，不但包括民间武术组织和武术个体的武德理论、实践，也包括军队这种特殊群体的用武、从武之德性。本书在此所探讨的武德，在广义范围内，主要指民间武术组织和武术相关个体的武德，即武术发展过程中与武术文化有着相关联系的一切道德现象及道德意识、道德活动、价值观念和道德品质的总和。

源远流长的礼仪风尚和历史悠久的道德追求是中华民族传统文化的一个重要组成部分。古人早有名言：“艺者德之枝叶也，德者人之根干也。斯二物者，不偏行，不独立。”（徐幹《中论》）武术深深植根于中华民族的文化土壤之中，在以德为本、以礼树人的文化传统熏染、浸润之下，同样自然而然地被纳入了中华传统伦理规范之中，从而形成了摇曳多姿的武德文化传统。在“尚武崇德”精神的统摄之下，武德理论既吸收了道家、儒家、佛家的哲学思想，又融涉了医学、美学、兵法等核心内容，这些成分纵横交错、互为因果，共同构成了一个水乳交融的文化体系。

德艺并举、以德为先在传统文化中的表达与要求，孔子言之曰：“志于道，据于德，依于仁，游于艺。”其中，“道”“德”“仁”是“艺”修习的目标与依赖，“艺”又可以反向陶冶心性情怀，同时也提供生命维系所需之物质、技能。

二、内外兼修、讲究和谐的人文精神

和谐是中国武术最为核心的文化精神。以和谐为价值取向的观念贯穿于武术文化的思维模式与实践规范之中。武术文化独特的价值取向是和谐，全面实现武术文化的技击、养生、修性等多方面功能的方法是和谐，衡量这诸多功能的价值尺度是和谐，武术文化所追求的终极目标仍是和谐。武术文化视人体身心和谐为真，人际和谐为善，天人和谐为美，和谐构成了武术文化发展的根基，同时也成就了武术文化特殊的美。

知识视窗

少林功夫

少林功夫是中国武术中体系最庞大的门派，武功套路高达七百种，又因以禅入武、习武修禅，有“武术禅”之称。“少林”一词成为中国传统武术的象征。少林功夫包含少林七十二绝技、少林拳术、少林派棍术、少林派枪术、少林派刀术、少林派剑术等。

少林武术兵器除上述刀、枪、剑、棍以外，还有三股叉（南方又称大钯）、方便铲、套三环、峨眉刺、月牙铲、和戟镰、秀圈、方天画戟、双锤、大斧、双斧、三节棍、梢子棍、七节鞭、九节鞭、双鞭等。少林套路有空手夺刀、空手夺枪、单刀对枪、空手夺匕首、棍穿枪、草镰合枪、梢子棍合枪等。少林派技击散打有闪战移身把、心意把、虎扑把、游龙飞步、丹凤朝阳、十字乱把、老君抱葫芦、仙人摘茄、叶底偷桃、脑后砍瓜、黑虎偷心、老猴搬枝、金丝缠法、应门铁扇子、拨步炮、少鬼攥枪等。气功是少林功夫的一大类，少林寺流传的气功有易筋经、小武功、站桩功、益寿阴阳法、混元一气功等。软硬功夫练法有多种，有卸骨法、擒拿法、点穴秘法、短打手法、用药法、救治法等。

三、刚柔相济、阴阳相生的包容精神

刚柔相济、阴阳相生、动静相宜等，是武术拳理技法的核心思想，也是武术文化精神的重心所在。在这种包容性极强的文化体系中，充分体现了中国武术兼容并蓄的精神厚度和包容天下的文化襟怀。这种特点不仅体现在武术各家拳法风格都不走纯刚或者至柔的极端路线，注重动静的协调配合以及阴阳的相互转换等技术方面，也体现在传统武林人士在待人接物上不卑不亢、有礼有节等现实生活之中。

四、自强不息、厚德载物的进取精神

“自强不息、厚德载物”（见图 3-2）是各界公认的中华民族精神核心要义。“天行健，君子以自强不息；地势坤，君子以厚德载物。”这两句《周易》名言，也同样成为中国武术文化基本精神的重要象征。

五、行侠仗义、扶弱抑强的卫道精神

在近现代的词典解释中，“侠”往往被等同于锄强扶弱、打抱不平、见义勇为的人。由此可见，侠之为侠，最重要的不是武力本身，而是道德行为和伦理精神上一种追寻正义的表现。侠之大者，凭借自己掌握的“武术”技击，行侠仗义、打抱不平，捍卫心中道义、守护社会公正，最终成为民间所追捧和期待的偶像。

图 3-2　“自强不息、厚德载物”

六、刚健有为、精忠报国的爱国精神

武术文化是自强不息的文化，同时也具有刚健有为的特征。传统武术文化始终强调生命不息、奋斗不止的思想，便是这种刚健有为精神的集中概括和客观例证。历史上，武术的刚健有为精神不仅体现在武林人士不畏艰险、知难而上的自身生活场景中，还经常与保家卫民的爱国思想密切结合，从而形成了一种“刚健有为、精忠报国”的爱国主义精神传统。维护国家利益是尚武精神中最重要的部分。

七、强身健体、养生养德的行道精神

中国传统武术最初得以传承和发展主要是出于军事上的需要，武术“强身为正义”最基本的含义可以理解为：为了国家大义而战。特别是在春秋战国时期，步战是军队交战的主要形式，两军交战的胜负主要取决于每个战士武艺水平的较量，士卒体质的强弱与武艺水平的高下会直接影响战争的胜负，因此各个诸侯国都十分重视对士卒的选拔和身体的训练。

在民间武术的发展中，锻炼身体、强健体魄也是不少拳术追求的目标。清朝武术家尊我斋主人《少林拳术秘诀》中就提到练习少林武术的目的，“习此技术者，以强健体魄为要旨，宜朝夕从事，不可随意作辍”。金警钟的《少林七十二艺练法》载妙兴大师言：“养生之士，先实其精，精满则气壮，气壮则神旺，神旺则身健，身健则少病。”

视频赏析：武术表演

古为今用

武礼是武术活动中礼节的一种重要标志，亦是习武者品德修养和武功素养方面的重要体现之一，历来被武术界所看重。由中国传统作揖礼和少林拳的抱拳礼中提炼、规范、统一得来的抱拳礼，真切地蕴涵了深刻的武术精神，同时起着规范行为举止的作用。尤其是在教学过程中，应加深学生对武术抱拳礼的动作内涵与文化底蕴的领悟，引导学生从我做起，学会相处，竞争向上，乐于助人，反思自己“唯我独尊”“对他人漠不关心”等自私心态的表现，从而引导、启发与培育学生新时期民族精神的新思想，最终起到树人、立人、正人的作用。

学思践悟

实践活动：有你“剧”精彩。

请同学们根据老师的安排自行分组，选择你喜欢的历史上或者影视剧中的侠客，拍摄一段关于他或她的大家所熟知的故事，为大家展示，并根据程序评出等次。希望同学们都能更进一步了解侠客身上体现的武侠精神，继承和弘扬中华传统武侠精神。

第三节　刀光剑影，独步天下

引经据典

赵客缦胡缨，吴钩霜雪明。银鞍照白马，飒沓如流星。十步杀一人，千里不留行。事了拂衣去，深藏身与名。闲过信陵饮，脱剑膝前横。将炙啖朱亥，持觞劝侯嬴。三杯吐然诺，五岳倒为轻。眼花耳热后，意气素霓生。救赵挥金槌，邯郸先震惊。千秋二壮士，烜赫大梁城。纵死侠骨香，不惭世上英。谁能书阁下，白首太玄经。

——李白《侠客行》

拓展阅读：李白《侠客行》释义

案例导入

青龙偃月刀的传说

据说关羽年轻的时候，武艺超群，只恨没有一把称心如意的大刀为其所用。于是，他就将附近几个庄上打造兵器手艺最好的师傅请到关家庄计议，为他打一把最好的大刀。有一位老师傅问："不知关壮士要哪一等的大刀？"关羽反问："总共有几等刀？"老师傅说："有铁刀、钢刀、纯钢刀、柔钢刀、青钢刀、宝刀六等。铁久炼成钢，钢久炼柔纯，再炼成青，更炼成宝。一般人只会打造铁刀与钢刀。至于纯钢刀，打造十把要坏九把；柔钢刀，打造百把要坏九十九把；至于青钢刀、宝刀，就算世间稀有的珍宝了。"关羽听了，便说："关某要打一把宝刀。"师傅们听了这话都摇头吐舌。关羽说："各位不必担忧，不管打坏多少刀，都由我关某一人承担，不少分文。"

师傅们听他这么说了，就开工选料给关羽打刀。一连几十把大刀都打坏了，连柔钢刀都没有打成。关羽一点也不在意，天天还是酒饭招待，毫无怨言。师傅们心里过意不去，更加全神贯注，小心翼翼地操作，终于有一天打成了一把青钢大刀，光灿灿、冷森森的，个个心里都很欢喜，忙送与关羽。关羽问是什么刀，答是青钢刀。关羽说还要炼，那位老师傅说："关壮士，青钢刀斩钢削铁，即是世间珍宝了。青虹剑就是青钢的。青钢炼宝，俺们没有先例，再炼坏了，悔恨来不及呵！"关羽手一挥："不必多言，关某定要宝刀。"

众人无奈，只好将大刀拿去再炼。炼到最后一刻，天已黑了，一轮皓月当空，忽然炉中迸出一道雪亮的毫光，直射天空。老师傅大喊一声："不好！快躲开，刀要炸了！"这时，恰巧天上有一条青龙经过，被毫光击中。毫光斩了青龙，随即退回刀内，龙血浸染了刀头，恰如淬火一般。大刀没有炸——青龙宝刀炼成了。关羽大喜，重重地赏赐了众位师傅。由于这青龙宝刀成月形，所以叫作青龙偃月刀。(《三国演义》)

思考：

看过《三国演义》的人都知道“胯下赤兔千里马，手执青龙偃月刀”这句话。赤兔马，原是董卓赠予吕布，后白门楼吕布被擒，赤兔马为曹操所得，曹操为了收买关羽的心，又将这马送给了关羽。上述故事也告诉了我们关羽的青龙偃月刀的故事，那么请同学们带着这样的问题学习本节：中国传统武术中的兵器有着怎样的文化内涵？

理论讲坛

在中国文化中，“江湖”称得上是个具有特殊内涵的词汇。漫漫历史长河，江湖也始终与武林有着一种特殊的关系，这种说不清、道不明，说不断、理还乱的关系，反映到传统文艺中，又往往与武侠的概念相互交融，衍生出丰富多彩的中国武术文化传奇。

江湖已远，传统犹存，中华儿女，快意恩仇，扬鞭策马，叱咤风云。江湖所过之处，留下一片武侠的精神印记。江湖的影响，同样激荡在文人墨客的心中，即便是手无缚鸡之力的孱弱书生，满腔热血依然会在字里行间飞舞，驰骋江湖的渴望同样会在梦中萦绕。因此，学界便有了“千古文人侠客梦”之慨叹，有学者更直言不讳地指出：“中国人历来热爱武侠，每个人心中也许都有过一个关于江湖和武侠的梦想。谁不向往鹤飞冲天、铁骑奔腾的侠骨英姿？谁不羡慕双剑合璧、闯荡江湖的风云儿女？”如今，传统江湖虽已远去，但笑傲江湖的情结仍一直深入无数炎黄子孙的骨髓，成为中国武术文化的一道突出印记。

一、拳术

中国传统武术拳种繁多、流派纷呈，因而源于传统武术的拳种衍生出不同流派（见图3-3）。拳种流派在中国传统文化组中形成、发展，它蕴含着中国文化因子，具有一定的复杂性、地域性、时代性、多样性、文化性等特点，所以很容易导致人们对它的界定存在差异性。《中国武术大辞典》把拳种界定为“流传有序，内容系统，而又别于他家的拳术”，如太极拳、翻子拳、六合拳、形意拳、咏春拳、八极拳等。1982 年，武术挖掘整理小组对拳种的界定为：“源流有序，拳理明晰，风格独特，自成体系。”

拳术是武术中徒手套路形式的总称，下面我们重点讲述流传比较广的拳术。

1. 长拳

长拳是一种姿势舒展、动作灵活、快速有力、节奏明显，并具有蹿蹦跳跃、闪展腾挪、起伏转折和跌扑滚翻等动作与技术的拳术。长拳包括查拳、华拳、洪拳、炮拳等。当前流行开展的自选拳，则是按着武术竞赛规则内容规定编排的拳术。长拳的动作结构比较复杂，身体各肌肉群和关节、肢体的活动幅度较大，有伸屈、回环、平衡、跳跃、翻腾和跌扑等技术动作。

- 拳种
  - 刚中寓柔
    - 长中寓短：功力拳等
    - 短中寓长：五祖拳、金鹰拳、中国摔角等
    - 长短并蓄：洪拳、罗汉拳、少林狗拳、蔡李佛拳、截拳道等
  - 柔中寓刚
    - 长中寓短：通背拳、劈挂掌、绵拳等
    - 短中寓长：杨氏太极拳、八卦掌、纵鹤拳、大成拳、字门拳、法门拳等
    - 长短并蓄：六合螳螂拳等
  - 刚柔并蓄
    - 长中寓短：长拳、六合拳、迷踪拳、梅花拳、孙膑拳、戳脚拳等
    - 短中寓长：陈式太极拳、形意拳、食鹤拳、咏春拳等
    - 长短并蓄：八极拳、七星螳螂拳、自然门等

图 3-3　拳种

2. 太极拳

太极拳是一种柔和、缓慢、轻灵和圆活的拳术，包括陈式、杨式、吴式、武式和孙式五大主要流派。各式太极拳都独具特色和风格，一般地讲，陈式太极拳是刚快发劲，顺逆缠丝，柔和平稳；杨式太极拳是姿势舒展，中正圆活，轻灵沉稳；吴式太极拳是紧凑灵活，端正严密，柔化细腻；武式太极拳是身法严谨，开合明显；孙式太极拳是架高步活，转换轻灵。太极拳的共同特点是动作圆活，处处带有弧形，运动绵绵不断，前后贯串。

视频赏析：太极拳表演

3. 南拳

南拳是我国南方各省广泛流行的各种地方拳术的总称。例如广东的洪、刘、蔡、李、莫五大家，福建的咏春、五祖两大流派，湖南的巫、薛、沈、岳四大家，湖北的洪、鱼、孔、风、水、火、字、熊八门拳，四川的僧、赵、杜、洪、化、字、会、岳八门拳，江西的字、硬两大流派等。南拳中各种不同流派的拳术，都有各自的技术特点和运动风格，而总的来说，南拳的特点是：拳势刚烈、步法稳固、动作紧凑，多使用拳法而腿法较少，并兼有发声吐气，以气助力，声、气、力相结合的特点。

4. 形意拳

形意拳是以三体式为基本姿势，以劈、崩、钻、炮、横五拳为基本拳法，并模仿了龙、虎、猴、马、鼍、鸡、鹞、燕、蛇、獴、鹰、熊十二种动物的形体动作，结合武术技法而组成的一种拳术。形意拳的特点是：动作简练，身正步稳，发力沉实，刚柔相济，上

下一致，内外合一。

5. 八卦掌

八卦掌是以摆扣步走转，结合各种掌法变换为主要内容的拳术。八卦掌的步法主要有趟泥步、鸡形步和鹤飞步等，掌法主要有推、托、带、领、穿、搬、拦、截等。八卦掌的特点是：沿圆走转，势势相连，身灵步活，随走随变。经常练习八卦掌，能够发展人们的腿部力量和灵活性，可提高身体四肢以及前庭器官的平衡稳定和协调能力。

知识视窗

八卦掌祖师董海川

说起清末著名的八卦掌祖师董海川，武林圈子里无人不知，无人不晓。他生于嘉庆三年（1798年），河北省安县朱家务村人。年轻时，董海川本想考取功名，光宗耀祖，可是幼年家贫，没读几年书便辍学务农。由于多次科考未成，因此便在26岁时远游巴蜀，通过切磋武艺来拜访师友。在游学过程中，董海川博采众长，在长达13年的时间里自己琢磨出了一套拳法，也就是后来的八卦掌。

董海川接触到了《易经》，以阳爻和阴爻配合而成8个符号，分别是乾、坤、坎、离、震、艮、巽、兑，代表天、地、水、火、雷、山、风、泽，八卦互相搭配又得到六十四卦，用来象征各种自然现象和人事现象。八易寒暑法则是把八卦中的8个符号，作为8个方位用于武术技击。回归故乡时，董海川已经40岁了，此时的董海川已经渐渐消磨了少年时的年轻气盛，逐渐成熟稳重。

回到家中的董海川终日琢磨拳术，经常出门远游，一去就是好几天，每当家人问起，董海川便声称自己出门访友，并不多说。后来董海川因误伤人命，被迫东躲西藏，远离家乡，由于当时官府急于追捕，董海川只能净身当了太监，隐姓埋名到了王府当差。实际上当时的董海川已经加入了太平军，并成为太平军的探子。有一次董海川在王府传菜时，正好赶上当时著名的太极拳师杨露禅到肃王府中比武。永年县南关杨露禅，三下陈家沟投师陈长兴，经18年练成太极拳，战胜了很多京城武林高手，名声大噪，人称“杨无敌”。

杨露禅武功高强，将王府中的拳师全都打败，还将一个拳师扔到了地上。此时董海川见状，不觉技痒，于是便起身与杨露禅比武，没想到双方对峙很久都难解难分。肃王爷一看自己王府中竟然藏着这样厉害的人物，不禁大喜，对董海川大加赏赐。

后来太极拳和八卦掌各立门户，在武林中都享有极高的声誉，而两派也都是桃李满园。据说董海川一生习武，临终时还没有放下拳架子，在临死昏迷之时，两手仍然作换掌式，直到气绝身亡。如今八卦掌已经流传到大江南北，兴盛不衰，董海川八卦掌一派更是桃李满园，在世界各地开花结果。

6. 象形拳

象形拳是以模仿各种动物的形态动作特长，结合武术的技击特点而组成的一种象形取意的拳术，例如鹰爪拳、螳螂拳、猴拳、蛇拳和鸭形拳等。象形拳特点是象形取意，似形非形，在无意而有意之中。象形拳是以模仿动物的形态为表象，取意则是以动物的搏击特长来充实和发挥武术技击方法。练习象形拳可以培养人们的形象思维和想象能力，提高灵活性和协调性等身体素质。

二、著名的武术家

我国源远流长、博大精深的武术造就了众多技艺高超的武术家，同时，这些武术家又反过来促进、丰富了我国的武术。这些武术家有的刻苦钻研，开创了一门技艺，成为一代宗师。

1. 神医华佗

华佗（？—208 年），名旉，字元化，东汉末沛国谯（今安徽亳州）人，东汉末医学家，与董奉、张仲景并称为“建安三神医”。被后人称为“外科圣手”“外科鼻祖”。

华佗少时曾在外游学，行医足迹遍及安徽、河南、山东、江苏等地，钻研医术而不求仕途。他医术全面，尤其擅长外科，精于手术，并精通内、妇、儿、针灸各科。

华佗也是中国古代医疗体育的创始人之一。他不仅善于治病，还特别提倡养生之道。他曾对弟子吴普说：“人体欲得劳动，但不当使极耳，动摇则谷气得消，血脉流通，病不得生，户枢不朽也”。华佗继承和发展了前人“圣人不治已病，治未病”的预防理论，为年老体弱者编排了一套模仿虎、鹿、熊、猿、鸟五种禽兽姿态的健身操——“五禽戏”：一叫虎戏，二叫鹿戏，三叫熊戏，四叫猿戏，五叫鸟戏，可以用来防治疾病，同时可使腿脚轻便利索。

拓展阅读：五禽戏

2. 抗倭名将戚继光

戚继光（1528—1588 年），字元敬，号南塘，晚号孟诸，卒谥武毅。汉族，山东蓬莱人（一说祖籍安徽定远，生于山东济宁微山县鲁桥镇）。明朝抗倭名将，杰出的军事家、书法家、诗人、民族英雄。

戚继光在东南沿海抗击倭寇十余年，扫平了多年为虐沿海的倭患，确保了沿海人民的生命财产安全；后又在北方抗击蒙古部族内犯十余年，保卫了北部疆域的安全，促进了蒙汉民族的和平发展，写下了《纪效新书》《练兵实纪》等著名兵书，还有《止止堂集》及在各个不同历史时期呈报朝廷的奏疏和修议。

拓展阅读：戚继光斩子

同时，戚继光又是一位杰出的兵器专家和军事工程家，他改造、发明了各种火攻武器；他建造的大小战船、战车，使明军水路装备优于敌人；他富有创造性地在长城上修建空心敌台，进可攻退可守，是极具特色的军事工程。

3. 太极宗师杨露禅

杨露禅（1799—1872 年），直隶省广平府（今河北省邯郸市）人，中国历史上第一个将太极拳发扬光大的武术家。

杨露禅为学拳，18 年间三下陈家沟，深得陈式太极拳传人陈长兴所传精髓。自学拳艺成后返回家乡设坛教拳，拳械运用高妙，所向无不披靡，乡里高手尽皆慑服。后来往北京，曾任京师旗营武术教师。

晚年时被延请至王府授拳，因众多弟子大都出身高第，礼遇有加，使得太极拳的社会地位和影响力得以提升。旧社会武行规矩虽大，但争斗也极多。杨露禅因每在擂台上与别家武者比武较量，出手即见红，一响必成功，遂被誉为打遍京城“杨无敌”，名声大噪。杨露禅与其子杨班侯、杨健侯，其孙杨澄甫三代人在北京教拳，对传播太极拳功劳极大。

杨露禅考虑到人的身体素质和保健需要，将太极拳中的一些高难度功架进行简化，使姿势较为简单，动作柔和易练。后经其子、孙修改，定型而成杨式太极拳，并发展成大、小两种套路。其特点是：柔和缓慢，舒展大方，速度缓匀，刚柔内含，深藏不露，轻沉兼有。此拳一出，在京、津一带影响很大，学者日众，而这时陈家的太极拳却仍在陈姓内部传播，所以当时的武术传人杨季子写的诗中，有“谁料豫北陈家拳，却赖冀南杨家传”的句子。

杨露禅毕生钻研武学，醉心拳道，成就威名后淡泊依旧，不为浮华虚荣所累。杨露禅之所以受到后人敬重和仰慕，除了刻苦自强的精神、艺业精绝的功夫等，更重要的是谦逊明德、尊师重道的珍贵品质，无愧为武林一代宗师。

4. 精武英雄霍元甲

霍元甲（1869—1910 年），清末著名爱国武术家，字俊卿，生于天津静海县。霍元甲出身于镖师家庭，继承家传“秘宗拳”绝技。幼年体弱，27 岁以前基本在故乡生活，时常挑柴到天津去卖。28 岁后到天津当码头装卸工，后来在农劲荪开设的怀庆药栈当帮工，升任掌柜。1909 年，经农劲荪介绍，41 岁的霍元甲来到上海。

霍元甲既是侠肝义胆之人，也为发扬中华武术作出了巨大贡献。1910 年，霍元甲在农劲荪等武术界同仁协助下，在上海创办了“精武体操学校”（后改名为“精武体育会”）。孙中山先生赞扬霍元甲“欲使国强，非人人习武不可”之信念和将霍家拳公之于世的高风亮节，亲笔写下了“尚武精神”四个大字，惠赠精武体育会。

霍元甲逝世后，精武体育会弟子和上海武术界爱国人士为其举行了隆重葬礼，敬献了“成仁取义”挽联，将之安葬于上海北郊。转年，由弟子刘振声扶柩归里，迁葬于小南河村南。上海精武体育会由霍元甲之弟霍元卿、次子霍东阁任教。各地分会相继分起，十数年后，海内外精武分会达 43 处，会员逾 40 万之众。

5.“中华第一保镖”杜心五

杜心五（1869—1953 年），名慎愧，字心五，中国近代著名武术家，是自然门开山鼻祖徐矮师的独传高足，也是自然门第二代掌门人。后加入同盟会，开始革命生涯。与当时贤达黄元秀、孙存周、郑佐平等好友被称为“虎林七贤”。曾做过孙中山的贴身保镖，因此有“中华第一保镖”的美誉。杜心五一生足迹遍布大江南北，喜欢行侠仗义，被尊称为“南北大侠”。

拓展阅读：侠骨英雄谭嗣同

三、兵器

在古典小说和传统评话中，常说武艺高强的人是“十八般武艺样样精通”，这“十八般武艺”是指使用“十八般兵器”的功夫和技能。

今天，武术界对“十八般兵器”的普遍解释是：刀、枪、剑、戟、斧、钺、钩、叉、鞭、锏、锤、抓、镗、棍、棒、槊、拐、流星。

1. 刀

习刀尚猛的习俗已历千年，古时士卒短兵相接，以用刀者为多。刀的种类很多，有单刀、春秋大刀、金刚大刀、青龙大刀、南洋大刀、九环大刀、朴刀、短刀、腰刀、苗刀、双手刀（斩马刀）、小双手刀（又叫匕首刀，原名黑虎刀）等，其使用方法和要求各有所不同。图 3-4 为青龙偃月刀式样。

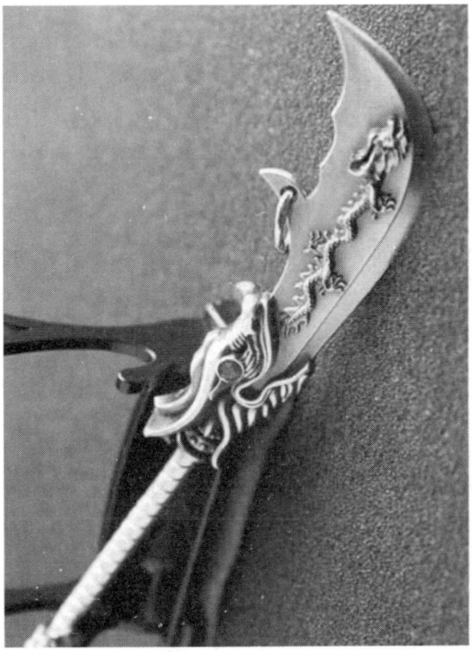

图 3-4 青龙偃月刀式样

2. 枪

枪和矛一样，是古代战场上使用最广的长形刺兵，后汉已有载录，但是刀刃锐长，还未脱离矛头形式。因为长矛使用不便，晋代开始逐渐流行用枪，当时所用的青铜矛头，体制也较以前略小，已与后世的铁枪头相类了。唐代善枪者甚多，《新五代史·王彦章传》说：“彦章为人骁勇有力，能跣足履棘行百步，持一铁枪，骑而驰突，奋疾如飞，而他人莫能举也，军中号王铁枪。”宋代以后，矛基本上就被枪所代替了。

知识视窗

霸王枪

孙策，字伯符，骁雄，江东狮儿，性阔达听受，善于用人，才略绝异，用兵如神，时人皆言孙郎，人称“小霸王”。在十八般兵器之中，孙策独爱百兵之王——枪。

传说孙策起兵之前请当地铸造兵器的名匠取精钢锻造兵器，经九天九夜终锻成一杆狮头火纹的神枪，名曰“霸王”（式样见图 3-5）。

霸王枪是天地间独一无二的一杆枪，长一丈三尺八寸四分，重六十二斤，枪尖由黄金制成，枪杆用的是金色木料。

图 3-5 霸王枪式样

明代是武术发展和分枝的盛期，所以在这个阶段，枪术理论和技术都有明显的提高，各家枪法，相竞争艳。明崇祯八年（1635 年），兵部侍郎毕懋康《军器图说》刊印，载有一幅喷火烧灼的梨花枪。这种枪兼有火器效能，在新式火器出现之前，显然是一种有效的利器。

到了晚清，长枪趋于简单，偏重扁镞形刃，圆底筒。到了 21 世纪，流行的枪有大枪、花枪、双头枪、短枪、双枪等。枪的用法主要有：扎、刺、挞、抨、缠、圈、拦、拿、扑、点、拨、挑等。

3. 剑

剑，古代兵器之一，属于“短兵”，古之圣品也，至尊至贵，人神咸崇，素有“百兵之君”的美称。古代的剑呈长条形，前端尖，后端安有短柄，两边有刃。春秋战国时期，剑为步战主要兵器，剑身不断加长。汉代后，铜剑渐被钢铁剑替代，并趋于定型，即剑身中有脊，两侧有刃，前有剑尖，中有剑首，后有茎，茎端设环处称镡，此外尚有剑鞘、剑穗等附属饰物。隋唐时期，佩剑盛行，然而剑在战场上却也是从唐代开始没落的，因为剑刺不穿铁甲，而唐代却是盔甲大发展的时代，比如明光铠、鱼鳞甲等，所以在我国历史上，剑从唐代开始逐步退出了战场，而剩下更多的是装饰功能。图 3-6 为越王勾践剑。

拓展阅读：越王勾践剑

4. 戟

戟是武术器械的一种，始于商周，由古代兵器演变而来，分为长杆单戟和短柄双戟。长戟分为方天戟（戟头有两个月牙，杆上有戟形，以画、镂等作为装饰，故名画戟；还悬有彩绸，上系金钱，叫金钱五色幡）、青龙戟（单月牙，杆上画有盘龙，朱漆为饰，悬系彩钺叫金钱豹尾子）、蛇龙戟（戟刺为蛇形，余同青龙戟）、月牙戟、东方戟、护神戟、曲戟镰、常胜戟等。短柄双戟分单月牙（练者多）、双月牙，也系有彩缨球，今皆系红缨。戟初为兵器，后深化为仪仗和装饰物，如帝王驾前卫士执戟侍立。图 3-7 为方天画戟式样。

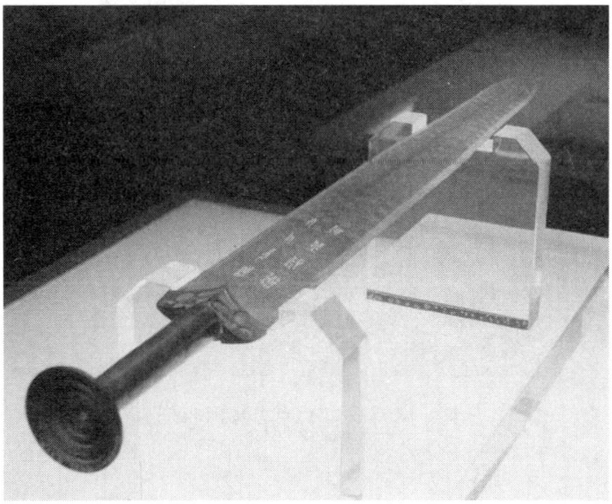

图 3-6 越王勾践剑

图 3-7 方天画戟式样

5. 斧

斧的起源很早，原始人类即用利石作为劈器。黄帝时即有斧钺之名，在当时非但用为兵器，而且用为刑罚之具。而最早之铜斧，见于商代，不仅用于武事，而且有的雕刻嵌镂，极为精美，为仪仗之用。周代，用斧风气不如商代，到了双锋剑出，与刀并用后，斧就更少人使用了，只作为砍伐工具，或为乐舞仪仗及斩杀之器。斧虽不作为主要兵器使用，但各代均有使斧者，尤其生活在北方地区的民族，喜练斧类兵器。但斧相较于刀剑，笨重是其最大缺点（某些方面也是优点），因而不适用于近战，步兵用单手斧则必须配盾，或装备副手刀剑。图 3-8 为盘古斧式样。

6. 钺

钺作为一种兵器，由青铜铍头、长柄构成，铍头尖锋直刃、扁茎，穿透力很强，很可能是由扁茎短剑发展而来。它出现于春秋时期，在战国时期大量使用。至于斧钺，由于其杀伤力不如戈矛，在春秋时期实战中的地位已大大降低，已多用于仪仗、装饰之需，以作为军权的象征。在古代，钺是斧的一种，但比斧大，经过多代演变，现在却变成一种小巧兵器，有刃有钩，双手可各持一个，如子午钺。图 3-9 为子午鸳鸯钺式样。

7. 钩

钩似剑而曲，由戈演变而成。春秋时期，钩与戈、戟并用之，武术中所用的钩有单、双钩之分。图 3-10 为钩式样。

图 3-8　盘古斧式样

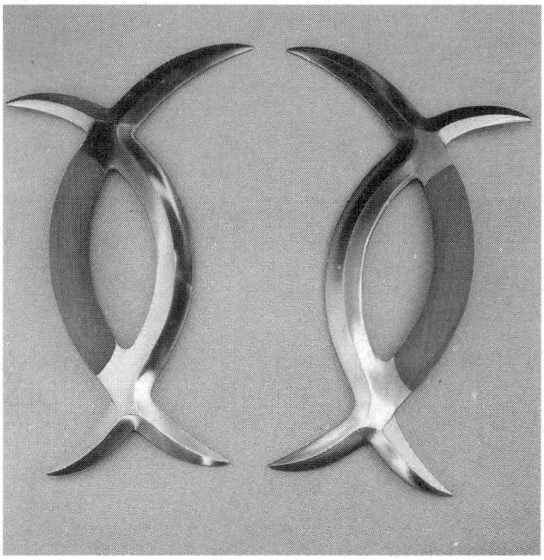

图 3-9　子午鸳鸯钺式样

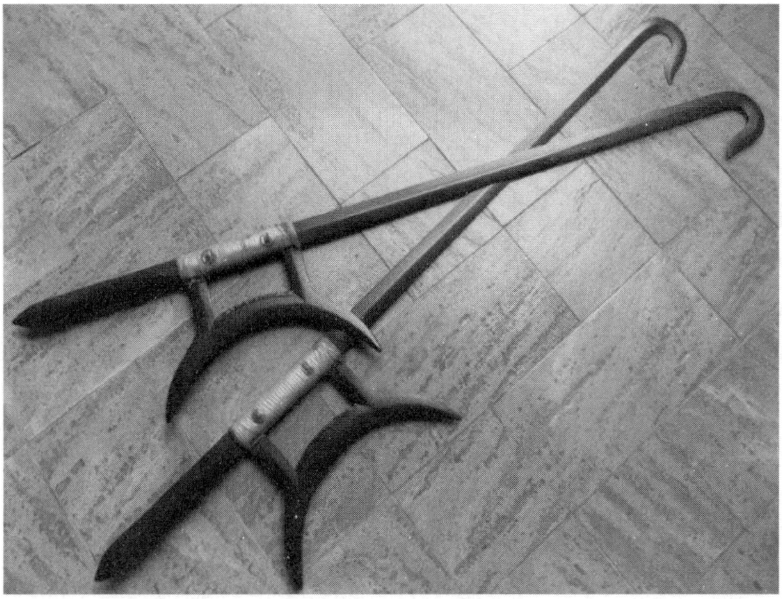

图 3-10　钩式样

8. 叉

顶端有两股叉的为牛角叉，顶端有三股叉的为三头叉，又名三角叉。在远古时代，叉为捕鱼狩猎的生产工具，后演变为一种兵器。叉的出现比其他兵器晚，宋元以前，未见于用诸战阵，一说初始于南蛮，一说初始于猎户，现已无从考证。图 3-11 为叉式样。

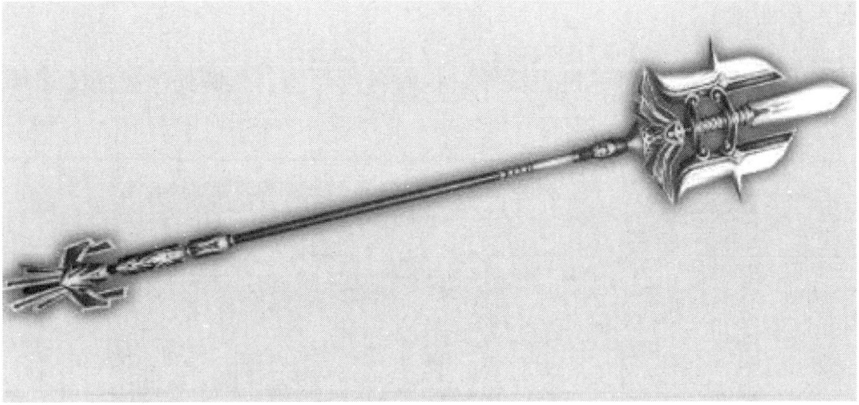

图 3-11 叉式样

9. 鞭

鞭起源较早，至春秋战国时期已很盛行。鞭有软、硬之分。硬鞭多为铜制或铁制，软鞭多为皮革编制而成。硬鞭一般用于马战，持鞭之将多持双鞭。软鞭在晋代即已出现，被认为是猛烈暗器，不易抵御，有七节、九节、十三节之分，习称九节鞭。图 3-12 为鞭式样。

图 3-12 鞭式样

10. 锏

考锏之由来，与剑为同时，在秦汉之后则盛行。鞭与锏，历代视之为杂兵，因为在短兵器中不及刀、剑用之广，多配于其他兵器作战，尤其和长兵为伍来使用。锏由锏把和锏身组成。锏把有圆柱形和剑把形二种。图 3-13 为锏式样。

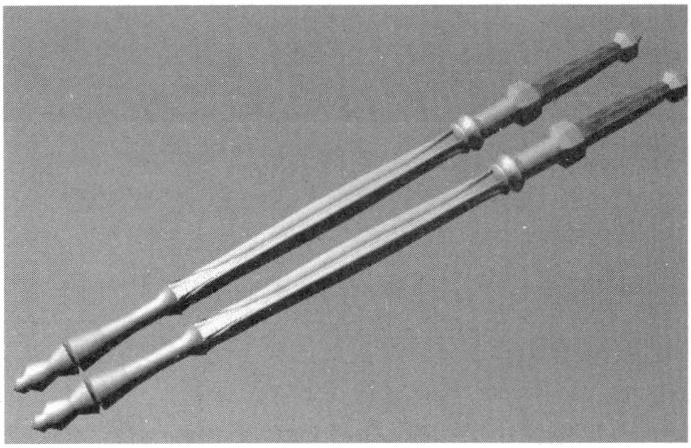

图 3-13 锏式样

11. 锤

锤大体有长柄锤、短柄锤、链子锤等，也有分为硬锤、软锤的。长柄锤多单用，短柄锤多双使。图 3-14 为锤式样。

图 3-14 锤式样

12. 抓

抓又称挝，在民间流传较广。抓头形似爪，缚以长绳或木柄。抓分长械及软械两种。长械有金龙抓，杆长约两米，杆端有抓形如人手，中指伸直，四指屈挠。软械叫双飞挝，系暗器的一种，用金属打造，像鹰爪，缚以长绳，用于击人马，脱手掷去，于身后收回，使其不能脱走。近代，这一器械演练者已很少。图 3-15 为抓式样。

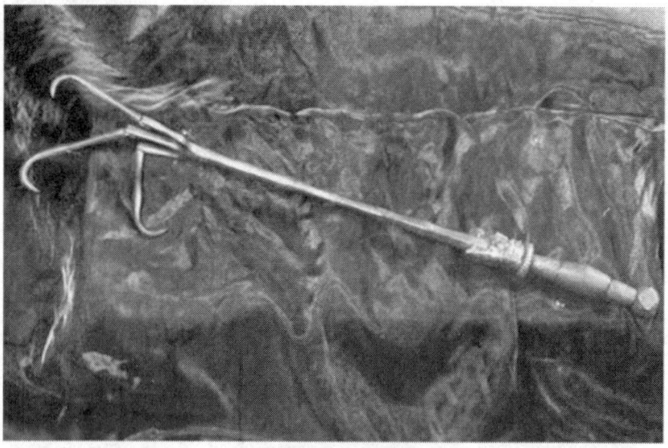

图 3-15 抓式样

13. 镋

镋始于明代，是由枪发展而来的。镋头的两边形似马叉，中间似剑。它上有利刃，称正锋，长一尺半，尖锐如枪，横有弯股刃，两锋中有脊。锋与横刃互镶，并嵌于七八尺长的柄上，柄下端有长约半尺的梭状铁钻。镋的形状较多，主要有：月牙镋、三节镋、四节镋、五齿镋、雁尾镋、雁翅镋、雁嘴镋、凤翅镋、锯翅镋、金牛镋、燕子镋、夜战镋、雷震镋等。镋长而重，多为力大身高者使用。图 3-16 为镋式样。

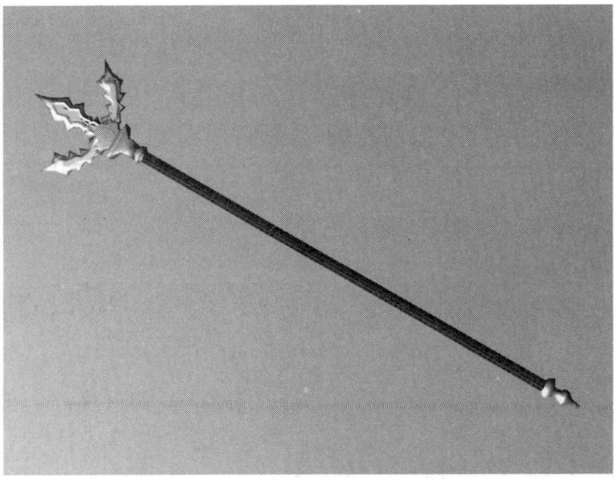

图 3-16　镗式样

14. 棍

棍有木制和金属制两种。木制的棍有齐眉棍、两节棍、三节棍等。金属制的棍有铁头棍、浑铁棍、浑铜棍等；还有铁制的带齿带钩棍，如爪子棍等。棍术的技击特点是勇猛、快速、多变。其流派很多，仅明代就有少林棍、张家棍等十几种著名棍术。图 3-17 为两节棍式样。

15. 棒

同属棍种。棒长约五尺，以坚韧白蜡木制之。棒身两端粗细不一，一端粗可盈把，此端是握手处。愈往上愈细，顶端粗为八寸。棒的种类较多，仅《武经七书》记载即有钩棒、抓子棒、狼牙棒、杵棒、杆棒、大棒、夹链棒七种。图 3-18 为狼牙棒式样。

图 3-17　两节棍式样

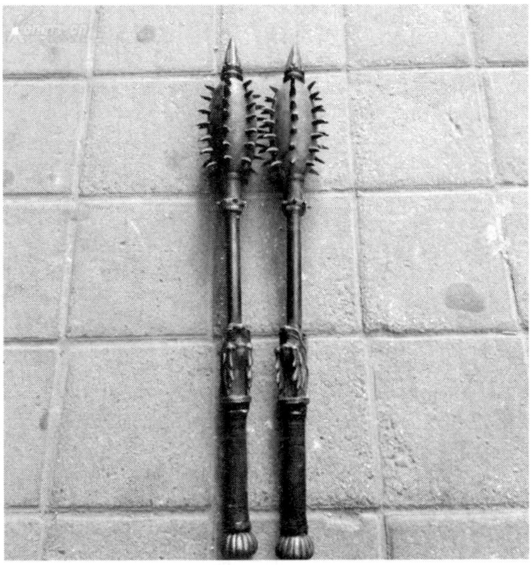

图 3-18　狼牙棒式样

16. 槊

槊的种类很多，结构复杂，较为笨重，多为力大之人使用。槊是由矛和棒演变而来的。《正字通》一书中云："矛长丈八谓之槊"，所以古代也把丈八蛇矛称为"铁槊"。槊一般由硬木制成，分槊柄和槊头两部分。槊柄一般长六尺。槊头呈圆锤状，有的头上装有铁钉若干。有的槊柄尾端装有镈。图 3-19 为狼牙槊式样。

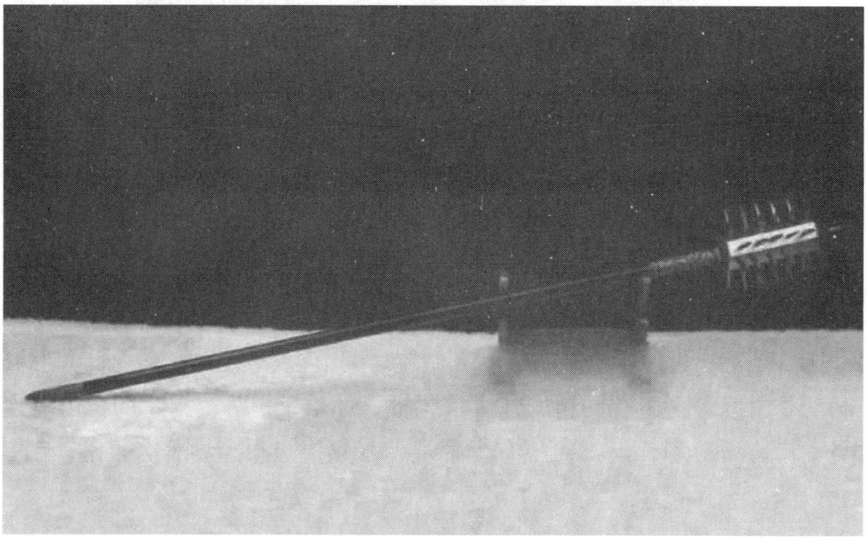

图 3-19　狼牙槊式样

17. 拐

拐，俗称"拐子"，是由民间老人之拐杖演变成的一种武术器械。由铁制或木制，按其形式可分为长拐和短拐两类。长拐一般长四尺，拐柄为圆柱形，在其柄端垂直处，有一突出之横拐。使用时可双手持柄，也可一手持柄，一手持拐。短拐多为丁字形，长不足三尺。短拐可双拐同使，也可以与刀剑之类兵器同使。图 3-20 为拐式样。

图 3-20　拐式样

18. 流星

流星，即流星锤，是一种将金属锤头系于长绳一端或两端制成的软兵器，亦属索系暗器类。仅系一锤者，绳长约五尺，称“单流星”；系两个锤者，绳长约四尺半，称“双流星”。图 3-21 为流星锤式样。

图 3-21　流星锤式样

古为今用

抗击新冠肺炎疫情期间，方舱医院新冠病人集体练太极拳的场景，源于钟南山院士的肯定和推介。加之通过广大太极拳人的一系列努力，太极拳“提高免疫力”“改善气促和肺功能”等价值得到突显，成为广大民众防疫抗疫的重要选项。从这个意义上讲，太极拳已经迎来传承发展的新的历史机遇。

2020 年 12 月 17 日，我国单独申报的“太极拳”经联合国教科文组织保护非物质文化遗产政府间委员会评审通过，列入联合国教科文组织《人类非物质文化遗产代表作名录》。

太极拳自 17 世纪中叶形成以来，世代传承，习练者遍布全国各地，并在海外得到广泛传播和传承。太极拳对于习练者的性别、年龄、体质、职业、民族没有限制，通过习练太极拳，人们在修身养性、强身健体的同时，也传承着中华民族的文化基因。

当代大学生在学习太极拳的技法的同时，应该传承其中蕴含的武术精神。“学拳明理”，太极拳所蕴含的阴阳循环、天人合一的中国传统哲学思想和养生观念，丰富了人们对宇宙、自然和人体运行规律的认知；其松柔圆活与立身中正的基本要求，体现了尊师重道、学拳不可不敬、不可狂、不可满等价值观念，潜移默化地涵养着人们平和、包容、友善的心性。在提升人民群众健康意识、促进身心健康、推动人与人和谐共处、增强社会凝聚力等方面，太极拳发挥着重要作用。

学思践悟

实践活动：“我的武器，我做主”。

请同学们找一件自己喜欢的兵器（可以是小说、故事、游戏中的武器），利用手边可用资源，做一件冷兵器模型，感受器械文化。

第四章

艺——琴棋书画

习言习语

中华优秀传统文化是中华文明的智慧结晶和精华所在，是中华民族的根和魂，是我们在世界文化激荡中站稳脚跟的根基。中华文明自古就以开放包容闻名于世，在同其他文明的交流互鉴中不断焕发新的生命力。要坚持弘扬平等、互鉴、对话、包容的文明观，以宽广胸怀理解不同文明对价值内涵的认识，尊重不同国家人民对自身发展道路的探索，以文明交流超越文明隔阂，以文明互鉴超越文明冲突，以文明共存超越文明优越，弘扬中华文明蕴含的全人类共同价值，推动构建人类命运共同体。

——2022年5月27日习近平在中共中央政治局第三十九次集体学习时的讲话（节选）

千年文明留中华，泱泱大国华夏风，山水相依江山秀，琴棋书画绘中华。中国传统艺术不事张扬，内敛而不放纵，典雅而求虚静，潇洒而避豪健，传神而重意味，注重自娱、自乐、自得、自悟。古人说，善琴者通达从容，善棋者筹谋睿智，善书者至情至性，善画者至善至美。

在中华民族的艺术长廊里，琴棋书画与人的关系最为密切。琴棋书画，均起源于上古时期，在我国古时被称为“四艺”，是文人修身所必须掌握的技能，常以此来表示个人的文化素养。其中，琴指古琴，代表民族传统音乐；棋，特指围棋；书，指书法，而非书籍；画即绘画，特指国画，即水墨丹青。琴棋书画不仅是人生雅事，更是个人文化素养的直观表现；是中国传统文化的重要载体，也可以说是中华文化最精粹的部分，历来受人尊崇。琴棋书画，琴以无形无相，棋以太极两仪，书以三才八卦，画以包罗万物，按照越抽象越高深就越艺术化的顺序依次排列成序。

本章根据琴棋书画内容逐层展开，带大家领略“琴音妙曲入心魂，棋逢对手觅知音。书养谦谦君子名，画描河山素丹青”的艺术之美。真正领悟“四艺”真谛之人，也许都会为中华文明之博大而感叹吧！

第一节　千古遗音，弦动至今

引经据典

伯牙善鼓琴，钟子期善听。伯牙鼓琴，志在登高山，钟子期曰："善哉，峨峨兮若泰山。"志在流水，曰："善哉，洋洋兮若江河。"

——《列子·汤问》

拓展阅读：《列子·汤问》释义

案例导入

孔子学琴

孔子向师襄子学琴，学了十天仍没有学习新曲子，师襄子对他说："可以增加学习内容了。"孔子说："我已经熟悉乐曲的形式，但还没有掌握方法。"过了一段时间，师襄子说："你已经会弹奏的技巧了，可以增加学习内容了。"孔子说："我还没有领会曲子的意境。"过了一段时间，师襄子说："你已经领会了曲子的意境，可以增加学习内容了。"孔子说："我还不了解作者。"又过了一段时间，孔子神情俨然，仿佛进入新的境界：时而神情庄重穆然，若有所思；时而怡然高望，志意深远。孔子说："我知道他是谁了：那人皮肤深黑，体形颀长，眼光明亮远大，像个统治四方诸侯的王者，若不是周文王还有谁能撰作这首乐曲呢？"师襄子听到后，赶紧起身拜了两拜，回答道："老琴师传授此曲时就是这样说的，这支曲子叫作《文王操》啊！"

从此，古琴便常伴孔子左右，也就有了后面的故事。孔子所处的时代为礼崩乐坏之时。当时人们感叹夫子是一只凤凰，只可惜遭逢乱世，夫子却知其不可而为之。他制法度、定礼乐、兴文教，希望谋求一官半职，来施展自己的抱负，然而却得不到重用。汉蔡邕《琴操》记载：孔子周游列国，皆不得重用，归途中见兰花盛开于幽谷，于是感慨地说：兰花原是香花之冠，如今却与野草杂处，犹如贤德之人与鄙夫为伍一样。故创作《幽兰》一曲，来表达自己的无限感慨。

思考：

结合案例，你认为琴在古代扮演着什么角色？

理论讲坛

琴在中国传统文化中是高雅乐器的代表，被赋予很多品性意蕴。听琴抚曲，可以在夜晚静静倾听，“琴宜入夜听，别起一般清”；也可以酒配之，“琴奏龙门之绿桐，玉壶美酒清若空”；亦可在初冬之时，“泠泠七弦上，静听松风寒”。

中国传统文化强调对人生的思想感悟，而这种感悟往往并不是单纯地追求一种所谓“为审美而审美”的人生价值，而是注重在生活中强化其精神思想文化及道德品位。中国古代文人雅士品味一种文化的人生，就要在那雪泥鸿爪中培养出审美感受、人生体验与价值意义。古琴文化，只有相对于个体的生命，才具有情感意义，正因为有了人对它的深度挖掘，它才不断显现出充盈的生命力。因此，文化的意义和终极价值就在于激活现实生命个体的情感因素，而作为古琴文化的最高艺术表现形式——“意韵”正是这种情感的具体体现。

古琴最贵“知音”。知音，不仅仅是理解琴曲之意，体味太古之韵可能是更为重要的。对于琴人而言，在琴音中所得的益处是较音乐旋律更为深刻、更为丰富的。古琴正因为有此太古之韵，最能让人体味安静祥和、原始本然、返璞归真的意味。若以儒、道两家思想代表中国文化的话，儒家的修身之道、道家的修真之道，两者在中国传统古琴艺术中皆有体现。应该强调的是，“文化传承”是中国传统古琴艺术最为重要的特征之一，正是它决定了中国古琴的风格和中国文人的品格，决定了中国古琴文化的本质内涵。将传统文化中的某些“雅趣”融入我们的生活和生存方式，并通过感同身受的玩味来达到一种对主流价值观念的无意识认同，进而意识到生命的意义，这实际上可能也是一种行之有效的文化传承方式。

一、古琴的发展史

有关古琴的记载最早见于《诗经》《尚书》等文献。《尚书》载：“舜弹五弦之琴，歌南国之诗，而天下治。”可知琴最初为五弦，周代时已有七弦。东汉应劭《风俗通》：“七弦者，法七星也，大弦为君，小弦为臣，文王、武王加二弦，以合君臣之恩。”三国时期，古琴七弦、十三徽的型制已基本稳定，一直流传延续至今。

古琴的演奏形式主要有琴歌、独奏两种。根据文献记载，先秦时期，古琴除用于郊庙祭祀、朝会、典礼等雅乐外，主要在士以上的阶层中流行，秦以后盛兴于民间。关于以琴为声乐伴奏的形式，早在《尚书》中已有“搏拊琴瑟以咏”的记载。周代，多用琴瑟伴奏歌唱，叫“弦歌”，即唐宋以来所谓的琴歌。汉代蔡邕所著《琴操》中，有歌诗五曲，即周之弦歌，其中的《十二操》《九引》以及《河间杂歌》，都是援琴而歌的。

春秋战国时期，古琴的独奏音乐已具有一定的艺术表现能力，如伯牙弹琴子期善听的传说。当时有名的琴师有卫国的师涓、晋国的师旷、郑国的师文、鲁国的师襄等；著名的琴曲如《高山》《流水》《雉朝飞》《阳春》《白雪》等，均已载入史册。汉、魏、六朝时期，古琴艺术有了重大发展，除在“相和歌”“清商乐”中作伴奏乐器外，还以“但曲”演奏形式出现。如器乐曲《广陵散》《大

拓展阅读：凤求凰

胡笳鸣》《小胡笳鸣》等，反映出古琴作为器乐演奏的一个重要发展阶段。汉末的蔡邕、蔡文姬父女和魏晋间的嵇康，都是当时著名的古琴演奏家和作曲家。如嵇康擅长弹奏古琴名曲《广陵散》，后传为佳话。创作的著名乐曲有嵇氏四弄——《长清》《短清》《长侧》《短侧》；蔡氏五弄——《游春》《渌水》《幽居》《坐愁》《秋思》；传为竹林七贤中的阮籍所作琴曲《酒狂》以及六朝宋刘义庆《乌夜啼》。

隋唐时期，西域音乐盛行，琵琶兴起，古琴音乐的发展受到一定的抑制。但由于古琴谱的产生，不仅推动了当时古琴音乐的传播，而且对后世古琴音乐的继承发展具有深远的历史意义，使中国古代音乐历史进入一个具有音响可循的时期。隋末唐初赵耶利对当时流行的文字指法谱字进行了整理，并辑录了《弹琴右手法》《弹琴手势图》等解释演奏法的著作。著名的琴曲《碣石调·幽兰》为南朝梁丘明传谱，现存为传到日本的唐人手写卷谱，是中国最早的也是目前所知的唯一一份古琴文字谱。

唐代诗人李峤、李颀、李白、韩愈、白居易、张祜、元稹等，都为古琴写下了不朽的诗篇。白居易爱好古琴，在《夜琴》中有："蜀桐木性实，楚丝音韵清。"他的琴艺很高，并能自弹自唱，甚至在旅途船中仍以古琴为友，他在《船夜援琴》中写道："鸟栖鱼不动，月照夜江深。身外都无事，舟中只有琴。七弦为益友，两耳是知音。心静即声淡，其间无古今。"张祜的《听岳州徐员外弹琴》也有："玉律潜符一古琴，哲人心见圣人心。尽日南风似遗意，九疑猿鸟满山吟。"描写了古琴丰富的表现力。唐代著名琴家有赵耶利、董庭兰、薛易简、陈康士、陈拙等。赵耶利总结当时琴派说："吴声清婉，若长江广流，绵延徐逝，有国士之风；蜀声躁急，若急浪奔雷，亦一时之俊。"

宋朝的古琴一方面出现怀旧的复古主义倾向，另一方面由于在"相和歌""清商乐"演奏中的长期实践，古琴与民间音乐有着深远的联系，再加上琴曲"楚汉旧声"的历史传统，使古琴音乐在复古主义倾向中并没有被湮没，而是有起有伏曲折地发展着。南宋时期杰出琴家郭沔和他的弟子刘志芳、毛敏仲等人，在古琴遗产的整理、创作方面对古琴音乐的发展作出一定的贡献。如郭沔创作的琴曲《潇湘水云》《泛沧浪》《秋鸿》，刘志芳创作的《忘机》《吴江吟》，毛敏仲创作的琴曲《渔歌》《樵歌》《佩兰》《山居吟》等都流传至今。当时著名的琴曲还有《楚歌》《胡笳十八拍》《泽畔吟》等；琴歌有姜夔的《古怨》、庐山道士崔闲的《醉翁吟》等。宋人朱长文撰写的《琴史》，真实地记录了隋、唐、宋三代琴的史料。

明清时期，由于印刷术的发展，大量琴谱得到刊刻流传，见于记载的琴谱有 140 多种，从中可知仅明代创作的琴曲就有 300 多首。明初琴家冷谦的《琴声十六法》，是对古琴的美学思想、演奏技巧和艺术表现提炼出的理论。明太祖朱元璋第十七子、宁王朱权，是明代琴家，对古琴艺术的发展作出卓越贡献，他收录唐宋之前艺术珍品 64 曲、历时 12 年主持撰辑了《神奇秘谱》，于洪熙元年（1425 年）刊行，是中国现存最早的一部琴谱。明末清初，徐上瀛著书《溪山琴况》。明清以来，著名的琴曲有《秋鸿》《平沙落雁》《渔樵问答》《良宵引》《水仙操》《鸥鹭忘机》《龙翔操》《梧叶舞秋风》等。

清末与民国年间，由于战乱和社会变迁，特别是古琴本身存在的局限性，古琴音乐濒于绝灭。当时，全国各地也出现了一些琴会组织，如北京的“岳云琴集”、济南的“德音琴社”、上海的“今虞琴社”、长沙的“愔愔琴社”、太原的“元音琴社”、扬州的“广陵琴社”、南京的“金陵琴社”、南通的“梅庵琴社”等，它们的活动都有一定的社会影响。其中尤以上海的“今虞琴社”持续时间最长，对琴界影响最大。中华人民共和国成立后，古琴音乐得到政府的重视和抢救，调查、收集、整理了流失于民间的各种传谱，并录制了一批音响；发掘了一批失传的琴曲，如《广陵散》《幽兰》等；培养了一批古琴音乐人才，为今后古琴音乐的整理、研究、发展开辟了新的前景。著名的琴家有管平湖、吴景略、龙琴舫、查阜西、张子谦、夏一峰等。

二、琴曲皆心声

1.《阳关三叠》深挚之情的表现

《阳关三叠》属于琴歌类，又名《阳关曲》，或《渭城曲》，是唐代主要的琴歌曲，根据唐诗人王维《送元二使西安》一诗配乐而成，原诗为：

渭城朝雨浥轻尘，客舍青青柳色新。
劝君更尽一杯酒，西出阳关无故人。

这首诗流传甚广，在唐代已经广为流传。如诗人白居易的一首《对酒诗》中就有“相逢且莫推辞醉，听唱阳关第四声”的诗句。被谱为琴曲后，易名为《阳关三叠》，首见于《浙音释字琴谱》，对旋律稍加变化，往复三次，表达了一咏三叹、荡气回肠的情感起伏。王维的诗只有四句，为之所配的曲调也非常简单、朴素，甚至有点僵直、生硬，但这正好能够表现出友人将别之际那种关切、不舍之情的深厚、真挚，从旋律的单纯简朴中浮现作者的情真意切。后半段的曲调是对前半段的发展和深化，歌词是后加的，补充了原诗含蓄未尽的内容，使之更完整，也更适合音乐特别是歌唱的审美要求。

2.《胡笳十八拍》情景相融之境

“胡笳”是中国北方少数民族的一种乐器，以它的音调编写而成的琴曲、琴歌构成了中国传统古琴音乐中颇具特色的一部分，所谓“胡笳本自出胡中，缘琴翻出音律同”（琴曲《胡笳十八拍》）。由于胡笳发声悠长、凄厉，故特别适合表现思乡、哀怨之情。汉唐以后，流离西北边塞之地的游子们常常用它来抒发忧乡去国的情怀。琴歌《胡笳十八拍》正是这样一首代表作。

作者蔡琰，名文姬，是汉代著名琴家蔡邕的女儿，从小受父亲熏陶，琴艺甚佳。后来不幸遇到匈奴进犯中原，被掠至西北匈奴营中，迫为王妃，育有子女二人。她虽然得到宠爱，然而思国怀乡之情始终挥之不去。后来，由于汉丞相曹操与她的父亲蔡邕关系深厚，特派使者赎她返乡，这就是著名的“文姬归汉”的故事。由于子女不得随她而去，面对生离死别的痛苦与两难选择的矛盾，文姬异常痛苦，回来后，作诗十八，仿“胡笳曲”，伴以琴乐，是为《胡笳十八拍》。

知识视窗

“阳春白雪”和“下里巴人”

“阳春白雪”是古代琴曲，相传是春秋时期晋国师旷创作，也有说系齐国刘涓子所作。唐显庆二年（657年），吕才依照琴中旧曲，为“阳春白雪”配歌词。《神奇秘谱》将《阳春》列入上卷宫调，将《白雪》列入中卷商调。在《白雪》的解题中说：“《阳春》取万物知春，和风荡漾之意；《白雪》取凛然清洁，雪竹琳琅之音。”可见《阳春》《白雪》都是清雅的音乐。“下里巴人”指的是战国时期流传于楚国的民间歌曲。“下里”指乡里、乡村，“巴人”指巴蜀的人民，二者表明作歌曲的人和地方。

《昭明文选·宋玉〈对楚王问〉》中有这样的记载：“客有歌于郢中者，其始曰《下里》《巴人》，国中属而和者数千人；其为《阳阿》《薤露》，国中属而和者数百人；其为《阳春》《白雪》，国中属而和者不过数十人。引商刻羽，杂以流徵，国属而和者，不过数人而已。是其曲弥高，其和弥寡。”《下里》《巴人》是当时流传于楚国的民间歌曲，因此会唱的人很多。而《阳春》《白雪》是相对高雅的音乐，会唱的人就很少。后世的人就以此为典故，用“阳春白雪”来泛指高深的或高雅不俗的文学艺术或音乐，用“下里巴人”来代表通俗的大众性的文学和艺术作品，并且时常二者对举。此外，“阳春白雪”也用来指代琵琶古曲，又称“阳春古曲”。

三、中国古琴的文化精神

中国传统文化博大精深，源远流长，是人类文化历史重要的组成部分。其中儒、道思想贯穿于中国传统文化的发展历史之中，讲求人格，把自然理解为生命的统一体，认为人与自然的关系是天人合一，重视审美方式和追求个人心理体验，强调人对艺术的理解与感悟。“乐而不淫，哀而不伤”的审美标准，“达则兼济天下，穷则独善其身”的文人品格造就了中国琴人的精神素质。而“淡远虚静”“大音希声”的道家音乐美学思想为那些受礼乐束缚、对现实不满、向往自然的文人，寻求到了自由、逍遥的精神家园。儒、道两家，一入世、一出世，成就了中国人的道德生命与艺术生命，是古琴文化精神的充分显现。

1. 古琴文化中的儒家思想

在中国，“乐”的出现是很早的，当时，作为纯艺术尚未纳入人们审美观照的视野，人们更多的是强调和注意“乐”的伦理性，即“善”的特征，而“善”的具体内涵则体现在“温柔敦厚”“怨而不怒”“止乎礼义”等概念之中，尤其是“温柔敦厚”此后更成为中国传统琴乐的主要精神特征，即强调琴乐是“中正平和”的大雅之音。

“琴者，禁也”突出代表了儒家音乐思想，因为儒家在中国古琴文化中占据极其重要的地位，它也是古琴美学的主流思想。儒家提倡古琴的“禁”，主要基于它对音乐基本功能的认识。儒家认为音乐的首要功能是教化，所以其美学思想的出发点是音乐服务于政治、礼法等。古琴作为我国传统乐器的代表，被视为“八音之首”，当然被赋予治国、平天下的要义，所以强调古琴经世致用的功用成为儒家古琴美学思想的一个重要特征。

“乐教”理论是以儒家创始人孔子的正乐思想为基础的。孔子很重视诗教和乐教，认为一个人的学习与成长，应该“兴于诗，立于礼，成于乐”。也就是说，以音乐作为其学习与人格完善的终极目标。但是，孔子决不仅限于谈论音乐的学习与教化问题，而是以此开始，进一步谈论一般的情感体验问题，也就是心中之乐的问题。孔子认为，通过音乐的教化作用，人在道德上得以充实，这才是真正的快乐。

知识视窗

六艺

“六艺”古指礼、乐、射、御、书、数六种才能和技艺。

儒家思想是影响古琴最深远的哲学思想之一。儒学的创始人为生活于春秋末期的孔子。孔子一生执着于人生与人世，极其重视人格修养，并以“仁”作为人格修养的最高准则。而这一代的中国哲人，就视古琴音乐为文人修身养性和陶冶人格的艺术，不仅将音乐美学排在“六艺”的第二位，更把音乐看成人格修养最后完成的阶段，所谓“兴于诗，立于礼，成于乐”。

2. 古琴文化中的道家思想

道家对古琴美学思想影响深远。老子崇尚自然为美，排斥人为之乐、有声之乐，推崇“淡兮其无味”的音乐风格，倡导自然、无为、体现道之精神的“大音希声”。庄子继承了老子的自然观，主张“法天贵真”，对束缚人性、违反自然的儒家礼乐思想进行了毫不留情的批判（见《骈拇》《马蹄》等篇）。但庄子并没有完全否定有声之乐，而是提出“中纯实而反乎情，乐也”的命题，要求音乐表达人之自然情性，而不应拘于人为的礼法。基于此，《庄子·大宗师》所载子桑“父邪！母邪！天乎！人乎！”的悲歌在古琴审美中就不但实现了对情的肯定，而且实现了对悲乐的肯定。《庄子·让王》中提出的“鼓琴足以自娱”的命题，则强调了古琴音乐的娱乐作用、审美作用。

老、庄上述思想渗透在其后古琴美学思想的各个方面。老子“淡兮其无味”的思想被阮籍、嵇康、白居易、周敦颐、徐上瀛等人吸收、发展，在音乐审美上形成对“淡和”之乐的崇尚，限制了古琴音乐风格的多样性，对古琴的发展产生了较大的消极影响；老子“大音希声”的思想则为陶渊明、白居易、薛易简等人所继承，使崇尚“希声”之境成为众多琴人追求的目标；庄子“得意而忘言”的思想被陶渊明等众琴人所继承，使追求言外之意、弦外之音成了古琴音乐审美中的重要特征；老、庄对自然之美的推崇为嵇康、陶渊明、李贽等多人继承，使古琴美学思想重视人和自然的联系，追求人和自然的统一；庄子以自由为美、音乐可自由表达感情的思想又被嵇康、李贽等人发展，提倡音乐要成为人们抒发心声的艺术，而不是封建统治的工具。另外，老、庄明哲保身、退隐出世的思想也对古琴美学思想有一定的影响。

拓展阅读：嵇康和《广陵散》

知识视窗

绕　梁

古人有“余音绕梁，三日不绝”之语。其语源于《列子》中的一个故事：周朝时，韩国著名歌女韩娥去齐国，路过雍门时断了钱粮，无奈只得卖唱求食。她那凄婉的歌声在空中回旋，如孤雁长鸣。韩娥离去三天后，其歌声仍缠绕回荡在屋梁之间，令人难以忘怀。

琴以“绕梁”命名，足见此琴音色之特点必然是余音不断。据说“绕梁”是一位叫华元的人献给楚庄王的礼物，其制作年代不详。楚庄王自从得到“绕梁”以后，整天弹琴作乐，陶醉在琴声之中。有一次，楚庄王竟然连续七天不上朝，把国家大事都抛在脑后。王妃樊姬异常焦虑，规劝楚庄王说：“君王，您过于沉沦在音乐中了！”过去，夏桀酷爱‘妹喜’之瑟，而招致了杀身之祸；纣王误听靡靡之音，而失去了江山社稷。现在，君王如此喜爱‘绕梁’之琴，七日不临朝，难道也想失去国家和性命吗？”楚庄王闻言陷入沉思。他无法抗拒“绕梁”的诱惑，只得忍痛割爱，命人用铁如意捶琴，琴身碎为数段。从此，万人羡慕的名琴“绕梁”绝响了。

古为今用

2003 年 11 月 7 日，中国古琴艺术被联合国教科文组织列入《人类口头非物质文化遗产代表作名录》。古琴的申遗成功，为古琴艺术的定位找到了依据，为古琴的抢救、保护、继承和发展奠定了基础，它预示着古琴将超越国界，超越民族，为全世界人类所认识、所接受、所欣赏，成为全人类共同的精神文化财富。从世界文化的角度来审视古琴，人们会感到古琴是中国的，也是世界的。在外国人眼里，中国古琴是崇高的东方文化的代表和象征。美国旧金山交响乐团团长爱丽丝夫人在扬州听完琴曲《渔樵问答》后赞不绝口：“中国古琴艺术是世界上杰出的音乐艺术，比交响乐更具深刻的感染力。”从中国文明史角度来审视古琴，中国古琴是极具中国特色的国宝乐器，古琴艺术不是老古董，而是中国能屹立于世界民族艺术之林的先进文化的代表。中国古琴应成为和平的使者，成为世界和平的吉祥物，古琴完全可以代表中华文明作为国礼走出国门。

学思践悟

古琴是中国音乐文化灿烂的极品，有着深厚的文化底蕴和积淀。撩开古琴神秘的面纱，古琴不是法器，而是一种民族乐器。在青少年学琴人数不断扩大的今天，古琴应和古筝、二胡、琵琶等民族乐器一样得到推广和普及。请你向大家介绍古琴。

第二节　纵横黑白，运棋帷幄

引经据典

弈秋，通国之善弈者也。使弈秋诲二人弈，其一人专心致志，惟弈秋之为听；一人虽听之，一心以为鸿鹄将至，思援弓缴而射之，虽与之俱学，弗若之矣。为是其智弗若与？曰："非然也。"

——《孟子·告子》

拓展阅读：《孟子·告子》释义

案例导入

关羽下棋治病

三国时期蜀国大将关羽酷爱与人下棋。一次他在攻城时，被毒箭射中右臂。将士们取出箭头一看，毒已渗入骨头，劝关羽撤军治疗。关羽决心攻城，不肯退。将士们见关羽箭伤逐渐加重，便派人四处打听名医。

有人从江上驾小舟来到寨前，自报姓华名佗，特来给关羽治伤。关羽问华佗怎样治，华佗说："我怕你害怕，立一柱子，柱子上吊一环，把你的胳膊套入环中，用绳子捆紧，再盖住你的眼睛，给你开刀治疗。"关羽笑着说："如此容易，何用柱环？"然后吩咐设宴招待华佗。关羽喝了几杯酒就与人下棋，同时把右臂伸给华佗，并说："随你治吧，我不害怕。"只见华佗取出尖刀，切开肉皮，用刀刮骨，在场的人都吓得用手捂着眼。再看关羽，饮酒食肉，谈笑弈棋，若无其事。华佗刮尽骨毒，敷上药，以线缝好伤口。关羽笑着站起来对众将说："我的胳膊伸弯自如，好像从前一样。华佗先生，您真是神医呀！"华佗说："我行医以来，从没见像你这样了不起的人，将军真乃神人也。"有诗云：棋国大师今几许，神威终古是云长。

思考：

结合案例，想一想为什么下棋能让人气定神闲。

理论讲坛

棋者，弈也；下棋者，艺也。棋是围棋，形制本身就有阴阳两仪之相，其中黑、白分别代表阴、阳，博弈之间，变化无穷，互为消长，你中有我，我中有你，是谓"太极生两仪"。

从棋道来看，围棋是斗智，但是真正的高手对弈，实际上是在比谁少出错，如果都不出错，就只有和棋了，所谓“松下无人一局残，空山松子落棋盘。神仙更有神仙着，千古输赢下不完”（元·苍雪禅师）。看似残酷的竞争后面实际上是为了握手言和，战不过是为了止战而已，最终这个“和”字才是棋道所弘扬的最高境界。

棋分阴阳，是文人君子日常磨砺智慧的工具，处于人智识的层面；也是有为的境界，属于人道层面。棋以对弈为主，其中有互相的博弈。在中国，具有代表性的棋类是围棋与象棋，它们是中国古人文化的结晶，也是当下流行的棋类。棋艺带来的启悟和内涵被无限拓展，棋盘之外的天地被融合为一，成为中国棋文化的最大特点之一，陶冶了人们的道德观念、行为准则、审美趣味和思维方式。

一、围棋的发展历程

围棋在文献中的可靠记载，出现在春秋时期。《左传·襄公二十五年》中首次出现了围棋：“今宁子视君不如弈棋，其何以免乎？弈者举棋不定，不胜其耦。”这里的“弈”就是围棋。作者以围棋为例，讲述处事的道理，说如果优柔寡断、犹豫不决，就会招来祸事。这就是成语“举棋不定”的由来。

早期，围棋还是以游戏为主，是一种“小技”。但随着围棋运动的不断普及，人们棋艺不断精进，开始从围棋技艺的学习、比赛、观赏中领悟出“道”，并上升为哲学思考。东汉班固的《弈旨》是现存最早的围棋理论的文章：“局必方正，象地则也；道必正直，神明德也；棋有白黑，阴阳分也；骈罗列布，效天文也。四象既陈，行之在人，盖王政也。”把黑白棋子方正棋盘与天文、地理、道德、王政联系起来，赋予围棋最初的哲学品格。

汉魏时期，围棋棋盘还是十七路，下法也与现代围棋有很大不同。两晋南北朝时期出现的十九路棋盘，标志着围棋最终定型。

两晋南北朝时期，围棋流行于朝野，趣味轶事层出不穷，围棋的许多别称就出自此时，如手谈、坐隐、忘忧等。《世说新语》中说：“王中郎以围棋是坐隐，支公以围棋为手谈。”王中郎是指东晋名士王坦之，支公则是指名僧支道林。王坦之认为弈棋时两人对坐，专心致志，别事不闻不问，犹如隐居，遂得“坐隐”之名。

人生如棋。在黑白的世界里，可以缓释压力，寻找快乐，体悟人生。有道是，下围棋可“得好友，得人和，得教训，得心悟，得天寿”。

二、围棋的文化内涵

围棋不仅仅是一种简单的智力运动，想熟练地掌握围棋不能仅靠智力因素做支撑，取胜一盘棋不仅靠的是计算，更多的是要靠对弈者自身深厚的文化气质和对围棋境界的领悟。围棋的文化内涵十分丰富，在华夏文明生息繁衍的几千年里，围棋也广泛地吸收了各种优秀的文明成果，成为华夏文明的一种表现形式。围棋在发展过程中，深深地受到道家、儒家、法家等中国传统哲学思想的影响，这赋予了围棋深厚的文化内涵。

1. 围棋中的道家思想

围棋充分体现了中国道家文化的特色。棋盘中央是太极，周围分为八个区，代表八卦，黑白两色棋子则表示阴阳。围棋的圆形棋子和方形棋盘，象征着“天圆地方”。棋盘上的 361 个交叉点，象征华夏农历 361 天，棋盘分为 4 部分，代表四季，每一部分的 90 个交叉点，又代表每一个季度 3 个月的 90 天。习近平说：“围棋中包含着人生哲学和世界战略。”此话非常精辟。围棋奥妙无穷，变化复杂，精彩纷呈，充分体现了道家的宇宙观。

围棋的棋理中包含丰富的道家思想，比如围棋中的大局观、取舍攻防观及胜负观都是道家思想的体现。首先，围棋中阴阳调和的大局观是道家思想的体现。道家历来主张“万物负阴而抱阳，冲气以为和”。老子认为在阴阳的相互作用之下才产生了多变的世界，即“道生一，一生二，二生三，三生万物”。围棋的美，也在于它的变幻无穷，简单的规则下孕育着无数的可能。其次，道家思想为围棋带来了“超越自我的胜负观”。道家讲“上善若水”，因为水是最能适应一切环境的，它可以随容器的形状任意改变外形，同时它又能改变环境，水滴石穿，沧海桑田。这带给博弈者的启示就是只有勇于改变自我、战胜自我，才有可能战胜敌人。最后，道家思想对围棋的影响还体现在权衡取舍的攻防观上。

老子也认为，人类最大的祸患就是不知足，这种思想体现在棋理上就是，不学会弃子就难以得到最后的胜利。

2. 围棋中的儒家思想

儒家思想是中国传统文化的主流思想，对于规范民族精神、塑造民族性格，产生了极其深刻的影响。如果说围棋是中国文化的一枝奇葩的话，那么，它也同样浸润和折射着儒家思想。儒家思想本质上是一种伦理型文化形态，其核心在于一个“仁”字。无论是反求诸己的修身养性，还是形之于外的治国平天下，都强调“仁”字为先，都强调宅心仁厚。

知识视窗

《棋说》

宋代的潘慎修，精通围棋，经常奉诏与宋太宗对弈，曾作《棋说》一篇献给宋太宗，颇得宋太宗赞赏。在他看来，“大抵谓棋之道，在乎恬默，而取舍为急。仁则能全，义则能守，礼则能变，智则能兼，信则能克，君子知斯五者，庶几可以言棋矣”。非常明显，潘慎修将儒家的人格理想直接视为棋手必须具备的内在修养，认为只有当其集“仁、义、礼、智、信”于一身时，才能真正体会围棋的奥秘。

此外，儒家思想始终贯穿着中庸之道，“中庸之为德也，其至矣乎”（《论语·雍也》）。中庸之道对后世社会的诸多领域都产生了极其广泛的影响，围棋也不例外。如棋道上讲究行棋外圆内方、刚柔相济；棋术上追求攻守兼顾、张弛有度等，在最深刻的层面上，都渗透着中庸精神。宋人张拟《棋经》十三篇被棋坛奉为圭臬，而其基本理论支柱之一就是自我平衡。如《合战篇》第四谓“阔不可太疏，密不可太促”，《虚实篇》第五云“投棋勿逼，逼则使彼实而我虚，虚则易攻，实则难破”，这些都无不暗合中庸之精义。

总之，儒家仁德思想的直接影响使视棋如人生的文人士大夫在弈棋时追求一种“取之有道”的仁者风范和君子品格，对于提高弈者的道德境界、净化棋坛风气无疑起着积极的推动作用。而中庸思想一方面因其特有的辩证色彩而成为文人士大夫克敌制胜的法宝，从而成为围棋文化思想的重要内容，具有不可否认的正面价值。但是另一方面，它又赋予了传统围棋争而不火、斗而不怒的精神特征，过于强调适度，不利于棋手竞争意识和冒险精神的培养，对四平八稳棋风的追求在客观上并不利于围棋这种竞技性很强活动的迅速发展。因此，中庸思想对围棋所产生的负面影响也是显而易见的。

3. 围棋中的军事思想

围棋战略，主要体现在布局，布局水平的高低，布局思路是否正确，是围棋水平高低的重要体现，所以，布局是最难学的。中盘作战，使用的是各种各样的战术，和军事方面有很多相通之处，如围魏救赵、声东击西等。军队作战，士气很重要，围棋的对局心态，也直接关系到胜负。如何提高军队的士气，如何使对局者保持正确的对局心态，都是很复杂的问题。

知识视窗

围棋对弈和军事作战的相似性

围棋对弈的形式，同两军作战有很多相似之处；兵法上的很多思想都可以在围棋上得到体现；因此，有人说围棋就是模拟战争和练习兵法的游戏，如东汉桓谭在《新论》中就说：“世有围棋之戏，或言是兵法之类也。”

围棋的胜负是以占地的多少来确定的，古代军事作战的目的，大多也是以占领地域为目标。围棋黑白双方，象征着双方的部队；每个棋子，就像是一个小的作战兵团；对局者就像是军队的指挥官，运筹帷幄之中，决胜千里之外。

军事作战，必须熟悉地理情况。围棋的角，易守难攻，容易做眼成活，对应山峦；围棋的中央，难守易攻，不易作眼成活，对应平原；围棋的边，介于边与角之间，对应湖泽。军事作战，总是要先谋生存，再谋发展。因此，历史上的英雄豪杰，大都是先盘踞一方，逐渐发展壮大，待时机成熟，再逐鹿中原，完成大业；而围棋也是要先占角，再占边，伺机再占中腹，与军事上的占地顺序是一样的。

军事作战，需要先确定战略方针，然后确定具体的战术。围棋战略主要体现在布局，布局水平的高低，布局思路是否正确，是围棋水平高低的重要体现。中盘作战，使用的是各种各样的战术，和军事方面有很多相通之处，如围魏救赵、声东击西等。

军队作战，士气很重要，围棋的对局心态，也直接关系到胜负。如何提高军队的士气，如何使对局者保持正确的对局心态，都是很复杂的问题。

三、围棋的思想精髓

1. 辩证思想

辩证法被认为是东方哲学思想的代表。围棋最突出的特色就是充满了辩证法。由于围棋的辩证色彩非常浓郁和强烈，以至于与其他艺术形式比较起来，人们就偏爱地把它称之为“辩证的艺术”。

拓展阅读：围棋十诀

一个会下围棋的人可以体会到，围棋从形式到内容、从战略到战术、从布局开始到收官结束，无不充满了辩证的理念。换句话说，那就是辩证法的每一条法则都能够在围棋中找到与之相对应的诠释。在围棋的对弈过程中，局部与全局、优势与劣势、进攻与防守、实地与虚势、厚形与薄形、死棋与活棋、先手与后手、轻灵与滞重、取得与舍弃等，都体现着辩证法的艺术和魅力。它们既有对立的一面，又有和谐共存的一面。虽然相互之间的性质各异，表现不同，但却又互相关联，对立统一，不可分割，其实质都包含着相对和绝对两个方面。至于围棋中的“弃子”“打劫”和“就地做活”等，更是“原则性”与“灵活性”的高度统一。可以毫不夸张地说，围棋中的辩证关系俯拾即是，而每一个辩证关系都能够作出一篇大文章来。

中国有句古语，叫作“仁让为先”，还有另一句古语，叫作“当仁不让”。这两种看起来很矛盾的说法，正体现了一种典型的辩证关系。对于围棋来说，其美妙之处也在于它的辩证性。围棋中有“宁输数子，勿失一先”的格言。对局时，“争先”肯定是比较主动，但有时也会给对方留下反击的空隙。围棋中还有一句“补棋当争一着净”的格言。“补棋”肯定是后手，看起来比较被动，但有时却是后中藏先，补强了自己，就能给对方以致命的打击。正如老子所说：“将欲歙之，必固张之；将欲弱之，必固强之；将欲废之，必固举之；将欲取之，必固与之。”意思是说，要想收敛它，必须暂且扩张它；要想削弱它，必须暂且增强它；要想废弃它，必须暂且兴起它；要想夺取它，必须暂且给予它。如果换句话来讲，可以理解为扩张、强盛、兴旺、付出不可能是无限的，最终还是要收敛、削弱、废弃、夺回的。

2. 全局思想

围棋中最讲究的是大局意识，这也是围棋的最高境界。如果你久久凝视棋盘，会产生一种浑然一体、茫然无际的感觉，如仰视浩瀚苍天，如俯瞰寥廓大地。

中国围棋大师吴清源考证说，围棋其实是古人的一种观天工具。棋盘代表星空，棋子代表星星。围棋认为，获得胜利不在于一城一地的得失，而在于对整个局势的把握。围棋最讲究布局，下棋要有大局观，思路要清晰，意图要明确；人生也一样，要有长远规划，要有自己的既定目标。

3. 逆向思维

从相反的角度来思考问题，观察结果。围棋，很重要的一点就是学会取舍，有舍才有得，懂得如何吃子并不难，难的是学会如何弃子。在对局中，棋手需要时刻关注局势，关注棋的死活问题，如果总是一味追杀对方，而忽略自己的漏洞，就会走出过分的着法，得不偿失，这个时候就需要从其他方面来思考局势，达到自己胜利的目的。有时候我们会不知道棋该下在哪里，十分纠结。这时候我们可以运用逆向思维：棋子落在什么位置上是最有价值的？放弃什么能让你获得更大的价值？在实践中，放弃什么往往比得到什么更加让人难以抉择，下棋吃子并不难，难的是要懂得如何弃子。正所谓有舍才有得，把一些不必要的包袱卸掉，棋局也将豁然开朗了。所以我们不仅要看清眼前的形势，更要看清形势的发展趋势，做到心中有数，有些棋子该弃就得弃，唯有懂得舍弃，才能更加珍惜得来的。

知识视窗

观棋烂柯

晋朝时，江南有一位叫王质的人，有一天他去山里打柴，不知不觉中走到了信安郡的石室山（今浙江省衢州境内）中。山中人迹稀少，清幽僻静，空气清新，细溪澈明，宛如仙境。他走着走着，看到溪边大石上有一童一叟正在对弈。王质爱下棋，他就走近驻足观看。他把砍柴用的斧子放在溪边地上，兴致勃勃地观起棋来。王质看得非常入神，也不知道到底看了多长时间，那弈棋的童子突然抬头对他说："你该回家了。"王质这才想起来自己是来砍柴的，便起身去拿斧子，一看斧柄已经腐朽溃烂了，那原本磨得明亮锋利的斧头，也锈迹斑斑，凸凹不平了。王质非常奇怪，心中迷惑不解："不就一盘棋的功夫吗，怎就烂了、锈了呢？"他从山上下来，回到村里后，发现村里面貌全都变了。村中竟然也无人能认得他，王质提起的事，有几位老者说，那都是百年前的事了。原来王质在石室山打柴误入仙境，遇到了神仙弈棋，天上一日，地上千年。王质虽仅在山中逗留了片刻，人世间已经走过几百年的历史了。这个神奇的故事一直流传了下来，"烂柯"就是斧柄腐烂的意思，而今的石室山也被人们称为烂柯山。

围棋作为我国古代一种重要的体育竞技项目，包含的知识非常广博，既融合了军事思想，又广泛地吸收了传统的哲学思想和文化元素，既可以开发人们的智慧，又可以影响人们的道德、行为、审美和思维方式，是5000多年中华民族哲理智慧与思辨意识的完美结晶。对我国古代围棋运动的思想内涵和文化

拓展阅读：围棋成语故事

价值进行探讨，尝试探索我国古代围棋运动长久不衰背后的文化根源，对于促进我国围棋运动的长足发展具有十分重要的历史意义和现实意义。

古为今用

进入新时代后，党和国家领导人也尤为重视在谋划经济社会发展中运用围棋思想来解决现实问题。2014 年 5 月 24 日，习近平在上海考察科技创新企业时强调“谁牵住了科技创新的牛鼻子，谁走好了科技创新这步先手棋，谁就能占领先机、赢得优势”。2016 年 3 月 13 日，习近平在出席解放军代表团全体会议时强调“我军必须高度重视战略前沿技术发展，通过自主创新掌握主动，见之于未萌、识之于未发，下好先手棋、打好主动仗。要确定正确的跟进和突破策略，选准主攻方向和突破口，超前布局、超前谋划，加紧在一些重要领域形成独特优势。要抓紧搞好创新性、突破性成果转化运用，把创新成果转化为实实在在的战斗力”。同时，习近平总书记还强调在防范风险上也要“下好先手棋，打好主动仗”。通过对上述几个问题的回答，我们可以发现，几代中共领导人思维中、践行中的围棋文化，反映的是围棋文化在近代以来各个重要历史时期的军事、经济以及科技创新等各个领域中的重要性和现实价值，充分阐释了围棋文化作为中华优秀传统文化所具有的与时俱进的鲜明品质和经久不衰的强大生命力。

学思践悟

结合新时代世情、国情、党情和实现中华民族伟大复兴彰显文化自信的现实需要，对围棋文化发展理念、理论进行不断创新，思考在大国外交和推进人类命运共同体中如何灵活运用“围棋外交”。

第三节　书画中国，绘作丹青

引经据典

惜哉功名忤，但见书画传。

——杜甫《观薛稷少保书画壁》

拓展阅读：杜甫《观薛稷少保书画壁》释义

案例导入

王羲之下棋

相传王羲之有一次郊野闲游，暮宿一老妪家里。老妪的儿子外出经商未回，只有婆媳二人在家。婆婆住东堂屋，媳妇住西堂屋，中间有一墙相隔。王羲之独住东厢。至晚，忽听上房老妪说："清夜无一消遣，吾儿愿与老身一弈？"媳妇欣然应诺。王羲之出门向上房看去，既无灯火，又无半点棋子响声，只有弈者的对白，时而夹有称赞和惋惜之声。王羲之心中奇怪，第二天早晨问老妪："昨晚对弈，为啥没有灯火？"老妪说："局，尽在胸中耳！虽隔墙而呼，绝无差错。"这件事给了他很大的启发，使他认识到书法艺术不只是在一撇一捺上下功夫，整个字的布局，以至整行字、整幅字的布局，都要像下棋人那样，做到"局，尽在胸中"，这样写出来的字才能错落有致，格调相宜。

拓展阅读："书圣"王羲之

思考：

结合案例，你认为艺术是如何相互影响、互相渗透的？

理论讲坛

书画是书法和绘画的统称，书与画有"书画同源"之说。书法与绘画是中国传统文化的重要组成部分，是书画家感情、观念的重要载体。传统书法与绘画，能够培养学生的审美能力，激发学生爱国情怀，使学生养成严谨细致、井然有序的学风，培养学生果断、干练的气质和全局意识，对于学生人文素养的提升具有重要作用。

一、书画介绍

书法是中国特有的一种传统艺术。在中国，写字之所以能成为艺术，是由于书写对象为具有形体美和表意功能的汉字，书写工具为能描绘出粗细、断连、长短、曲直、枯润、浓淡各种形态的毛笔，书写方法包括执笔、运笔、点画、结构、布局（分布、行次、章法）等内容。例如，执笔指实掌虚，五指齐力；运笔中锋铺毫；点画意到笔随，润燥相间；结构以字立形，相安呼应；分布错综复杂，疏密得宜，虚实相生，全章贯气等。书法有篆书、隶书、楷书、行书、草书等各类书写形式，被誉为“无言的诗，无行的舞，无图的画，无声的乐”。书法艺术在它的发展过程中广泛汲取了绘画、雕塑、音乐、舞蹈、建筑等其他艺术的精华，因而具有极为丰富的艺术表现力，体现了中华民族的审美经验、文化品位和风格特征。同时，它又给予绘画、雕塑、音乐、舞蹈、建筑等艺术以深刻的影响，对中国传统艺术精神的形成和发展有不可低估的重要作用。

画指中国画，一般用毛笔蘸水、墨、彩在绢帛、宣纸上作画，以描绘人物、花鸟、山水为主，色调单纯明快，画风写意抽象，技法可分工笔和写意，它的精神内核是“笔墨”。中国的绘画艺术，是中华民族传统艺术中起源最早的艺术形式之一。比如在西安半坡村出土的彩陶上，就绘有互相追逐的鱼、奔跑跳跃的鹿，不仅形象生动，而且有一定的艺术意境。这说明我们中华民族的先人，远在原始社会就已具有相当高的审美意趣和高超的艺术创作才能。工笔画用笔工整细致，敷色层层渲染，细节明彻入微，用极细腻的笔触描绘物象。写意画用简练、豪放、洒落的笔墨，描绘物象的形神，抒发作者的感情。写意画在表现对象上运用概括、夸张的手法及丰富的联想，用笔虽简，但意境深远，具有一定的表现力。它要有高度的概括能力，要有以少胜多的含蓄意境，落笔准确，运笔熟练，方能得心应手，意到笔随。中国画从画面形式来分类，有壁画、屏障、手卷、立轴、横批、册页、扇面等。

中国古代绘画与书法并称书画，极其鲜明地体现了中国传统艺术的特征，因此与西方绘画在形象刻画、造型手段、色彩处理、透视方法和构图上风格迥异。中国绘画注重留白，融诗、书、画、印为一体，具有特殊的观赏效果。

知识视窗

文房四宝

5000多年的岁月，沉淀了博大精深的中华文化，成就了无数璀璨夺目的惊人发明。

其中，“文房四宝”承载着中华文化的发展变迁，培养了中国人独特的文化情怀，也为中国书画艺术在世界艺林独树一帜创造了得天独厚的条件。

文房四宝，是中国独有的书法绘画工具（书画用具），即笔、墨、纸、砚。作为文房四宝代表的宣笔、徽墨、宣纸、歙砚，它们的制作技艺已被列为国家非物质文化遗产，而安徽宣城也被称作“文房四宝之乡”。

二、书画——中华民族的精神风骨

书画，即书法与国画，作为国粹不言自明。她从文明的起源走来，历经各个朝代的兴替，走到我们的身边，她的美、她的妙、她的韵……依然如初，洗涤着中华儿女的灵魂！

1. 书画——彰显中华民族的心灵风貌

从远古时期的符号，到现在需要深入体验的艺术，中华儿女的心灵，正沿着一条由淳朴到至美的路，生生不息，走向未来。书画艺术的发展历程，其实就是中华儿女的心灵的发展历程。勤恳、朴实、包容、中庸、谦虚、进取、奋斗等精神，无不体现在书画作品中，也无不体现在书画家对自己的修炼中。晋人尚韵、唐人尚法、宋人尚意……书画，在每个时代的展现，代表了各个时代人的心灵特征与心灵追求。书画，无时无刻不在潜移默化中，陶冶中华民族的心灵。

拓展阅读：张择端和《清明上河图》

2. 书画——透露中华民族的文化风貌

一部书画史，就是半部文化史。书画，是传承中华文化的载体，也是中华文化的精髓。没有文化，不成书家，也不成画家。文化底蕴，成为书画创作必备的基础。近代书画家启功先生也强调，文化对艺术创作具有重大甚至决定性作用。

正因为文化对书画的作用，书画作品往往体现出浓厚的文化底蕴。由此，从古至今的书画作品中，呈现出不同的文化韵味，也呈现出不同的文化寓意。而这种文化味道，正是中华文明的特色。

3. 书画——体现中华民族的精神风骨

书画，在一定程度上，体现的是中华民族的性格，也就是中华民族的精神风骨。中华民族的精神风骨在不同时代有不同的阐释，但这些都跟书画家的个人性格不谋而合。每个有性格的书画家都传承和发扬着中华民族的精神风貌。各个时代书画家的作品，都体现了中国书画家独有的精神和骨气。而对这些优秀精神的传承，逐渐形成了中华民族的精神风骨。

徐悲鸿的《奔马图》（见图 4-1）作于 1941 年秋第二次长沙会战期间。此时，抗日战争正处于敌我力量相持阶段，日军想在发动太平洋战争之前彻底打败中国，使国民党政府俯首称臣，故而他们倾尽全力屡次发动长沙会战，企图打通南北交通之咽喉——重庆。二次会战中我方一度失利，长沙为日寇所占，正在马来西亚槟榔屿办艺展募捐的徐悲鸿听闻国难当头，心急如焚，连夜画出《奔马图》以抒发自己的忧国之情。

图 4-1　徐悲鸿《奔马图》

4. 书画——凝聚中华民族的利器

书画，作为中华文明的符号，作为中国的国粹，是中华儿女的心灵归宿。勤劳的中华儿女走到天涯海角，也都喜欢带着书画。当他们看到书画，就仿佛与故乡在一起。而书画本身所携带的亚文化，如易经、中医、太极等，也源源不断地影响着中华儿女的人生、事业和家庭。作为一个个体，书画代表着修养；作为一个家庭，书画影响着这个家庭的文化命脉；而在国家层次，书画则彰显国家的繁荣程度。正是如此，书画成为凝聚中华儿女的有力武器。

三、著名书法家

1. 王羲之

王羲之（303—361 年），字逸少，东晋时期书法家，有“书圣”之称。琅琊临沂（今山东临沂）人，后迁会稽山阴（今浙江绍兴），晚年隐居剡县金庭。历任秘书郎、宁远将军、江州刺史，后为会稽内史，领右将军。其书法兼善隶、草、楷、行各体，精研体势，心摹手追，广采众长，备精诸体，冶于一炉，摆脱了汉魏笔风，自成一家，影响深远。风格平和自然，笔势委婉含蓄，遒美健秀。李志敏评价：“王羲之的书法既表现以老庄哲学为基础的简淡玄远，又表现以儒家的中庸之道为基础的冲和。”其代表作《兰亭序》被誉为“天下第一行书”。在书法史上，他与其子王献之合称为“二王”。

知识视窗

王羲之与鹅

说起王羲之，大家都知道，他被后人尊称为“书圣”。这样一位大书法家却有一个很奇特的爱好，那就是特别喜欢鹅。而且，他喜欢的还不是做成菜的鹅，而一定是活生生、能动的鹅。王羲之爱鹅简直到了痴迷的地步。传说山阴有一个道士，听闻王羲之喜欢鹅，又想要求王羲之的字，便想了一个办法，自己养了一群好鹅。王羲之听说以后，立刻跑到道士那里去看鹅，十分满意，想要向道士买下来。但是道士早就有自己的打算，说：“为写《道德经》当举群相赠耳。”意思是，要鹅可以，很简单，他也不图钱财，只要王羲之肯亲自抄一本《道德经》，这些鹅就送给王羲之了。王羲之话不多说，马上抄写了一本。王羲之用墨宝换鹅的故事，就这样流传了下来。这就说到王羲之的爱好了，书法算是他一生当中最大的爱好。为了能够练习好书法，王羲之也没少花功夫，爱鹅就是其中之一。对王羲之来说，经常观察鹅，看它的头、掌、屁股等地方，可以发掘出有利于自己写字的特点。我们可以从王羲之的很多字当中看到一些比较像鹅身体某一部分的地方。王羲之爱鹅的原因，很可能是因为鹅在水中游行时，红掌拨动，给人以书法用笔上的深刻启迪，而鹅昂首阔步的状态，也为行笔的精神气韵提供了借鉴。

2. 王献之

王献之（344—386 年），字子敬，小名官奴，汉族，祖籍琅玡临沂（今山东临沂），生于会稽山阴（今浙江绍兴）。东晋著名书法家、诗人、画家，“书圣”王羲之第七子，晋简文帝司马昱之婿。王献之少负盛名，才华过人。历任州主簿、秘书郎、司徒左长史、吴兴太守、中书令等职，为与族弟王珉区分，人称“大令”。他先后娶郗道茂及新安公主司马道福为妻。王献之精习书法，以行书及草书闻名，在楷书和隶书上有深厚功底。在书法史上与王羲之并称“二王”，有“小圣”之称。又与张芝、钟繇、王羲之并称“书中四贤”。唐人张怀瓘《书估》评其书为“第一等”。同时，王献之还善于作画，唐人张彦远《历代名画记》认为其画为“中品下”。

3. 苏轼

苏轼（1037—1101 年），字子瞻，号东坡居士，四川眉山人。北宋著名文学家、书画家。诗词开豪放一派，为“唐宋八大家”之一。

除诗词文赋外，苏轼对书画也很擅长，同蔡襄、黄庭坚、米芾并称“宋四家”。他讲自己书法创作过程时说：“作字之法，识浅，见狭，学不足，三者终不能尽妙，我则心目手俱得之矣。”他又说：“我书意造本无法，点画信手烦推求。”他重在写“意”，寄情于“信手”所书之点画。苏轼的字看似平实、朴素，但有一股汪洋浩荡的气息，就像他渊厚的学问一样，神龙变化不可测。

他长于行书、楷书，笔法肉丰骨劲、跌宕自然，给人以“大海风涛之气”“古槎怪石之形”的艺术美感。苏轼的书法，后人赞誉颇高。黄庭坚他在《山谷集》里说：“其书姿媚……至酒酣放浪，意忘工拙，字特瘦劲……至于笔圆而韵胜，挟以文章妙天下，忠义贯日月之气，本朝善书，自当推（苏）为第一。”明董其昌盛赞他“全用正锋，是坡公之兰亭也”。传世书迹有《前赤壁赋》《黄州寒食诗帖》（见图 4-2）《洞庭春色赋》《中山松醪赋》等。

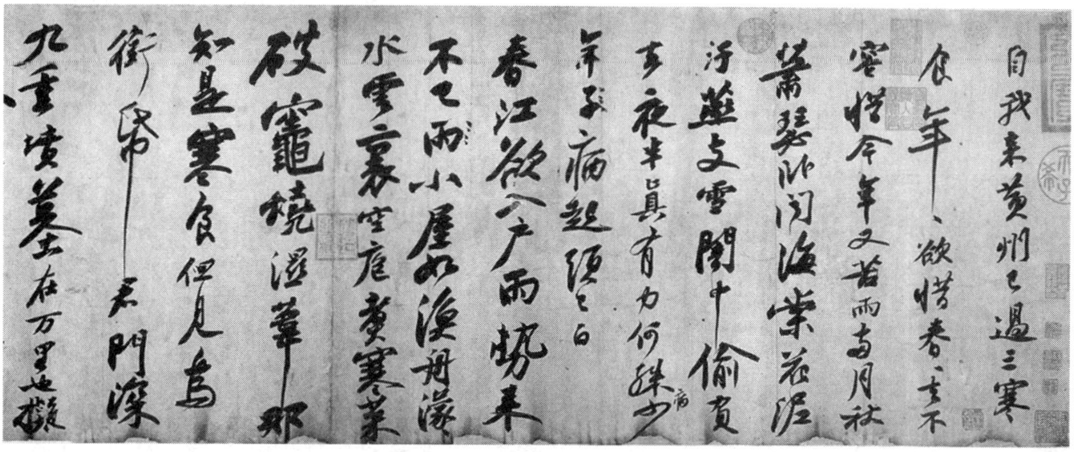

图 4-2　苏轼《黄州寒食诗帖》（局部）

四、著名画家

1. 顾恺之

顾恺之（约 345—409 年），字长康，东晋画家。中华绘画史上，魏晋南北朝是一个非常重要的历史时期，顾恺之是这个时期不得不提的一个人物。顾恺之不仅是画家，还是绘画理论家、诗人。他知识渊博而有才气，擅长诗赋、书法，尤其精通绘画，工人像、佛像、禽兽、山水等无所不包，当时有“才绝、画绝、痴绝”之称。由于沉醉于艺术文学，顾恺之极其淡泊名利地位，以“痴黠参半，明哲保身”的处世之道，达到他艺术的最高成就。其“迁想妙得”“以形写神”等论点，以及提出的“六法”，为中国传统绘画的发展奠定了基础。作为对中国画发展保持影响的第一位画家，顾恺之不仅创造了人物画的基本模式，留下了最早的山水手稿《画云台山记》，而且提出了如“传神论”这样可以坚守千年的绘画原则。图 4-3 为顾恺之《洛神赋图》。

2. 吴道子

吴道子（约 680—759 年），又名道玄，唐代著名画家，尊称“画圣”。吴道子幼年丧父，生活贫苦，很早就开始当画工兼雕塑工。曾师从张旭、贺知章学习书法，成绩不大。

后专攻绘画，由于学习刻苦，进步很快，“年未弱冠，穷丹青之妙”。曾任兖州瑕丘（今山东滋阳）县尉，不久即辞职。后流落洛阳，从事壁画创作。在画史上，评吴道子壁画是“人物有八面，生意活动。”吴道子画人物，笔势圆转，衣服飘带如迎风飘扬，后人称这种风格为“吴带当风”。被尊称为“画圣”的人，非天纵奇才不能获如此殊荣，吴道子也确实厉害，他的许多表现手法是中国画历史中的亮点，诸如高度的写实技巧、笔法的解放、山水画的正式确立等。吴道子对中国绘画的贡献是划时代的，如果没有他，中国画的发展不会如现在我们所见。吴道子的绘画艺术对后世的许多画家都有深刻影响，如唐代的敦煌壁画、元代永乐宫的壁画都有吴道子风格。宋代画家李公麟朴素淡雅的“白描”也脱胎于吴道子的白画。另外吴道子还创造了影响民间画坛1000多年的民间传统画派，时至今日，民间画师仍尊他是祖师爷。图4-4为吴道子《送子天王图》。

图4-3　顾恺之《洛神赋图》（局部）

图4-4　吴道子《送子天王图》（局部）

3. 王维

王维（约701—761年），字摩诘，号摩诘居士，唐朝著名诗人、画家。王维参禅悟理，学庄信道，精通诗、书、画、音乐等，以诗名盛于开元、天宝年间，尤长五言，多咏山水田园，与孟浩然合称“王孟”，有“诗佛”之称。

王维不但有着卓越的文学才能，还拥有出色的绘画技艺。深湛的艺术修养，对于自然的爱好和长期山林生活的经历，使他对自然美具有敏锐独特而细致入微的感受，因而他笔下的山水景物特别富有神韵，常常是略事渲染，便表现出深长悠远的意境，耐人玩味。后人推其为“南宗山水画之祖”。苏轼评价王维：“味摩诘之诗，诗中有画；观摩诘之画，画中有诗。”他的诗取景状物，极有画意，色彩映衬鲜明而优美，写景动静结合，尤善于细致地表现自然界的光色和音响变化。虽然王维画迹已经杳无踪迹了，但是他的诗仍然在，中国人读他的诗，无论何时何地，都能想象那种只可能属于中国人的美妙意境。

4. 赵孟頫

赵孟頫（1254—1322 年），字子昂，号松雪，松雪道人。他是宋太祖赵匡胤的第十一世孙、秦王赵德芳的嫡派子孙。赵孟頫对中国艺术最重要的贡献，就是一个字——雅。赏赵孟頫的作品，就是品一杯香茗，听一段丝竹，享受一种心灵安静的状态。赵孟頫的影响力如此之大，以至于在他之后，南方的娟秀文化渐渐成为中国画家心目中的文化主流。明人王世贞曾说：“文人画起自东坡，至松雪敞开大门。”这句话基本上客观地道出了赵孟頫在中国绘画史上的地位。无论是研究中国绘画史，还是研究中国文人画史，赵孟頫都是一个绕不开的关键人物。

5. 王希孟

王希孟（1096—？），是中国绘画史上仅有的以一幅画而名垂千古的天才少年。宋徽宗政和三年（1113 年），王希孟用了半年时间，终于绘成名垂千古之鸿篇杰作《千里江山图》（见图 4-5），时年仅 18 岁，此外再没有关于他的记述，不久英年早逝。《千里江山图》在设色和用笔上继承了传统的“青绿法”，即以石青、石绿等矿物质为主要颜料，敷色夸张，具有一定的装饰性，被称为“青绿山水”。

此种表现方法是我国山水画技法中发展较早的一种，在隋唐时期，如展子虔、李思训、李昭道等许多画家均擅长青绿山水画。纵观宋代画坛，虽然也有一些画家用此法创作，但从目前存世作品看，尚无一件可以超越《千里江山图》。

王希孟在继承前法的基础上，表现出更趋细腻的画风，体现了北宋院画工整严谨的时代风格。此图用笔精当，一点一画均无败笔。人物虽细小如豆，却动态鲜明。微波水纹均一笔笔画出，渔舟游船荡曳其间，使画面平添动感。综观全幅，又不失雄阔的境界和恢宏的气势，远观近睹均令人折服。在用色上，画家于单调的蓝绿色中求变化，虽然以青绿为主色调，但在施色时注重手法的变化，色彩或浑厚，或轻盈，间以赭色为衬，使画面层次分明，色如宝石，光彩夺目。除了画作本身杰出的艺术价值，画作者天才少年的身世，也为此画增添了不少传奇色彩。

拓展阅读：黄公望和《富春山居图》

图 4-5　王希孟《千里江山图》(局部)

6. 郑板桥

郑板桥（1693—1766 年），原名郑燮，字克柔，号理庵，又号板桥，人称板桥先生，江苏兴化人，祖籍苏州。康熙秀才，雍正十年（1732 年）举人，乾隆元年（1736 年）进士。官至山东范县、潍县县令，政绩显著，后客居扬州，以卖画为生，为“扬州八怪”重要代表人物，是清代比较有代表性的文人画家。郑板桥一生只画兰、竹、石，自称“四时不谢之兰，百节长青之竹，万古不败之石，千秋不变之人”。其诗、书、画，世称“三绝”。

古为今用

近来，传统文化之风，如春之潮，汹涌澎湃。弘扬、继承优秀的传统文化，使之在当下焕发新光彩，为更多人所了解、认知、接受并融入文化血脉，是文化自信应有之义。习近平总书记提出：“把弘扬优秀传统文化和发展现实文化有机统一起来，紧密结合起来，在继承中发展，在发展中继承。”书法艺术与中国文化相为表里，书法中刚柔、虚实、黑白、长短、粗细、浓淡等变化，既体现了艺术的辩证法，亦在最简约的层面上浓缩了传统哲学与民族文化的基本精神。同以中国传统艺术为根基，书画密不可分。如果要弘扬中国传统绘文人画，必须从中国书法抓起，必须以弘扬中国书法为抓手，在这个基础之上去带动文人画的发展。

新时代的书画创作要坚持以人民为中心的创作导向，秉承创新精神和自觉自信的文化态度，倡导“植根传统，鼓励创新”的艺术理念，坚持古为今用、推陈出新的创造精神，不断提升文化修养和精神境界，推动传统书法篆刻艺术的创造性转化和创新性发展，反映时代精神、表达社会风尚，深入探索时代精神，不断致力于新时代的繁荣发展，为彰显国家文化软实力的现代文明贡献文化力量。

学思践悟

习近平总书记强调：“不忘本来才能开辟未来，善于继承才能更好创新。”中华文化延续着我们国家和民族的精神血脉，既需要薪火相传、代代守护，也需要与时俱进、推陈出新。要加强对中华优秀传统文化的挖掘和阐发，使中华民族最基本的文化基因同当代中国文化相适应、同现代社会相协调，把跨越时空、超越国界、富有永恒魅力、具有当代价值的文化精神弘扬起来，激活其内在的强大生命力。

第五章

食——珍馐美味

习言习语

国家主席、中央军委主席习近平2020年8月对制止餐饮浪费行为作出重要指示。他指出，餐饮浪费现象，触目惊心、令人痛心！“谁知盘中餐，粒粒皆辛苦。”尽管我国粮食生产连年丰收，对粮食安全还是始终要有危机意识，今年全球新冠肺炎疫情所带来的影响更是给我们敲响了警钟。

——2020年8月11日习近平对制止餐饮浪费行为作出重要指示

中华饮食文化玲珑俊雅，形形色色，寓意万千，或与诗词相连，或与园林相系，或与音乐相配，或与治国相通……林林总总，层层叠叠，滋味浓郁，博大精深。

中华饮食文化历史悠久，影响深远，在世界饮食文化舞台上占有重要的位置。五湖四海，跨越洲际，在中国的每一个角落，在世界各地，都能感受到中华饮食文化的动人魅力，感受到中华民族的悠久历史和辉煌闪耀的人文精神。

本章以饮食探源、饮食思想、饮食礼仪等方面为切入点，从各个角度呈现中华饮食的全貌，用深入浅出的语言和精美的图画，图文并茂地描述了中华饮食文化的历史、故事、传说等。在中华5000多年的文明史当中，饮食文化不仅仅给予中华儿女生存的原动力，同时也牵引着历史的航船和社会文明的前进脚步。弘扬和传承中华饮食文化，有助于我们陶冶情操，激发对中华民族的热爱之情。

第一节　寻踪溯源，饮食探源

引经据典

帝斩蚩尤，因作杵臼，断木为杵，掘地为臼，以火坚之，使民舂粟。

——《黄帝内传》

拓展阅读：《黄帝内传》释义

案例导入

茹毛饮血

在原始社会，人类的饮食方式同一般动物并无多大区别，《韩非子·五蠹》记载："古者丈夫不耕，草木之实足食也；妇人不织，禽兽之皮足衣也。"旧石器时代，人们生产活动主要是采集和狩猎，在不同季节采集可供食用的不同植物的叶、茎、根、果实，不知烹饪为何物。按先哲的话说，这种生吞活剥、掬手而饮的饮食行为就是"茹毛饮血"。

东汉班固的《白虎通义》记载："古之时未有三纲六纪，民人但知其母，不知其父……饥即求食，饱即弃余。茹毛饮血，而衣皮苇。"

西汉《礼记·礼运》记载："昔者先王……未有火化，食草木之实、鸟兽之肉，饮其血，茹其毛。"那个时期原始人还不知用火，一直以来，生吃鸟兽肉和草木果实，渴了喝动物血和溪水，冷了就披上兽皮。

思考：

从什么时候开始，人类结束了"茹毛饮血"的时代？

理论讲坛

一、中华饮食文化的孕育期——蒙昧时代

（一）从食素到食肉

中国古代哲人在描写传说中的上古时期时，大多认为那是个艰辛的时代，人类和其他动物一样，从大自然中索取自然形态的食物和饮料，"茹草饮水，采树木之实"，以解决饥

渴。生活在距今500万年至100多万年的南方猿人，能直立行走，善于奔跑，手已经与现代人相近，会使用天然工具进行劳动。这个时期的自然环境既温暖又潮湿，非常适合动植物的生长。广袤无边的亚热带大森林拥有丰富的食源，为他们的生存和繁衍后代提供了保证，此时即古史传说中的“有巢氏”时期。

拓展阅读：茹毛饮血古为今用

知识视窗

久远的圣人——有巢氏

有巢氏是我国史籍记载中距今年代最为久远的一位圣人。《路史》记载：“昔载上世，人固多难，有圣人者，教之巢居，冬则营窟，夏则居巢。未有火化，搏兽而食，凿井而饮。桧秸以为蓐，以辟其难。而人说之，使王天下，号曰有巢氏。”他构木为巢，使人们免受禽兽之害，因而得到大家的拥护。于是，有巢氏便成为尽人皆知的一位部落领袖。有巢氏最大的贡献是初步解决了人们的居住问题，使得人们避免了毒蛇猛兽的侵害。在饮食方面，他教人们猎取禽兽的肉，采集草木的果实作为食物。有巢氏的时代属于旧石器时代，那时人们仅仅懂得利用粗糙的石器来狩猎禽兽，或采集野生草木籽实、根茎来充饥。在有巢氏时代，人们吃的是生肉、生果，喝的是禽兽血和溪涧水。

拓展阅读：有巢氏的肉食发明

《庄子·盗跖》指出：“古者禽兽多而人少，于是民皆巢居以避之。昼拾橡栗，暮栖木上，故命之曰有巢氏之民。”人们所赖以维生的多是鲜果、坚果，稚嫩的树枝、树叶，充满淀粉的块根、块茎以及森林中的菌类，也采集一些鸟卵或爬行动物的蛋卵之类。树上巢居并不能躲避一切，人们要时刻提防凶猛的兽类和蟒蛇的袭击，生活是极不安定的。

后来，北极冰川向南延伸，原始森林逐渐减少，食物来源发生了困难，于是我们的祖先开始了陆地上的生活。他们既无坚齿利爪，又没有强壮的体魄，要在艰苦条件下生存，只得借助于木棒、石块等天然工具和群体的力量，抵御和猎取野兽，顽强地与大自然搏斗。凡是能入口的东西都会拿来充饥。此时可以采摘到的食物少了，有时被饥饿驱使，不免要以鸟兽之肉取而代之。这一点对于人类的发展很重要，肉类食物使人类脑髓得到了比过去多得多的营养和发展所必需的材料。因此，它就能够一代一代更迅速更完善地发展起来。

也许古人类感到最痛苦的莫过于食肉了，因为那时人们吃的不是肉制的美味佳肴，而是腥臊恶臭的动物尸体，人本身也缺少食肉动物的坚牙利齿和与消化肉食相匹配的肠胃。食肉与食用以淀粉、糖类为主的植物果实自然无法相比。《礼记·礼运》中言，“昔者先王……未有火化，食草木之实、鸟兽之肉，饮其血，茹其毛”。疏曰：“虽有鸟兽之肉，若不得饱者，则茹食其毛以助饱也。”

三国时期蜀国谯周《古史考》记载："太古之初，人吮露精，食草木实，穴居野处。山居则食禽兽，衣其羽毛，饮血茹毛。"这些记载说明了太古之初人类生活的艰辛。他们住地穴，靠鸟兽之皮御寒，吃植物之实或鸟兽之肉等自然形态的食物，但这促使他们的身体发生了变化。

有巢氏时代，人们还没有懂得利用火来烧制食物，但有巢氏教给了人们独特的取食途径，这对当时处于蒙昧状态下的人类来说是一项巨大的贡献。

（二）从生食到熟食

从生食向熟食的转化是人类发展史上一个重要的里程碑，是人类与动物相区别的显著标志之一，也可以说是人类饮食文化的起点。

熟食离不开火，没有火就没有熟食。人类学会用火烤制食物，经历了一个极其缓慢的发展过程。

大约生活在 170 万年前的元谋人（发现于云南省元谋县上那蚌村），是迄今为止所知的世界上最早使用火的猿人。考古工作者在元谋人遗址发现了大量炭屑，小的如芝麻，大的如黄豆。含炭层三层，上下达三米厚。距今四五十万年的周口店北京人遗址内不仅有用火的遗迹，还有足以说明当时猿人已能控制火的痕迹。周口店鸽子堂西侧的第三层有一块巨大的石灰岩块，长十二米，厚五米，横跨在南北两个洞壁之间。这块巨石上有两大堆灰烬，中有紫荆木炭和被烧过的野兽骨骼的化石，很像当时猿人的天然"厨房"。

从食素到食肉，是植物性食物短缺造成的，因而是被迫的；吃肉对猿人来说是苦差事，因为他们没有食肉动物那样的消化系统，生肉难以咀嚼，不易消化，不能被人体充分吸收。但烧熟之后，不仅动物的厚皮和结缔组织已经软化，而且富有香味的脂类，成为半消化的物质，从而易于被肠胃消化吸收。这样不仅避免了生食造成的口腹之苦和对身体的伤害，而且有利于猿人体质的强健。熟食更富营养，因此它在延长人类寿命的同时也改变了人的大脑结构。熟食对人类的进步，无疑是一个关键的动力。

这个时期的人类对食物进行了第一次加工。当然，这时的加工，最初是不自觉的。人们在食用被火烧过的食物时，感到味道确实不同，发现烧过的食物更好吃，经过反复实践之后，便成为人们自觉的行为了。这就是人类最原始的烹饪技术——燎烤产生的过程。尽管它十分简单，人们只是用手拿着肉在篝火上燎一燎，或焦或生都有可能，而且燎烤后的肉食也极其粗糙，但是后来花样繁多的烹饪技术都是由这里发端的。

人类从能够保存火到人工取火，也经历了一个相当长的历史过程。最初的火是自然火，如自然界的雷电导致树木起火、枯干植物的自燃等，人们将火取来，保存下来。通过观察，人们发现可以用摩擦的方法取火，于是就有了钻木取火。虽然火的发明是古代人类智慧的结晶，人们只有学会取火、用火，才得以保证经常的熟食，才能彻底改变"茹毛饮血"的习惯。这样不仅扩大了食物的种类和来源，同时也加强了人类的体魄，引起了人类的生理变化，造就了人为万物灵长的地位。

知识视窗

燧人氏

燧人氏钻木取火，教民熟食，完全改变了人类饮食的现状，使原始饮食向健康饮食文明迈进，标志着人类告别野蛮，走向文明，是人类健康饮食文化的开端。

燧人氏钻木取火，使人们知道“炮生为熟”，人们开始改变“茹毛饮血”的饮食习惯，经常熟食，从前不易下咽的鱼鳖螺蛤之类也都可以“燔而食之”了。火，在饮食文化发展中具有重大的意义。

拓展阅读：熟食届的鼻祖
——燧人氏教民熟食

二、中华饮食文化的奠基期——过渡时代

公元前 8000 年左右，人类进入新石器时代。公元前 4800 年左右，陕西姜寨人发明了冶炼技术，从而开始了所谓“金石并用时代”。新石器和金属工具的出现，导致了人类历史上的第一次社会大分工——游牧与农业的分离。

由迁徙、采集、渔猎到聚落定居的耕作养殖，生产生活方式的转变，为中华先民更高层次的饮食活动的开启创造了最初的可能。随着社会生产力的发展和生产关系的急剧变革，中国古代饮食文化也在这时期由迁徙采拮到聚落植养、由火塘分食到钟鸣鼎食、由燔谷燎食到南北风味，在饮食原料、就餐方式、制作技艺和肴馔风味上全面进步，真正实现了具有奠基性质的开端。

（一）由迁徙采拮到聚落植养

新石器时代物质文化领域的重大革命是农业、畜牧业取代采集、狩猎，成为首要的生产门类。在长期的劳动中，人们发现植物生长的周期性规律，开始人工种植某些可供食用的野生植物，这便是农业的起源。人们开始有计划地大规模种植瓜果谷物，经历了一个从不自觉到自觉的演进过程。距今大约 1 万年时，中华大地上开始出现原始农业，即进入传说中的神农时代。

知识视窗

神农氏发掘草蔬

神农氏遍尝百草，利用亲身实践验证了诸多植物的食用性质。他教民耕种五谷，制作陶器作为炊具，促进了农耕业的发展，开启了人类饮食文化新的篇章。

神农氏尝百草是中国史书上记载最多、流传最广的传说。此外，神农氏还是中国农业的伟大开创者。

西汉刘安《淮南子·修务训》中记载："古者民茹草饮水，采树木之实……神农氏乃始教民播种五谷……"唐初令狐德棻《周书》中云："神农耕而作陶。"唐代司马贞《三皇本纪》中记载："炎帝神农氏……斫木为耜，揉木为耒。耒耨之用，以教万人，始教耕。故号'神农氏'。"

南宋郑樵《通志》记载："炎帝神农氏，起于烈山……古者民不粒食，未知耕稼，于是因天时，相地宜，始作耒耜，教民艺五谷。故谓之'神农'。"

拓展阅读：神农氏

由此可见，神农氏在饮食方面的贡献在于创立了农业，发明了陶器炊具，开创了人类饮食文化新的篇章。

（二）由火塘分食到钟鸣鼎食

1. 火塘分食与黄帝造灶

火一开始是原始人用来驱除猛兽的防卫工具之一，后来才用于对食物的蒸煮烤等。火塘始自距今百余万年的原始人类，在中华诸多文化遗址中屡有发现。据说最早的火塘是在原始人定居洞穴的入口处，既可以照明，又可以驱赶猛兽。火塘分食自然成为原始人在群居生活中比较普遍的集体饮食形式。

后来，传说黄帝造灶，制造出最早的蒸锅陶甑，黄帝教民蒸谷为饭、烹谷为粥，从此，"吃饭"的概念产生了。

知识视窗

黄 帝

黄帝是中华民族的人文始祖，因统一华夏族的伟绩而载入史册。相传黄帝为少典之子，本姓公孙，因长居姬水，又改姓姬。他播百谷草木，大力发展生产，创造文字，始制衣冠，建造舟车，发明指南车，定算数，制音律，创医学等，是中华文明的先祖。司马迁在他的《史记》中，将轩辕黄帝列为帝王本纪之首。几千年来，中国的汉族一直自称为炎黄子孙，可见黄帝在中国历史上的地位之显赫。

古籍《大戴礼记》中说"稷食菜羹"，是指主食、稷食加菜汤组成的一餐饭。这是黄帝时"蒸谷为饭"给中华民族饮食结构带来的新变化，这种饮食构成一直延续到现在。

有关黄帝的一些神话传说，从特定的角度标志着中华先民蒙昧时代进入结束时期，作为中国古代饮食活动先兆的熟食活动也随之逐渐趋于成熟。

中华饮食的状况，由火塘分食向钟鸣鼎食发生了本质性的变化。距今4000多年前，长江流域和内蒙古长城地带普遍出现了城址。而中原地区在经济文化与社会发展进程中，吸收容纳周边地区群星璀璨的文明因素，不断充实自己，形成八方文化辐辏中原的态势，终于从距今4000多年前开始，相继建立起以中原为中心的夏、商、周中央王朝。

由此，百川归大海，多元一体的中华文明在中华大地上进入加速形成的快车道，华夏民族也日趋成型、不断发展并在坚实的基础上更加富有凝聚力与兼容性。

2. 钟鸣鼎食与饮食礼制

青铜是金属冶铸史上最早的合金，作为合金，青铜的熔点低于红铜，而硬度却高于红铜，且有更好的化学稳定性，所以它很快取代石器和红铜器，在社会生活中起到推动生产发展、改变饮食文化面貌的划时代作用。现已出土的青铜器中最大量的就是饮食器皿和宴乐器具。夏、商、周三代，史称“青铜时代”。

人们常用“钟鸣鼎食”来形容富贵的生活，这钟与鼎，恰是礼、乐之器的代表。出土的青铜器之首——后母戊大方鼎，重875千克，大名鼎鼎的曾侯乙编钟以及镗、钲等，饕餮、雷纹、云纹、象纹、龙凤……形象栩栩如生；连铸、合铸、嵌接、镂空、失腊……技艺巧夺天工。精美绝伦如四羊方尊，至今仍然令能工巧匠叹为观止。

轻薄精巧的青铜食具登上了饮食舞台。我国现已出土的商、周青铜器物有4000余件，其中多为炊餐具。这些器皿大多镂刻飞禽走兽或花卉虫鱼，带有象征意味，如煮牛的鼎刻牛面，煮鹿的鼎铸鹿头，还有仿制动物形体的象尊之类，写实气息浓厚。青铜器具中，小的可煮三五斤肉，大的可煮数百斤肉，一派罗致珍馐、陈馈八簋、味列九鼎的豪华场面。

周代末，又出现了铁器。伴随着生产力的飞跃，饮食文化发展也登上一个新的台阶。夏、商、周三代是中国烹饪史上一个极重要的阶段。我国饮食生活的基调和格局，就是在那个时候初步奠定的。所谓“钟鸣鼎食”，正是这一时期饮食文化发展的概括。

夏、商、周三代又是我国烹饪制度、饮食文化获得巨大进步的时期。在夏朝的国家组织中，已有“疱正”一职，专管膳食，建立起膳食机构，从而从组织上、制度上保证皇宫饮食烹饪的正常运作和不断发展。

《周礼·天官·冢宰》记载了为周王室服务的大小膳食机构22个，职官208人，从业人员2124人，机构之庞大、分工之细密已极为可观。中华的宴会制度、进餐制度，集中表现为一个“礼”字。在“三礼”（指《周礼》《仪礼》《礼记》）中，对天子、诸侯、大夫、士在进餐举宴时该吃什么食物，用几道菜，放什么调味品，使用什么食具，有什么规矩，奏什么乐、唱什么歌等，都有极其严格的规矩。此外，夏、商、周三代在饮食卫生方面也有所创建，如周朝设有“食医”这一机构，专管饮食养生和饮食医疗，并摸索出一些经验，对后世产生了重大影响。

《诗经·小雅·宾之初筵》是一首描写贵族举行宴会的诗，诗的内容如下：

宾之初筵——来宾入座开宴席
左右秩秩——宾主谦让守礼节
笾豆有楚——杯盘碗盏摆整齐
殽核维旅——鱼肉干果全陈列
酒既和旨——醴酒味浓醇又美
饮酒孔偕——觥筹交错真热闹
钟鼓既设——钟鼓乐器都齐备
举酬逸逸——往来敬酒杯不绝

这首诗让我们仿佛看到了“食前方丈、罗致珍馐、陈馈八簋、味列儿鼎”的豪华场面。那些层次井然、发出不同声响的编钟，让我们仿佛听到宴会中敲打的美妙音乐，体验到“以乐侑食”的气氛。这种钟鸣鼎食的生活，从一个方面折射出光辉灿烂的古老文明。

（三）由燔谷燎食到南北风味

1. 由石烹燎烤到五味调和

中华先民在进化过程中，学会用火捕获野兽、烧烤食物、化冰取水，进入中国饮馔史上的“熟食”阶段。中华先民的食物制熟最初状态应该存在很多的局限，处于探求与摸索之中，对于植物谷类和动物肉类大多采用燔谷石烹和燎烤兽肉等方式。随着半农半牧直至种植养殖的逐步发展，陶器进入饮食生活，并得到了广泛的使用。

熟食阶段的用火，主要表现在利用自然火、保存与传播火种、人工取火三个层面。这时候的熟物之法增多了：有的直接在火上烤；有的焐在热火灰中烤；有的包了草叶、稀泥再烤；有的是烧烫石板后烤；有的是将食物和水置于小洞穴中，不断投入滚烫的石子提高水温，促使食物成熟；还有的是利用晒得发烫的砂石“焐”熟食物。对此，人们名之曰“火炙石燔（烧烤）”或“石燔火燎”。熟食生涯使人们既征服了大自然，又锻炼了自身。不仅使得种族能够繁衍，而且在燃料和原料方面为烹饪术诞生准备了物质条件，拉开了饮食文明的序幕：富于创造性的熟食才是饮食文明的第一段华章。

距今 1 万年左右的旧石器时代晚期，生产力已有一定程度的发展。氏族公社形成后，随之出现小的聚居点和商品原始交换活动。这一切为烹调术诞生准备了社会条件。特别是使用利削器、雕刻器、打磨的石刀与骨锤，有利于肌体的分割；发明摩擦生火，有利于火的利用；学会烧制瓦陶，有利于食物的烹煮；搭配盐以及梅子、苦果、野蜜和香草，有利于改善食物的滋味，中国饮食文化从此翻开“烹调”这一页，奏响了一万余年的“刀釜鼎味”交响曲。

最早的烹调术，应当是在“火炙石燔”基础上发展而成的“水烹”。在“水烹”中，燃料、炊具、食物原料、调味品、烹制方法五大要素得到初步的结合，盐、梅子的使用，陶器的发明以及连带产生的烹调方法，完成了饮食烹调的全面创造。

拓展阅读：黄帝时期制盐、用盐与烹调

有了盐和梅子等调味料，有了陶器，随之也就有了相应的烹调方法——水烹和汽烹。前者以水作为传热介质，在陶罐中进行，包括煮、熬、焖、煨等；后者以蒸汽作传热介质，在陶制的原始蒸笼中进行，包括蒸、酿等。

由石烹到陶烹，实质上就是用火与用陶、用盐的结合，结束了“火烹时代”，开始了“水烹时代”。烹调的发明，使先民生活发生了质的飞跃，产生了一系列的连锁反应。

水烹是作为自觉的先进的制食行为，将食物真正地烹熟，还烹出多种滋味，彻底改变了“茹毛饮血”的原始生活方式，改变了“火炙石燔”中食物的半生半熟状态，在摄食以维系生存上，使人与动物有了根本区别。

2. 南北风味与各色美食

随着农业和畜牧业的迅速发展，饮食品种也越来越多。我们现在使用的农历，在夏代就初具雏形了。保存在《大戴礼记》（西汉戴德汇编）中的《夏小正》，据说就是夏朝的历书。当时已经发明了节气和干支纪日法，说明农业知识有了系统化的提高。考古发现告诉我们，殷墟甲骨文已经记录了菽、黍、麦、稷、稻五谷的种植，马、牛、羊、鸡、犬、豕六畜的养殖，还有栽培多种果木和蔬菜的果园和菜圃。在商代遗址中还发现了鱼骨，证明当时常食用鳎鱼、黄颡鱼、鲤鱼、草鱼、青鱼和赤眼鳟。《诗经》反映了西周到春秋中叶的社会生活。据统计，《诗经》中提到的植物有130多种，动物约有200种，仅鱼类就有19种，禽类有38种，而且有了盐、酱、蜜、饴、姜等多种调味品。可见物质生产的发展，带来了食源的不断扩大和丰富。

从《吕氏春秋·本味篇》看，夏商之交，贵族们已经不满足于吃饱肚子，而开始研究起美味来。《周礼·天官·膳夫》中说，周天子进膳时，“食用六谷，膳用六牲，饮用六清，馐用百有二十品，珍用八物，酱用百有二十瓮”，已是豪华的膳食。

拓展阅读：伊尹精研美食

春秋战国是我国奴隶制社会向封建制社会过渡的动荡时期，连年征战，群雄并立。战争造成人口频繁迁徙，刺激农业生产技术迅速发展，学术思想异常活跃。动物性油脂和调味品也日渐增多，花椒、生姜、桂皮、小蒜运用普遍，菜肴制作和味型也有了新的变化。

继北方周天子食单之后，南方又推出新颖的楚宫筵席，形成南北争辉的局面。据《楚辞》中的记载，楚宫宴包括主食、菜肴、点心、饮料四大类别。其中的煨牛筋、烧羊羔、焖大龟、烩天鹅、京野鸭、油卤鸡、炖甲鱼和蒸青鱼，都达到了较高的水平，而且在原料组配、上菜程序、接待礼仪上均有创新，为后世酒筵提供了蓝本。

随着南北风味的分野，地方菜种初露苗头。其中的北菜，以现今的豫、秦、晋、鲁一带为中心，活跃在黄河流域。以猪犬牛羊为主料，注重烧烤煮烩，崇尚鲜咸，汤汁醇浓。南菜则以现今的鄂、湘、吴、越一带为主体，遍及长江中下游。它是淡水鱼鲜辅以野味，鲜蔬拼配佳果，注重蒸酿煨炖，酸辣中调以滑甘，还喜爱冷食。“南食”“北食”开始呈现鲜明分野，这一分野到汉魏六朝时继续演进，由二变四，逐步显示出东西南北四大风味的雏形。

综上所述，先秦饮食文化从内容到概念逐渐丰富与明晰起来，仅以生存为目的的饮食，已经朝着以养身为目的和赏心悦目审美为主的饮食追求发展，中国古代饮食经历了长期的过渡，开始逐步进入自觉的阶段。

三、中华饮食文化的发展期——封建文明时代

（一）定型时期——秦汉

汉承秦制，秦汉两代基本建立了较完备的东方农耕生产生活的封建社会系统。在秦统治的 15 年中，中国的饮食文化随着生产的发展水平逐步提高，但还没来得及进入全面发展阶段；汉朝采取了恢复生产的措施，促进了农业的发展，农业生产的直线上升，为中华饮食文化的发展提供了重要的食物原料。

进入秦汉时期，铁器大量出现，汉武帝实行“盐铁官营”，极大地促进了铁的开采和冶炼，煤在汉代已用于炼铁。铁制炊具广泛用于烹饪之中，烹饪工具改进，并由此带来饮食烹饪多方面的进步与变化，使得中国烹饪进入铁器烹饪阶段。

铁器烹饪阶段是中国烹饪物质文化发展的成熟期，形成了许多新的特点，而这些特点便是其成熟的重要标志。这些特点使饮餐炊具有了新的突破——有了灶烹；铁制炊具逐步由军用转为民用，越来越多地进入家庭厨房，铁锅可以进行快速烹饪。随着铁锅进入厨房和油料作物增产，油炒的烹调法日益盛行。油烹法脱颖而出，制出不少名菜，并成为中国烹饪的一大特色。现今常用的三十多种烹调法中，油烹法约占六成，不难看出，汉魏发明的油烹，其影响是何等的深远。铁锅、菜刀和笼屉成为中国烹饪文化的三件传家宝和象征物流传至今，中国烹饪始终沿用铁制的炊事器具进行饮食烹调。

秦汉时期出现了红案与白案的分工，炉灶与案墩的分工，这两次厨房大分工，有利于厨师专攻一行，进一步提高烹饪技术。

开发、引进的原料品种迅速增加。张骞通西域后，相继从西域等地引进了茄子、大蒜、西瓜、黄瓜、扁豆、刀豆等新的蔬菜；有“植物肉”之誉的豆腐，相传也出自汉代，为淮南王刘安发明。

知识视窗

豆腐是谁发明的？

相传豆腐是西汉时期淮南王刘安发明的。据说，淮南王刘安的母亲喜欢吃黄豆，但有一次母亲因生病而不能食用整粒黄豆。于是，刘安就命人把黄豆磨成粉，冲入水熬成了豆乳，并且放了些盐卤，结果凝成了块状物——豆腐花。淮南王的母亲吃了之后很高兴，病势好转，于是豆腐就流传了下来。

汉代在小麦、大米增产的背景下，双面石磨逐步推广使用，食物原料的使用形成了广博的局面。更多的麦面、米粉，做成发酵或不发酵的、带芝麻或不带芝麻的、包馅或不包馅的、煮的、蒸的、烤的、烙的、炸的各种点心小吃。由于小麦、大米生产量逐步增加，石磨、绢罗、烤炉、笼屉、铁铛等工具的改进推广，主要是铛等工具和炒工艺在肴馔形态和人们（基本是上层社会）习尚变化中的革命性作用，烹饪技法和烹饪成品品种增多，汉魏六朝时期面点小吃的品种、数量大有发展。饮食市场的繁荣反映着一个时期社会经济文化生活的兴盛。

知识视窗

张骞出使西域带回了哪些农作物？

张骞是中国历史上一位著名人物，生于今陕西汉中，汉武帝时期杰出的外交家、探险家、旅行家，他是真正意义上的“第一个看世界的中国人”，也是“丝绸之路的开拓者”，被誉为“东方的哥伦布”。

中国历史上主要经历了三次饮食变化：第一次是张骞出使西域带回的农作物种子，后来成为我们餐桌上的常见食物，影响中国饮食2000多年；第二次是15—16世纪大航海时期，这段时间玉米、红薯、西红柿等相继进入中国；第三次是近现代的全球贸易化，许多我们没见到过的食品通过贸易来到中国。

张骞出使西域，开辟了历史上著名的丝绸之路。从汉朝之后，西域与中原之间商贸往来就是靠张骞当年走过的这条路，中国的丝绸、瓷器、铁具、纸等源源不断运往西域，西域的葡萄、黄瓜、芝麻等食品和地毯等日用品以及狮子、犀牛、汗血马等动物被带到中国。

张骞出使西域，其实还带回来了九种农作物种子，包括坚果、水果、蔬菜等几类，自西汉推广种植以后，它们成了中国最常见也最受欢迎的食物之一，这九类种子为：核桃、蚕豆、芝麻、葡萄、石榴、香菜、胡萝卜、黄瓜、大蒜。

这些食物中，比如核桃又叫胡桃，蚕豆又叫胡豆，黄瓜又叫胡瓜，为什么这些食物前都会有个“胡”字？这是因为中国古代把西域或者西北地区的少数民族称作“胡”，因此这些食品好多都带个“胡”字，表明来源于西域地区。

汉代初年战乱刚结束，官府不得不实行休养生息的政策，经过文景之治，农业和手工业有了一定发展，社会经济稳定发展，都市不断扩大，商业繁荣，使得饮食市场也兴旺起来。汉代桓宽在《盐铁论·散不足》中写道：“熟食遍列，殽施成市。”许多通都大邑，如长安、洛阳“两京”，肉铺、酒肆、饼店很多，饮食市场相当繁荣。

历代宫廷王侯贵族官僚对美馔佳肴的追求从没有放松过，汉代上层社会享宴和贵族等对于肴馔的要求，主要是丰盛，即品数多——“食前方丈”，料量大——多为烧烤蒸煮的整体或大件动物性原料。

秦汉时期的“北菜”转以秦、豫为主，并充实进“胡食”（西域一带的饭菜）。“南菜”

分为三：西南和中南以荆、湘、巴、蜀为主导；华东一带淮扬菜和金陵菜有较大影响；岭南地区则是粤、闽菜品占优势。至此，黄河、长江、珠江三大流域的肴馔差异已经很明显了，鲁、苏、川、粤四大菜系正在酝酿发育之中。

汉魏六朝上承先秦，下启唐宋，是中国烹饪史上重要的过渡时期：引进了众多外来原料，提高了农林牧渔的养殖技术，食源进一步扩大；改进了炉灶和炊具，以漆器为代表的餐具轻盈秀美；调味品种类显著增加，大量食用植物油，油烹法流行；菜肴花式品种增多，逐渐注重肴馔制作工艺的精细和成品的美化，质量有所提高；素菜发展较快，到梁武帝时，"南朝四百八十寺"，素菜更为风行；"胡风烹饪"（西域一带的烹饪技艺）独树一帜；出现不少面点小吃新品种，节令食品与乡风民俗逐步结合；筵宴升级，重视情味；饮食市场兴隆，菜系正在孕育中；医学理论逐步形成，膳补食疗渐受重视；出现了《齐民要术》等一批食书，贡献卓越。

（二）兴盛时期——唐宋

隋唐宋元时期是中国封建社会的第二个高潮，属于封建社会中期，这一时期，先后经历过二十多个朝代，统一局面长，分裂时间短，政局较稳定，经济发展快，饮食文化成就斐然，是中国饮食发展史上的一个高潮。

唐朝以贞观之治为代表，象征着中国封建文明时代的高峰，也是中国古代饮食文化的鼎盛时期。唐太宗李世民与以魏征为代表的儒生官僚集团推行开明积极的治国安邦之政，大唐王朝国泰民安，富足升平，文化昌盛，声威远播。宽容的文化政策更引发了文士知识阶层的激情，充满了前所未有的时代豪迈感，封建知识阶层在唐代同样创造了云游四方、雅集宴饮的崭新局面。士子们多驻足京师以文投谒达官名流，激扬文字，还参与到当时普及热烈的曲江郊游、元宵夜游、春游、秋登高、宴游等群众性的饮食活动中。元宵夜观灯游戏、踏青游曲江胜景、观牡丹花会、夏观荷花、游葡萄园饮宴消暑、秋天登大雁塔、赏饮菊花酒……汇入帝王和民众举城同乐的热潮，其中最著名的要数曲江宴和洛阳水席，吟诗作乐，诗酒雅聚，成为文人郊游充满豪迈气概和闲气清新的山水田园雅集，汇聚成封建文明饮食的浩荡潮流，并以诗文传世，给我们留下了宝贵的饮食文化遗产。

知识视窗

洛阳水席

"洛阳水席"是河南洛阳特有的地方风味菜肴，它风味独特，选料十分讲究，烹制认真精细，味道鲜美多样，口感舒适爽利，和龙门石窟、洛阳牡丹并称为"洛阳三绝"。

洛阳水席始于唐代，至今已有一千多年的历史，也是中国迄今保留下来的历史最久远的名宴之一。水席起源于洛阳，这与其地理气候有直接关系。洛阳四面环山，地处盆地，雨少而干燥。古时天气寒冷，不产水果，因此民间膳食多用汤类。之所以称为水席，一是它的每道菜都离不开汤汤水水，二是一道道地上，吃一道换一道，仿佛行云流水一般。

洛阳水席，由24件组成，简称“三八席”。先上6个冷盘下酒，冷盘为4荤2素。继上16个热菜，热菜用不同型号的青花海碗盛放。16个热菜中有4个压桌菜。其他12个菜，每3个味道相近的为一组，每组各有一道大菜领头，叫“带子上朝”，吃一道上一道。

洛阳水席，有三大特点：一是有荤有素，有冷有热；二是有汤有水，北方南方均为可口；三是上菜顺序有严格规定，搭配合理、选料认真、火候恰当。

五代十国的动乱结束，北宋建立。宋初，注意休养生息，经济逐步回升。采煤、冶铁、制瓷的兴隆，带动了商业贸易的发展，出现了不少繁华都市，饮食市场空前活跃，高速发展。

宋代不仅打破了唐及唐以前宅区（坊）与市的界线，而且打破了饮食供应的昼夜界限。从《东京梦华录》《梦粱录》和《武林旧事》等有关史料可以看出当时饮食市场的变化，经营档次齐全，网点星罗棋布。以北宋开封为例，从城内的御街到城外的八个关厢，处处店铺林立，形成了二十余个大小不一的饮食集市。宋人不仅爱吃，而且会吃、懂吃。在宋代之前，常使用的烹饪方式只有烤、蒸和水煮，只管熟了就行，而且一天只吃两顿饭。

到了宋代，因为油和食材的产量提升，除了普通的煎、炒、烹、炸，更高端的溜、炖、卤、蒸、腊、蜜等烹饪技术开始兴起，一日两餐也变成了一日三餐。《清明上河图》中便有酒楼的形象（见图5-1）。

图5-1 张择端《清明上河图》（局部）

知识视窗

夜市里的宋朝：中国味道的“深夜食堂”

宋代以前，历朝历代都实行宵禁制度，晚上不许随便上街，抓到了要拘留。

直至宋代，宵禁之制才被突破，城市中彻夜灯火通明，笙歌不停。

在北宋汴梁，夜市直至三更尽，才五更又复开张，耍闹去处，通宵不绝；冬月虽大风雪阴雨，亦有夜市。

南宋的临安，同样夜生活丰富，杭城大街买卖，昼夜不绝，夜交三四鼓，游人始稀；五鼓钟鸣，卖早市者又开店了。“月上柳梢头，人约黄昏后”，在宋代，劳作了一天的人们可以在夜幕下尽情释放自己的灵魂。可以逛逛街，找个地方坐下来，吃点美食，喝碗饮料。除了昼夜迎客的酒楼茶坊，夜市上还有各种饮食小摊，叫卖各色美食。

据《东京梦华录》记载，夏天有各种甜品凉饮，“砂糖冰雪冷元子、水晶皂儿、生腌水木瓜、砂糖绿豆、甘草冰雪凉水、荔枝膏”等；一到冬天，“盘兔肉、旋炙猪皮肉、野鸭肉、滴酥水晶鲙、煎夹子、猪脏”等滋补肉食就摆上了街头。

如果1000多年前就有卫星地图，当你打开，你会发现入夜之后，全世界许多地方都陷入一片漆黑中，只有汴梁城还是灯火通明。经济得到飞速发展的北宋，夜禁制度被取消，坊市制度被打破，使东京汴梁这座当时的国际型大都市呈现出前所未有的繁荣局面。

如今，1000多年过去，汴梁城里夜市依旧红火，这才是属于我们民族自己的“深夜食堂”。

（三）成熟时期——明清

明清时期是封建社会的第三个高潮，属于封建社会的晚期。明清时期仅仅经历了两个朝代，政局稳定，经济上升，物质富裕，商品经济的发展和城市经济的繁荣，促进了饮食业的空前繁华。从1368年明朝建国到1840年鸦片战争爆发，近五百年，这个时期中华烹调技术已在实质上有了极大的提升。食源充裕，工艺规程日益规范，名菜美点五光十色，烹饪技艺由必然王国向自由王国发展，饮食文化发达，硕果累累，趋于成熟，是中国饮食史上的第二个高潮。

明朝初期加强中央集权，发展生产，大规模组织移民垦荒，也出现了大批“救荒”食书，如朱棣在《救荒本草》中记录的野生植物可食者达四百多种。到明代，豆腐已发展为一个家族，除大豆豆腐、魔芋豆腐外，还有仙人草汁入米制成的绿色豆腐，果汁加胭脂等制成的红色豆腐，橡栗磨粉制的黄色豆腐，蕨根磨粉制成的黑色豆腐，虽五颜六色却一点不用色素，作为烹饪原料，好看，好吃，且有很高的食疗营养价值。食物原料大大增加，饮食结构发生了一定的变化。到永乐年间，郑和七次下西洋，中外物质文化的交流，使得食源更加充沛。

在明朝，北京的便宜坊烤鸭店、六必居酱园和太原的清和元饭店等名店相继开业，并有藏花饼、光饼、肴肉、叫花鸡、封缸酒、洋河大曲、如皋董糖、阳高杏脯等传统风味食品问世。

清初的顺治、康熙、雍正、乾隆四朝，政策较为开明，经济迅速复苏，农业、手工业和商业均创造出封建社会最好的成绩。饮食文化也如鱼得水，生机旺盛。

清代乾隆年间，一些大城市中与官僚美食家有来往的餐馆业商人，在当时“满席”“汉席”的基础上挑选一部分南北名菜点（包括孔府菜点），加上满洲贵族爱吃的食物，创造出一套商业性很强的“满汉全席”，一席要连吃三天，豪门富商以能用这种酒席待客为荣。以“满汉全席”为标志的超级大筵活跃于大江南北，中国饮食文化达到了古代社会最高的水平。

知识视窗

满汉全席

满汉全席起兴于清代，是集满族与汉族菜点之精华而形成的历史上最著名的中华大宴。乾隆甲申年间，李斗所著《扬州画舫录》中记有一份满汉全席食单，是关于满汉全席的最早记载。

满汉全席以东北、山东、北京、江浙菜为主。既有宫廷菜肴之特色，又有地方风味之精华；既突出了满族菜点的特殊风味，烧烤、火锅几乎不可缺少，又展示了汉族烹调的特色，扒、炸、炒、熘、烧等兼备，实乃中华菜系文化的瑰宝和最高境界。世俗所谓“满汉全席”中的珍品，其大部分是黑龙江地区特产（或出产），如犴鼻、鱼骨、鲟鳇鱼子、猴头蘑、熊掌、哈什蟆、鹿尾（筋、脯、鞭等）、豹胎以及其他珍奇原料等。后来闽粤等地的菜肴也依次出现在巨型宴席之上。满汉全席上菜一般108道，其中，南菜54道：30道江浙菜，12道闽菜，12道广东菜。北菜54道：12道满族菜，12道北京菜，30道山东菜。

满汉全席菜点精美，礼仪讲究，形成了引人注目的独特风格。席间专请名师奏古乐伴宴，沿典雅遗风，礼仪严谨庄重，承传统美德，侍膳奉敬校宫廷之周，令客人流连忘返。

在清代形成的稳定的地方风味流派中，最具代表性的是全国政治、经济、文化中心——北京的京味菜，中国重要经济中心——上海周围的江浙菜，黄河流域的山东风味菜，长江流域的四川风味菜，珠江流域的广东风味菜，江淮流域的淮扬风味菜。这些地方风味流派对清代以后的中国烹饪影响极为深远。

知识视窗

八大菜系

早在春秋战国时期，饮食文化中，南北菜肴风味就表现出差异。到唐宋时，南食、北食各自形成体系。发展到清代初期时，鲁菜、川菜、粤菜、苏菜成为当时最有影响的地方菜，被称作“四大菜系”。到清末时，浙菜、闽菜、徽菜、湘菜四大新地方菜系分化形成，与“四大菜系”共同构成中国传统饮食的“八大菜系”。

1. 四川菜系，简称川菜。以麻辣、鱼香、家常、怪味、酸辣、椒麻、醋椒为主要特点。

2. 广东菜系，简称粤菜。以选料广泛，讲究鲜、嫩、爽、滑、浓为主要特点。

3. 山东菜系，简称鲁菜。选料精细，刀法细腻，注重实惠，花色多样，善用葱姜。

4. 江苏菜系，简称苏菜。制作精细，因材施艺，四季有别，浓而不腻，味感清鲜，讲究造型。

5. 浙江菜系，简称浙菜。讲究刀工，制作精细，变化较多，富有乡土气息。

6. 福建菜系，简称闽菜。制作细巧，色调美观，调味清鲜。

7. 安徽菜系，简称徽菜。以烹制山珍野味著称，擅长烧、炖、蒸，而少爆炒。其烹饪芡大、油重、色浓、朴素、实惠。

8. 湖南菜系，简称湘菜。以熏、蒸、干炒为主，口味重于酸、辣，辣味菜和烟熏腊肉是湘菜的独特风味。

除“八大菜系”外还有一些在中国较有影响的细分菜系，如潮州菜、东北菜、赣菜、鄂菜、京菜、津菜、冀菜、豫菜、客家菜等。不同的地区也形成了自己的饮食文化特色。

随着历史的推进，不同菜系之间相互区别，相互借鉴，共同发展，最终形成了博大精深的中国饮食文化。

古为今用

如今，面对丰富多彩的食物和菜品，如何能吃得美好、吃得健康、吃得科学、吃得卫生？从古人的饮食观念之中，我们能够获得一些有益的启示。

第一，拒绝野味，五谷为养。

在食物供给丰富、充裕的今天，吃野味是陋习。很多人吃野味，一方面是对野味营养价值的错误认识，认为野味来自大自然，没有经过人工饲养，是天然的“大补食物”“营养佳品”。但实际情况是，野生动物常年生活在野外，生存条件复杂，加上安全检疫程序缺失，导致野味更容易携带各种病菌，大大增加了致病的风险。在野生动物中，可以检测出多种病毒、细菌和寄生虫等致病微生物。因此，我们应自觉遵守有关法律法规，不购买、不食用野味。

其实2500多年前，中国古人就规范了吃的内容与结构。中国医学专著《黄帝内经》里已经总结了健康饮食指南："五谷为养，五果为助，五畜为益，五菜为充，气味合而服之，以补精益气。"谷类食物是中国传统膳食的主体，所以把五谷作为摄取营养的基础，以水果作为补充，并合理搭配肉类食物，加强营养，增益体质。然后，以蔬菜配合主食，通过多种食物的适当搭配来满足人体对各种营养元素的需求。

第二，不吃生食，生熟分开。

健康的饮食理念，其中还包括不吃生食，生熟要分开。生食品是指制作食品的原料，如生的肉、田螺、鸡蛋、芦蒿等。熟食品是指能直接供人食用的食品，如盐水鸭、灌汤小笼包等。

回溯历史，我们发现，熟食烹饪是人类饮食文明的体现，它标志着人类从此告别了"茹毛饮血"的时代。以热食、熟食为主，是中国人饮食习俗的一大特点。《吕氏春秋·本味》记载："水居者腥，肉玃者臊，草食者膻。"热食、熟食可以"灭腥、去臊、除膻"。

"生熟分开"指的是在食物的储存、加工、盛放等各个环节保持分开。首先，厨房里要有两把刀、两个案板，分别配套应用于加工生、熟两类食物，两套加工用具不能混用。其次，在购买、保存、清洗等环节，注意生、熟两类食物不要混放。再次，抹布不要混用，擦手、擦加工台（包括案板和刀）和擦餐具（如碗筷）都要有专门的抹布，或者尽量不用抹布，用纸张擦干或自然风干。

第三，清淡饮食，品出自然。

中国饮食文化绵延几千年，在这一过程中，食材加工与储存方式无时无刻不受到四季的影响。于是，一些不易保存的食材，便以腌、熏等方式保存。腌肉、腌菜、熏肉等食物虽具有独特的风味，但吃多了对健康无益。

另外，健康的饮食习惯还要求人们做到清淡饮食。因此，在日常烹饪食物时，应多选择蒸、煮、炖等烹调方式，享受食物天然的味道。

第四，病从口入，饮食有节。

成语"病从口入"，说明古人已经认识到，饮食在日常生活中对人体影响很大，所以十分重视健康饮食问题。随着生产力水平的提高，人们更加注重饮食卫生。变了色、变了味的食物不宜吃，吃了容易生病。

如今盛行的健康饮食、养生理念，其实很多都是老祖宗留下来的宝贵财富。例如，《黄帝内经》强调饮食适度适时、定时用餐、定量进食。《素问·痹论》篇中说："饮食自倍，肠胃乃伤。"意思是，吃得太饱会增加肠胃的负担，进而伤害肠胃的功能。这一理念在后世的一些养生及中医著作中得以延续，如唐代医学家孙思邈在《千金要方》中说，"不欲极饥而食，食不可过饱""常欲令如饱中饥，饥中饱耳"，也强调不要暴饮暴食，要让肠胃保持平衡状态。

学思践悟

中国烹饪史上的“八珍”（八种美肴）之说，是从周代开始的。“周代八珍”又叫“珍用八物”，是专为周天子准备的宴饮美食。《礼记·内则》记载：“周代八珍”由二饭六菜组成，具体名称是：“淳熬”（肉酱油浇大米饭）、“淳母”（肉酱油浇黍米饭）、“炮豕”（煨烤炸炖乳猪）、“炮牂”（煨烤炸炖母羊羔）、“捣珍”（合烧牛、羊、鹿的里脊肉）、“渍”（酒糟牛羊肉）、“熬”（类似五香牛肉干）、“肝膋”（烧烤网油包狗肝）。由于原料充实和炊具改进，这时的烹调技术有了长足进步。一方面，饭、粥、糕、点等饭食品种初见雏形，肉酱制品和羹汤菜品多达百余种，花色品种大大增加；另一方面，较好地运用烘、煨、烤、烧、煮、蒸、渍、糟等十多种烹饪方法。

“周代八珍”推出后，历代争相仿效。元代的“迤北（即塞北）八珍”和“天厨八珍”，明清的“参翅八珍”和“烧烤八珍”，还有“山八珍”“水八珍”“禽八珍”“草八珍”（主要是指名贵的食用菌）“上八珍”“中八珍”“下八珍”“素八珍”“清真八珍”“琼林八珍”（科举考试中的美宴）“如意八珍”等，都由此而来。

思考：从“周代八珍”看中华古代饮食文化的历史影响。

第二节　食亦有道，饮食思想

引经据典

王者以民人为天，民人以食为天。

——《管子》

拓展阅读：《管子》释义

案例导入

孔子积极乐观的饮食思想

子曰：“饭疏食，饮水，曲肱而枕之，乐亦在其中矣。不义而富且贵，于我如浮云。”

这表明了孔子自己对于人生快乐的理解，再次申明了自己坚持以仁义为主体的理想。孔子提倡“安贫”，是为了“乐道”，认为“饭疏食，饮水，曲肱而枕之”的生活对于有理想的人来讲，可以说是乐在其中的。同时，他还提出，不义的富贵荣华，如天上的浮云一般，自己是不会追求的。

思考：

孔子积极乐观的饮食思想给你的启示是什么？

理论讲坛

中国饮食思想源远流长，成为中国文化的一个有机组成部分。自从中华大地上有了人，便没有一天离开过饮食，在饮食的获得和享受过程中便已经有了人与自然的相互交流，便已经有了饮食思想。中国人吃什么，不吃什么；为什么吃，又为什么不吃；为什么这样吃而不那样吃；为什么这个地方的人这样吃，而那个地方的人那样吃……这些问题的背后隐藏着异常深奥的文化道理。

所谓饮食思想，是饮食以及饮食行为等反映在人的意识中经过思维活动而产生的结果，它指导着人们对待饮食的态度，以及参加饮食活动的精神生活。饮食思想附着在饮食上，通过人们的饮食活动而改变或者不断加强。

丰富多彩的中国饮食思想，包含深刻的哲学、科技、艺术乃至于安邦治国的道理。饮食思想是中国文化的重要组成部分，甚至有人说，中国饮食思想是中国文化的代表，认为不了解中国饮食思想就不能了解中国文化。钱钟书认为中国饮食思想的特点是：吃饭不是吃菜，而是吃一种文化，看一种文化，在文化的沐浴中，感受味觉和视觉双重满足后的个人价值和社会意义。

一、孔子的饮食思想

在儒家思想中，饮食不仅能满足人类的需求和欲望，更重要的是还能与天理相通。《左传》中所描述的“民之所欲，天必从之”就表现出了人欲和天理相应的必然性。儒家倡导的就是“民以食为天”的思想。

孔子最早提出了饮食卫生、饮食礼仪等方面的饮食要求，为中国饮食思想的形成奠定了重要的理论基础。孔子一生大部分时间都在为推行自己的观点而游走，活到73岁，在中国古代是长寿之人，他的健康长寿与科学饮食有着密不可分的关系。孔子的饮食思想不仅丰富和具体，更贴近现实生活。

（一）俭朴和平凡

孔子曰：“君子食无求饱，居无求安，敏于事而慎于言，就有道而正焉，可谓好学也已。”他对那种终日追求饮食享受且无所事事的生活没有太大的向往，他追求饮食上的俭朴和平凡。他说：“饭蔬食，饮水，曲肱而枕之，乐亦在其中矣。不义而富且贵，于我如浮云。”孔子还说过：“士志于道，而耻恶衣恶食者，未足与议也。”对于那些虽然立志学习和施行圣人之道，但又认为吃穿不好是一种耻辱的人，孔子采取的是不理睬和不交谈的态度。对于那位家境贫寒、深居简出、好学不倦的弟子颜回，则大加称赞：“贤哉回也！”他这种把实现自己的远大抱负看得比衣食生命还重要的思想境界，被无数后世有志之士继承。

（二）注重饮食卫生

在先秦时代，人们对饮食卫生的认识很欠缺，食物中毒的现象在民间很普遍。孔子警告人们要严格注意食品卫生，即使是国君赐给的祭肉，超过了贮存期限也应该丢弃不食。

孔子同时提出了一些饮食卫生的细则和鉴别食物卫生与否的判断标准，这些都集中记载在《论语·乡党》中，如“鱼馁而肉败，不食”，鱼和肉都陈旧变质了，都不应该吃；“色恶，不食”，食物的颜色变了不吃；“臭恶，不食”，食物的色味不好不吃。

孔子还认为吃饭应以作为主食的谷物为主，吃肉佐饭，要使肉与饭有一个适当的比例。肉太多，饭太少，油腻腻的，是肉气胜于饭气了，也不相宜。这一点既反映了中华民族的饮食文化意识，又合乎营养卫生的原理，因为蛋白质和脂肪消化后的产物带酸性，吃肉过多的人，由于小肠液和食物中的碱性中和力长期失衡，就可能患酸血病；血压高的人吃肉过多更是危险。

在外卖方面，孔子认为市场上买来的酒，多有掺水掺杂质的；买来的熟肉熟菜，往往不清洁卫生，都不能吃。这也是从卫生出发来考虑的。孔子还要求每餐必须有姜，但也不能多吃。因为姜味辛，可祛湿解毒，吃饭前吃一点有益于健康和饮食。另外，“食不语，寝不言”。吃饭不说话，睡觉时也不说话，这不仅吃得清洁卫生，而且能及早进入梦乡，自然也是符合健康饮食原则的。

孔子的讲求饮食卫生之道也体现在饮食之“礼”中。他认为，“馁”“败”“色恶”“臭恶”，本质是指“无道”，而“不食”体现了“正道”的追求。从中可以看出，孔子把其伦理思想独具匠心地灌注在了饮食之道中。

（三）讲究时、节、度

孔子告诉人们，日常应该遵守“肉虽多，不使胜食气”的饮食习惯。他认为：进餐不仅要有节制，还要适量、适度，更要按时间和季节的需要，定时定量进餐。孔子对饮酒的态度十分谨慎，在所有记录孔子生活的文字中少见孔子饮酒。

《论语·乡党》中记载孔子有“惟酒无量，不及乱”之语，通过这句话，孔子把其对待饮酒的态度表达了出来。他主张饮酒要“唯酒无量”，即饮酒要因人而异，量大者可多喝，量少者少饮，不能喝的人可以不饮，原则是以“不及乱”为标准。

（四）关注养生

孔子认为：菜肴、饭食加工得精，不仅能够充分入味，还有益于人体的消化吸收。在饮食上合理的调味不仅增加了菜肴的美味，还具有极其重要的养生意义。所以孔子提出了“食不厌精，脍不厌细 ”的观点，这是有科学根据和重要意义的。孔子主张饮食要讲究时、节、度的思想也是其养生之道。孔子的饮食言论不仅对孔子生活的年代有着重要的影响，对现代社会也有着深远的意义。

知识视窗

孔子不为美食而屈其心志

在《论语·阳货》中记载了孔子的饮食故事：鲁国贵族季孙氏的家臣阳虎善于玩弄手段，为了能够收买孔子，他登门拜访孔子并赠送他蒸乳猪为礼物。孔子非常厌恶这个人，于是退避内室不愿见他，让儿子孔鲤出来接待。阳虎将蒸乳猪献上之后就扬长而去了。

在当时，经过精心加工、蒸制而成的乳猪是非常珍贵的食品，还曾经被列为宫廷御膳的“八珍”之一，制法非常讲究。见到乳猪，孔子心里明白了阳虎的居心。按春秋仪礼，送来礼物，如果主人不在，主人日后就应该亲自登门致谢。孔子非常崇尚礼仪，但是如登门致谢，又会落得与恶人交往的恶名。经过再三思考，孔子趁着阳虎出门办事之时乘车来到他家，让其家人转达了谢意。这样既没有失了礼节，同时更避开了阳虎的纠缠。

二、孟子的饮食思想

孟子主张“君子远庖厨”，从仁爱的角度解释了饮食思想，他倡导的食志、食功、食德思想对后世产生了重要和深远的影响。

（一）食志

孟子曾经提出不因没有功绩而获取饮食的“食志”原则。《孟子·滕文公下》：“梓匠轮舆，其志将以求食也；君子之为道也，其志亦将以求食与？”孟子称那些只是为了“养口腹而失道德”的人是“饮食之人”，这种人“则人贱之矣，为其养小以失大也”。

孟子上述言论中的那些“食之人”，其实与孔子所鄙夷的那类“谋食”而不“谋道”之辈是对等的，孔子对那些鄙夷的人采取的是“是不与为伍”的原则，而孟子对这些人的态度则是“人以群分”的定性区分标准，因而也更加具备理论性和实践性。他主张“非其道，则一箪食不可受于人；如其道，则舜受尧之天下，不以为泰”。在他看来，人们用自己有益于别人的劳动去获取生存必备的饮食是理所当然的事情，这就是孟子所倡导的“食志”思想。

（二）食功

孟子的“食功”思想，可以理解为人们用等价或等量的体力或者脑力劳动成果来获得生存必备饮食的过程。他认为，世界上并没有“素餐”，“士无事而食，不可也”。为了生存，为了养家糊口，就必须要用劳动去换取食物，没有用劳动就换来的饮食是不存在的。孟子非常赞赏齐国仲子的饮食行为准则，他赞美仲子道：“仲子，齐之世家也。兄戴，盖禄万钟。以兄之禄为不义之禄而不食也，以兄之室为不义之室而不居也。”由此可见孟子对“食功”思想的重视。

（三）食德

孟子的“食德”思想，可以理解为饮食时要注意礼仪和礼节。他认为，食用别人饮食要有“礼”，给予别人饮食之时也要有“礼”，并且说：“食而弗爱，豕交之也；爱而不敬，兽畜之也。”意思是，人们在交往之中，不爱别人却用饮食相馈赠，就如同是喂猪；爱别人但是却不以礼相待，则就像豢养禽兽一样，违背“礼”的原则。

孟子将这种思想凝结在他的一句名言里：“鱼，我所欲也；熊掌，亦我所欲也。二者不可得兼，舍鱼而取熊掌者也。生，亦我所欲也；义，亦我所欲也。二者不可得兼，舍生而取义者也。”

孟子同样认为进食讲求“礼”是关乎食德的重大原则性问题，认为即便在“以礼食，则饥而死；不以礼食，则得食”的生死抉择面前，也应当毫不迟疑地守礼而死。他说过：“一箪食，一豆羹，得之则生，弗得则死。呼尔而与之，行道之人弗

拓展阅读：孟子的长寿之道

受；蹴尔而与之，乞人不屑也。”

孟子沿袭了孔子的饮食思想，视孔子的行为为规范。他经过自己的日常实践和理解，将自己的饮食思想和孔子的饮食思想深化成为“食志—食功—食德”的饮食观念和鲜明系统化的“孔孟食道”理论。

三、老子的饮食思想

道家学派的创始人老子，不仅对中国哲学发展产生了重要的影响，其倡导的饮食思想也有独特之处，他的“味无味”“甘其食，美其服，安其居，乐其俗”的思想对后世影响深远。

（一）为腹不为目

老子认为饮食应该“为腹不为目”，不能去追求饮食声色的悦目，能填饱自己的肚子就是饮食的终极目标。“为腹”是以食物养自己，就是用外界的食物来滋养自己的生命；“为目”是以物役己，就是用外面的事物来驾驭自己。老子的饮食之道就是人要为了填饱肚子而饮食，不要为追求声色上的享受而饮食。

（二）五味令人口爽

老子也认为饮食中“五味令人口爽”，“五味”就是酸、苦、辛、咸、甘五种味道，这个五味不仅表示了五种东西，还表示调出来的美味食品，所以“五味”又延伸指美食。

口爽的“爽”是差错的意思。五味口爽就是美食吃得太多了，以至于辨认不出美食的味道来了。由此可见，他对待饮食采取的是一种朴素的谨慎态度。

（三）味无味

老子说：“为无为，事无事，味无味。”这句话表达的意思就是：做无为的事，做无事的事，体味无味的东西。饮食要做到味无味。

仔细探讨这句话，蕴含着深刻的人生智慧。“味无味”就是要从没有味道的东西中体会出它的味道和美味。即使我们吃的是清淡无味的素菜，咬的是普通的青菜根，我们也要能从粗茶淡饭中品味出美感来，品味出人生的淡定和安宁，提炼出养身理念和人生恬淡的幸福。

除此以外，“味无味”还包含另一种意思：当我们食用了美味的东西后还要像无味一样。

可见，老子倡导对美食采取适可而止的态度，即使并非美食也要体味得有滋有味，以求达到一种饮食结构上的平衡，即便是吃比较简单的粗茶淡饭，也要满足。老子还认为，吃东西不受上下、粗细、美丑的限制，这也是其饮食“味无味”思想。

（四）甘其食，美其服，安其居，乐其俗

老子说："甘其食，美其服，安其居，乐其俗。"即满足于自己食物的香甜，满足于自己服装的美丽，满足于自己居所的安适，满足于自己的民风民俗。

现在我们可以理解为：虽然这个地方很偏僻、很落后，你还是要认为自己吃的东西是美好的；虽然你穿的衣服很廉价，你还是要认为自己穿的衣服是美丽的；虽然你居住的地方很简陋，你还是要认为自己居住的地方是最好的；虽然你的风俗不大先进，你还是要认为你那里的风俗是最优等的。这种饮食思想既朴素又影响深远。他推崇的是一种恬淡自然的饮食方式，意在告诫人们，自己的饮食感受不要受外界的影响，要有独立的感觉系统。

老子的思想之后又被庄子所传承，并与儒家和后来的佛家思想一起构成了中国传统思想文化的核心内容。

虽然几千年过去了，但是老子的饮食之道对于今天的人来说，仍然有很大的借鉴意义，对于中国饮食文化来说更是一份宝贵的遗产。

拓展阅读：老子吃醋豆的故事

四、庄子的饮食思想

庄子的饮食观念中包含对俭朴饮食观念的推崇，从他的饮食思想中，我们也能体会到一种淡泊的人生观和价值观。

（一）清心寡欲，其食不甘

《庄子》一书中勾勒出了庄子向往的圣人生活状态，同时也表达了他的饮食观念。庄子认为上古时期是最美好、最值得人们回忆与追求的时代，最重要的原因就是人们可以"含哺而熙，鼓腹而游"，也就是说，人们吃饱之后，嘴里还要含着剩下的食物无忧无虑地游逛，这才能充分享受人生的乐趣。他觉得饮食就是要"食于苟简之田，立于不贷之圃"，他主张过一种清心寡欲的简单生活，并且要"其食不甘"，即不追求美味珍馐，是真人的饮食状态，这是庄子简朴的饮食观。

知识视窗

借饮食寓人生

相传，庄子和惠施是很要好的朋友。庄子淡泊名利，惠施却做了丞相。庄子认为，清高的人应放弃对富贵权势的追逐，不应该持权贵之欲，贪红尘之染。于是庄子想劝说惠施放弃丞相官职，和他一起逍遥自由地游览世间。惠施知道庄子要来说服他时，感到很不安。他认为庄子有着比自己更高的才华，有更明确的治国策略，此次前来有夺自己丞相之位的嫌疑，于是就下命令捉拿庄子。庄子躲开了追缉，来到了惠施面前。

此时惠施衣着华贵，庄子则穿着一身破旧的粗布衣服。庄子说要讲一个故事给惠施听，他说："世上有一种最高洁的圣鹤，只在梧桐树上歇脚，只吃梧桐叶为食，它的高洁和清雅是其他鸟类不能相比的。圣鹤每年都从西北的天山飞往东海的沿岸。一次，当它经过一片草原时，地上有一只猫头鹰正在啄食一只生满蛆虫的死老鼠，吃得津津有味。这时圣鹤经过猫头鹰的头顶，猫头鹰紧抓死老鼠抬头叫道：'谁敢抢我的死老鼠？'"庄子是在嘲讽惠施的丞相职位是猫头鹰口中的死老鼠。之后庄子厉声问道："惠施，你怀疑我会夺你的丞相职位吗？"惠施惭愧地低下了头。

（二）饮食节制

庄子不仅会借用饮食典故来教化众人，还有着很多独到和科学的饮食思想。《庄子·达生》："人之所取畏者，衽席之上，饮食之间，而不知为之戒者，过也。"他认为：人们对饮食的欲望，一般来说是容易满足的，"啜菽饮水"，无需很大的力气就可以吃饱，所以人们很容易处在快乐里面。

庄子很重视饮食的限度，他认为："大渴不大饮，大饥不大食。"

庄子认为：善于养生的人会懂得内在调养，不善于养生的人只会从外在调养。善于养内的人，会使脏腑恬淡，血气顺调；注重养外的人，会极力满足自己的感官享受，贪婪追求滋味的美妙，享尽饮食的欢乐，虽然这些人的肌肉躯体充实丰腴，容貌面色愉悦光泽，但是酷烈之气已经开始在其体内腐蚀脏腑了，此时形神已经空虚了，怎么能保证良好的身体状态而长寿呢？

在2000多年前的春秋时期，庄子就形成了如此科学且独到的饮食思想，是很难得的。他的饮食思想也对后世产生了深远的影响，不仅在中国饮食史上具有重要意义，更被中华儿女所铭记。

知识视窗

庄子的养生术

庄子既有独到的饮食观念和饮食理论，还有一套自己的养生之术。庄子认为，要保证自己的健康首先要内心健康，做到内心健康需要以下几点：

少私。庄子认为：私是万恶产生的本源，是百病的根结。心底无私的人，才能胸怀博大浩远，不计较功名利禄，生活物资"取之有道"，才能够知足常乐。

寡欲。庄子曰："人欲不可绝，亦不可纵。"他认为：只有做到知其荣、守其辱、安其身、图其志、创其业、洁身自好的人，才堪称大丈夫。

清静。庄子提倡：凡有志于养生的人，都应当有较高的自我控制的能力，更要善于在纷乱的环境中保持自我的放松和自我稳定，做到轻松自如地对待生活和困境。为此，他首创了以“头空、心静、身松”为要领的“静坐功”。

豁达。庄子主张人要用乐观的心态处世。如果一个人长期禁锢在自己设置的精神阻碍里面，必然会产生忧愁和苦恼，从而“病由心起”。

五、李渔的饮食思想

李渔不仅是清代著名的戏剧理论家、文学家，还是一位杰出的美食家。在他撰写的《闲情偶记》一书中的饮馔部分，较为全面地反映了其饮食观与饮食美学思想，同时也对饮食养生之道提出了独到的见解。

（一）重蔬食

李渔主张蔬食为上，肉食次之。他认为：一般论述蔬菜的人，只谈到蔬菜清、洁、芳馥、松脆而已，却不懂得蔬菜最美的地方也在于一个“鲜”字。这种观点在《闲情偶记》中得到了很好的表达，他在书中把蔬食放在卷前，而将肉食放在卷后，表达了清淡饮食的主张。他说：“吾为饮食之道，脍不如肉，肉不如蔬。”李渔认为，蔬食能“渐近自然”，因此能养生健体。远肥腻，甘蔬素，是他养性修身的重要内容。李渔崇尚节俭治家，认为节俭能使一家人生活愉快和圆满。因此，他还创制出奇特的五香面和八珍面。五香面朴实无华，留作自己家食用；八珍面选料精细，用来待客。除此以外，他还经常“焯笋之汤，悉留不去，每作一馔，必以和之”“以焯虾之汤，和入诸品，则物物皆鲜”等，这些既是他的烹饪诀窍，也体现了他的俭约的家风。李渔乡居修坝时，常对人讲的就是五谷杂粮粗茶淡饭最养人。

（二）主清淡

李渔认为：“馔之美，在于清淡，清则近醇，淡则存真。味浓则真味常为他物所夺，失其本性。五味清淡，可使人神爽、气清、少病。五味之于五脏各有所宜，食不节必至于损：酸多伤脾，咸多伤心，苦多伤肺，辛多伤肝，甘多伤肾。”这种饮食观念符合现代的烹调道理。

李渔谈到食鱼食蟹，又道出了很多的深刻道理。他认为：吃鱼的讲究，首先重在鲜，其次才是肥。鲜、肥概括了鱼的全部特点，但针对不同的鱼又各有侧重。如鲫鱼、鲤鱼、鲟鱼都是以鲜取胜，适宜清蒸或者做汤；如白鱼、鲥鱼、鳊鱼、鲢鱼都是以肥取胜，适宜做味道浓厚的菜肴。

（三）忌油腻

李渔说，油腻“堵塞心窍，窍门既堵，以何来聪明才智”？可见他对油腻的食品是不太喜欢的。这种“忌油腻”的观点也表现在他平时喜欢吃竹笋的习惯上。李渔吃竹笋，主张“素宜白水”，熟后再放一些酱油、香醋即可，甚至连麻油也不用。李渔认为，食物自身的鲜和微甜能呈其美味，且可夺他物之鲜丰富己之美，而乱加重油厚味会使本来之甘尽失。

这些观点今天看来未必科学，但现代科学研究认为，肥胖症、冠心病、高血压与过量食用油腻食物之间有着密切的关系。

（四）求食益

李渔认为：米养脾，麦补心，应该搭配食用，各取所长。为了能让饮食有益于人的身体健康，饮食不能过多、过快。还要注意饮食时的情绪和心境，大悲或者大怒时都尽量避免饮食。

李渔的饮食之道，源于他崇尚“自然、本色、天成”的观点，而其中又以俭约、清淡、洁美、调和、食益为饮食思想的精髓，俭约中求精美，清淡中得乐趣。300 多年过去了，李渔的思想还在对中国饮食文化的发展产生着影响。

知识视窗

李渔羹汤论

李渔因要凭借自己赤贫之身养活全家人，所以深刻地感悟了生活的艰辛。每当遇到菜肴不好，他就用羹汤下饭。他主张“宁可食无馔，不可饭无汤”。对羹汤，李渔也有一番精彩的评论，他认为：“饭犹舟也，羹犹水也，舟之在滩非水不下，与饭之在喉非汤不下，其势一也。且养生之法，食贵能消，饭得羹而即消，其理易见。故善养生者，吃饭不可无羹；善作家者，吃饭亦不可无羹，宴客而为省馔计者，不可无羹；即宴客而欲其果腹始去，一馔不留者，亦不可无羹。”

古为今用

如今，在中国，一些餐厅推出了机器人小锅炒菜、智能光盘套餐，通过精准定量、科学配比，引导节约用餐；有的单位食堂使用订餐码，鼓励员工线上预订，并根据当日订餐情况精准把控菜品供应量。最近，一些地方积极运用科技手段减少餐饮浪费、倡导节约，令人眼前一亮。

餐桌上的新风尚，映照出深植于中华传统文化的“节俭基因”。无论是“克勤于邦，克俭于家”的劝勉，还是“俭节则昌，淫佚则亡”的告诫，有关俭与奢的箴言，沉淀着历史的启迪，牵动着中国人对家风与国运的思考。崇俭戒奢的思想，凝结着中国哲学智慧。从孔子“饭疏食，饮水，曲肱而枕之，乐亦在其中”的幸福观，到老子“去甚、去奢、去泰”的思辨，再到墨子对“节用”理念的提倡……有关节俭的表达，寄托着对人与自然良性关系的期待，也蕴藉着人与社会的相处之道。

励精图治、勤俭治国，是我们党的优良传统和治国经验。毛泽东同志睡衣上的七十多个补丁，周恩来同志“一片菜叶抹碗底”的简朴饮食，刻印着老一辈无产阶级革命家艰苦奋斗的精神品格。正如方志敏同志所说：“清贫，洁白朴素的生活，正是我们革命者能够战胜许多困难的地方！”节俭能提振精气神，为攻坚克难提供不竭动力。焦裕禄同志起草的《干部十不准》中，有多条内容都涉及节约粮食粮款。习近平总书记强调“在全社会营造浪费可耻、节约为荣的氛围”。党的十八大以来，从中央八项规定扎紧“厉行勤俭节约”的制度篱笆，到反“四风”对享乐主义和奢靡之风说“不”，再到“光盘行动”狠刹舌尖上的浪费，节俭之风大兴，成为观察党风政风社风的一扇窗口。

节俭文化中的谦逊与珍惜，反映了对劳动成果的敬畏。从一株秧苗到一碗米饭，从一粒黄豆到一瓶酱油，从一颗蓼蓝种子到一匹蓝印花布，都要历经几十道工序。人们欣羡田园生活，本质上则是对朴素生活的向往、对劳动创造的赞叹。品鲈鱼美，勿忘“出没风波里”的艰辛；食盘中餐，须记“田家秋作苦”的汗水。万物生长，每一分倾注时光与汗水的劳动都不容辜负，而节俭正是尊重劳动的应有姿态。

提倡节俭并非抵制消费，而是强调树立科学理性的消费观念，践行绿色文明的生活方式，更好实现资源的优化配置。节能家电、共享单车、二手物品售卖平台……近年来，以资源节约为特点的创新，顺应了大众消费趋势，为相关行业拓展了市场空间，催生了许多新业态。新形势下，用好勤俭节约这个“传家宝”，有助于激发新的经济价值，创造更大的社会效益。

《训俭示康》有言：“吾心独以俭素为美。”节俭不仅是一种美德，也是一种生活美学。近年来，“极简主义”“断舍离”等概念被不少年轻人推崇，绿色环保的服饰家居设计备受青睐，追求简约适度的生活理念渐成潮流。在物质丰盈的今天，摆脱心为物役的束缚，才能更接近生活的本真。

伟大的事业，离不开锐意进取的开拓，也需要戒骄戒奢的奋斗。面向未来，持之以恒、久久为功、不弃微末，就能让“浪费可耻，节约为荣”在全社会蔚成风尚。

学思践悟

中国传统文化向来崇尚节俭，编撰于战国初年的《左传》所引用之古语就认为：“俭，德之共也；侈，恶之大也。”孔子在《论语》中也说：“奢则不孙，俭则固。”古人所推崇的节俭，不仅是指贫穷境况里精打细算、省吃俭用的要求和选择，更是指小康乃至比较富裕条件下“一粥一饭当思来之不易，半丝半缕恒念物力维艰”的思想境界和道德品质。

为认真贯彻落实习近平总书记关于厉行节约、反对铺张浪费的重要批示精神，弘扬中华民族尊重劳动、勤俭节约的传统美德，请同学们开展“光盘行动，从我做起”的活动，积极宣传饮食文化思想，倡导餐桌文明行为，培养健康文明的餐饮文化，养成节俭生活习惯。

第三节 谦恭慈惠，饮食之礼

引经据典

夫礼之初，始诸饮食。

——《礼记·礼运》

拓展阅读：《礼记·礼运》释义

案例导入

孔子的饮食之礼

孔子一贯注重饮食礼节，说："君赐食，必正席先尝之。"其意是，国君赐给食物，回到家里一定要坐端正了再吃，不可造次，以示敬重。《韩非子·外储说左下》中写道：一天，孔子侍坐于鲁哀公一侧，哀公赐其桃与黍，示意请用。孔子就先吃了黍米饭，然后再吃桃子。其他在场的人见孔子这样吃，皆掩口而笑。哀公说："黍者，非饭之也，以雪桃也。"哀公此话的意思是，黍是用来擦拭桃子的，不是用来吃的。雪，擦拭也。孔子听了哀公的话，并未面红耳赤，恰恰相反，倒把对方说得一愣一愣的。孔子说，黍是五谷的上品，祭天祭祖时黍的地位最高。而桃子是六果中的下品。上品与下品之分，怎么能混淆呢？怎么能用上品的黍来擦拭下品的桃呢？君子应该用下品擦拭上品，不应该以上品擦拭下品。这则轶事表明孔子在日常饮食生活中是很注意贵贱之别、尊卑有序的。孔子的饮食，一切皆与"礼"有关。"有盛馔，必变色而作。"做客时，在人家用丰盛的肴馔招待自己时，必须肃然起立，向主人答谢致意。"乡人饮酒，杖者出，斯出矣。"孔子和本乡人一道喝酒，喝完之后，一定要等老年人先出去，然后自己才出去。

思考：

你在饮食中是否都依礼而行？

理论讲坛

一、食礼的萌芽

在数千年的中国历史中，礼一直是人们行为规范的核心。中国食礼萌芽于遥远的先秦时期，从古至今，由上到下，成规成矩，一以贯之。

食礼是人们社会等级身份与社会秩序的认定和体现，食礼的规范和实践最初发端于上层社会，并且由上层社会成员所遵从和施行。随后，统治者又利用手中的权力将其作为具有普遍约束力的规范秩序来推行，最后使其成为具有教化民风作用并流行于全社会的主流导意识形态。

（一）远古时期食礼的萌芽

人类文明最早的“礼”起源于远古时代的祭礼，它同样也是中国历史上最重要的礼。在远古时代，当有人死去，人们就会利用食品为其祭祀，食物在这里只是祭礼过程中的道具和信物，这是食礼的萌芽状态。

（二）食礼的出现与演进

食礼起源于人们的共食生活实践，也受到了祭祀礼仪的启示。在远古社会，家庭还没有出现，人们是群居共食，这一习性或习惯延续了相当长的时间。当时的人类只能通过群体进行觅食，当他们集体觅食之后就各自“狼吞虎咽”地吃起来，缺乏进食时的礼貌和协作。

随着人们的生产力和思维能力逐渐提高，人类社会也随之发展起来了，人们获得的食物逐渐增多，同时人类也开始懂得制造各种饮食器具。最初人们的饮食生活可能也随之出现了一些比较简单的约定俗成的规矩。例如：食料或食物在男女、壮弱、老少等不同成员之间的分配方式，以及在通常情况和特殊状态下的分配原则；有了重大收获或其他特别时刻的食事举措等。诸如此类的一些可能存在的规矩，可以有效地维护群体成员之间关系的稳定性以及促进人类社会活动的有效性。但这些规定很可能还仅停留在这样一种原始或基本管理意义的“行政”手段的层面，这只是食礼的雏形。后来，集体或社会成员之间因财产和地位有了区别，共食或聚餐场合的讲究成为客观需要，到这时严格意义的食礼才出现。

古人云：“衣食既足，礼让以兴。”“礼”只能是社会生产和社会生活发展到一定历史阶段的产物，“礼”的作用主要是区别尊卑，实现人群社会关系在饮食活动中的贯彻，为了社交饮食生活中的情感表达，食礼也就随之出现了。

实际上，食礼首先是人们对社会等级身份与社会秩序的认定和体现，其次才是以其为核心，或在此基础之上的诸般文化形态的演绎和展示。随着时间的不断推移和文化的逐渐下移，当民间百姓有越来越多的机会参与到各种社交性的饮食活动之后，食礼就以全社会普泛的文明教养和文化娱乐属性为大众所认知和传承，其等级秩序的最初性质和功能便越来越埋入时间历史的底层，其本来面目越来越难以被认识和理解了。

知识视窗

饮食的阶级性

在先秦时期，主食种类和佐食、副食的多寡、有无，是根据人伦等级的尊卑长幼来区分的。在饭的种类上，讲究“牛宜稌，羊宜黍，豕宜稷，犬宜粱，雁宜麦，鱼宜菰，凡君子之食恒放焉”（《周礼·天官·冢宰》）。这是礼所认为最适宜的饭菜搭配法，也是君王和贵族大夫用膳的共同准则。而贫民的日常饭食则以豆饭藿羹为主，豆类在古代是救荒济贫的粗粮。可见，两个阶级在饮食上的分别是很明显的。

近年来，考古工作者测定古代墓葬中出土的人体骨骼，发现不同阶级的人由于饮食不同，骨骼中的成分也略有不同，从而证明了贵族菜肴以肉类为主，平民菜肴则以蔬菜为主。不同阶层的食谱划分极为明显，这与文献的记载相符。《礼记·礼器》云：“礼有以多为贵者，天子之豆二十有六，诸公十有六，诸侯十有二，上大夫八，下大夫六。”我们再比较一下平民的饮食之仪，《礼记·乡饮酒义》言：“乡饮酒之礼，六十者三豆，七十者四豆，八十者五豆，九十者六豆，所以明养老也。”乡饮酒是乡人当时会聚饮酒之礼，在这种宴会上，最为恭敬的长者，也只能享受六盘菜的礼，只相当于一个下大夫平日的生活水平，而且平民所享受的这种礼，也只是一种表面文章。

二、邀客宴饮礼仪与请柬

（一）请客先三日送帖

俗话说：“摆宴容易，请客难。”金昭鉴所撰《酒箴》说：“请客先三日送帖，订期也。”古代宴客前要送给尊贵客人三道帖。第一道帖一般在三天以前便送到拟请客人的府上，第二道帖在宴会的当天递上，第三道帖在开宴前一个时辰送上。民间有送头帖“三日（是）请客，当日（是）抓客”的说法。

三天前以帖相请的客人是被郑重对待的贵客，前两天被邀请的客人是不甚重要的客人，至于当日临时接到通知的客人，会觉得自己是主人应急抓来陪垫帮衬的“陪客”角色。这种被派为陪垫帮衬作用的客人，对主人并不感激，因此又有“当日吃冤家”的说法，吃了主人家的肉和酒也不怀谢意。

知识视窗

元代宴客请柬

这里有一张古代请柬的复制件（见图 5-2），它的原件出土自内蒙古黑城遗址。这份请柬保存较好，纸面长 25.8 厘米、宽 9.8 厘米，行体墨书 41 字，文字有韵。柬文如下：

谨请贤良

制造诸般品味　薄海馒头饰妆
请君来日试尝　伏望仁兄早降
今月初六至初八日小可人马二

主人马二，是一个食店老板，他邀请社会贤达光顾店中，品尝美味佳肴，时间是初六至初八日三天。他这样破费究竟是为了什么，我们暂且不必理会。从柬面看来，格式规范，邀请者、邀请的对象、邀请的内容及时间，都表述得相当清楚。而且柬文还以韵文形式写成，别有一番情趣，被邀者大约不会置之不理的。据发掘者初步研究，马二请柬属元代遗物，按最保守的估计，它也有六百多年的历史，这是一件十分珍贵的饮食文物。我们由此可以推测，元代前后，一般宴客的请柬，大概与马二请柬的程式没有太大区别。

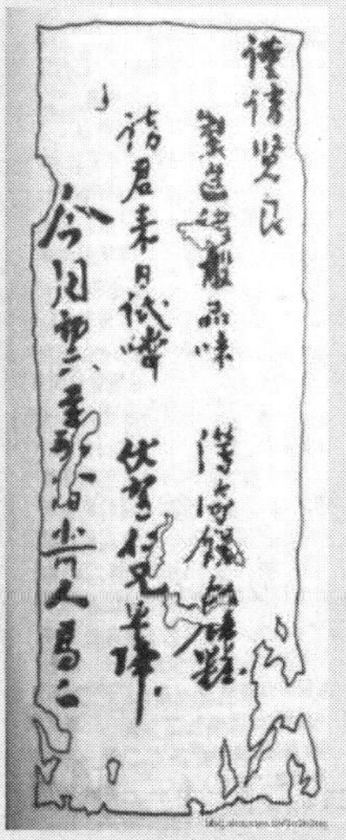

图 5-2　马二请柬

（二）被邀客人回帖

被邀请的客人在收到帖后，一般要有回帖，回帖由主家的下帖人带回，表明自己很荣幸被邀并一定准时赴宴。如果不能或不愿出席，也应以感谢之情陈述理由婉辞，万不为失礼。

这种宴事请帖，历史上出现得很早。它始于上层社会，是上层社会习用的交际工具。从请帖具主人署名和邀请之事两种内容的属性来看，相当于古代的“名片”和“书信”，是兼有两种功用的一种特殊社交工具。

知识视窗

宋代宴请帖及回帖

在宋代，士大夫请客，但凡稍微正式一些的饭局，一定要写请帖，哪怕被请的客人就住在对门，也要规规矩矩地把请帖送过去，不然会显得不够隆重，有敷衍人家的嫌疑。

饭局可以在家举行，也可以在饭店举行，请客的地点不一样，请帖的格式也不一样。如果在家请客，请帖的外面一定要有封皮，封皮一般是白色的，半尺来宽，一尺来长，将其糊成信封的形状，然后在封皮正中竖着贴一张红纸条，纸条上要写被请之人的姓名及官衔；信封里的请帖是一张小一些的白纸，内容可长可短，但必须写明请客的原因、时间、地点以及欢迎到场的客气话，落款则是自己的姓名和官衔。

南宋田园诗人范成大留下过一份很短的请帖，内容如下：

欲二十二日午间具饭，款契阔，敢幸不外，他迟面尽。

——右谨具呈，中大夫、提举洞霄宫范成大札子

译文：朋友您好，我想在二十二日那天中午请您吃饭，咱们边吃边聊，谈谈各自的近况（款契阔），希望您一定要来，千万别跟我见外（敢幸不外）。我就写这么多，其他的话等咱们见面再聊（他迟面尽）。

这份请帖写明了请客的原因、时间、客气话，但是没写在哪儿请客。为什么没写呢？大概因为范成大是在家里请客，而被他邀请的那位朋友知道他家在哪儿，所以没必要废话。

三、待客饮食礼仪

随着社会的发展，最晚在周代，中国历史上就出现了一套较为完备的饮食礼仪制度。这些饮食礼仪制度后来也有了较高的层次，并且充分显示了中国作为礼仪之邦的“尚礼”特点。

《礼记·礼运》说：“夫礼之初，始诸饮食。”礼仪产生于饮食活动，饮食之礼是一切礼仪的基础。周朝的很多饮食礼俗经过儒家整理和收集，比较完整地保存在《周礼》《仪礼》和《礼记》中。

（一）访客进食之礼

作为客人，到外面赴宴要遵守一定的饮食礼仪。赴宴时，入座的位置有一定的礼仪要求，要做到“虚坐尽后，食坐尽前”。古人席地而坐，客人为了表示谦卑和礼让，要坐得比尊者、长者靠后一些；饮食过程中为了防止食物掉到座席上，客人要尽量坐得靠近食案。

宴饮开始，馔品端上食案时，客人表示礼貌要站起。如果遇到贵客到来，其他客人也都要起立恭迎。如果来宾的地位低于主人，则必须端起食物向主人表示感谢，等到主人寒暄完毕，客人才可落座。

宴席上，客人享用主人准备的美味佳肴，却不能随便取用这些菜肴。须得“三饭”过后，主人指点菜肴让客人食用，并且还要告知客人所食菜肴的名称，客人才能食用。

知识视窗

三　饭

“三饭”即一般的客人吃三小碗饭后便说吃饱了，须主人再劝而食。宴饮快结束的时候，主人绝对不能先吃完饭而不管客人，必须等到客人饮食完毕才能停止进食。

（二）仆从待客之礼

席间，待客的仆人和随从也要遵循饮食礼仪。仆从负责安排筵席的菜品摆设，馔品的摆放有严格的食俗礼仪，如脍炙等肉食类要放在外边，酒浆也要放在人的身边，葱末之类可以放得远一点，醯酱等调味品则需要放在靠人近些的地方以便客人选用，带骨的肉要放在净肉的左面，饭类的食品要放在客人的左边，肉羹则需要放在其右边，如果有肉脯之类的食品，还要注意其摆放的具体方向。

摆放酒樽和酒壶等酒器时，仆从要将壶嘴面向贵客。仆从回答客人的问话时必须将脸侧向一边，以避免呼气和唾沫溅到盘中或客人脸上。

在端出菜肴之时，禁止面对客人和菜盘子大口喘气。如果上的菜是整条的鱼，一定要将鱼尾朝向客人，原因是鲜鱼肉从尾部易剥离出鱼刺。在冬季，鱼的腹部肥美，摆放时为了便于取食要鱼腹向右；在夏季，鱼鳍部较肥，要将鱼的背部朝右摆放。

（三）陪客侍食之礼

宴席之上陪客也有一套饮食礼仪。仆人上菜之后主人还要引导，陪伴客人吃饭，其中包含很多的讲究。席间陪长者饮酒时，酌酒必须起立，离开座席并且面向长者叩拜之后才能饮酒。如果长者一杯酒没喝完，少者也不能先喝完。如果长者赐饮食给少者和仆从这些地位低的人，受赐的人也不必辞谢。侍食年纪大并且地位高的人，少者还要先吃几口饭，古礼称之为“尝饭”。虽然是先尝食，但是不得先吃饱，必须等尊长吃饱后才能放下碗筷。少者吃饭时还得斯文小口地吃，而且要尽量快的咽下去，这样做是为了准备随时能回复长者的问话，谨防把饭喷出来。

对熟制食品来说，侍食者都要先尝。如果是水果之类，则尊者必须先食，少者绝对不能抢先。如果尊者赏赐地位低的人水果，吃完果子剩下的果核也不能扔下，要郑重地放好，否则就是极不尊重。如果尊者赐给没吃完的食物，或者盛食物的器皿不容易清洗，还得先倒在自己用的餐具中才可食用。在当时，贵族们对自己的饮食卫生相当重视。

以上内容只是诸多礼仪当中的一部分。我们从这些饮食待客礼仪当中能体会到中国人自古以来对“礼”的重视。

拓展阅读：孔子的饮食礼仪

四、宴饮座次礼仪

中国的宴饮座次一般以长幼、辈分、职位以及社会关系的远近来安排。通过座次的规范，可以强化长幼有序的传统伦理观念，并潜移默化地影响使用者的人格精神状态和素质。

（一）席地而坐的宴饮座次与礼仪

合席是我国古代宴饮的特色之一，在等级观念较强的古代社会，宴饮座次是区别尊卑的一项重要礼俗。

一般来说，座次的尊卑是通过方向来表示的。《礼记·曲礼上》说："席南乡北乡，以西方为上；东乡西乡，以南方为上。"先秦时期，古人的宴饮活动主要是在室内铺筵加席进行。筵一般用蒲、苇等粗料编制，粗糙宽大，直接铺在地上；席类似于今日的坐垫，用草、竹等细料编制而成，短小精致。宴饮时，先把筵铺在地上，然后根据饮者的地位和身份加席。在室内，以在西墙前铺筵加席、饮者坐西面东的位置为最尊；其次是在北墙前铺筵加席，饮者坐北面南；再次是在南墙前铺筵加席，饮者坐南面北；最卑的座次是在东墙前铺筵加席，饮者坐东面西。

知识视窗

从"鸿门宴"看中国古代筵席座次

秦末，刘邦与项羽各自攻打秦王朝的首都咸阳，刘邦先破咸阳。项羽入咸阳后，亚父范增到达新丰鸿门，而刘邦则在霸上驻军。项羽听说刘邦打算在关中称王，非常气愤，令次日一早让兵士饱餐一顿，要击败刘邦的军队。次日，刘邦率张良等人至鸿门谢罪，项羽在鸿门设筵款待刘邦。"鸿门宴"上虽不乏美酒佳肴，但却处处暗藏杀机，后刘邦乘机逃回本营。后用"鸿门宴"比喻不怀好意的阴谋之宴。

按古代礼仪，帝王与臣下相对时，帝王面南，臣下面北；宾主之间相对时，则为宾东向，主西向；长幼之间相对时，长者东向，幼者西向。宾主之间，宴席的四面座位，以东向（坐西朝东）最尊，次为南向，再次为北向，西向为侍坐。清代学者凌廷堪在他的礼学名著《礼经释例》就更为确切地提出"室中以东向为尊"。"鸿门宴"中的筵席座次代表着古代筵席的座次礼仪。

原文：项王、项伯东向坐，亚父南向坐。亚父者，范增也。沛公北向坐，张良西向侍。

东向——项王（项羽）、项伯，南向——亚父（范增），北向——刘邦，西向——张良。项伯是项羽的叔父，项羽不能让叔父坐在低于自己的位置上，所以项羽和项伯坐在最尊的东向（坐西朝东）；范增朝南而坐，仅次于项氏叔侄的位置；刘邦朝北而坐，又卑于范增；张良面朝西的位置，是在场人中最卑的座位了（见图 5-3）。

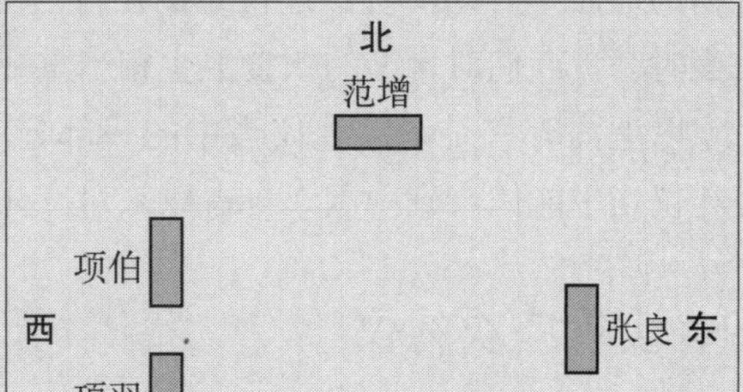

图 5-3 "鸿门宴"座次图

按照古代宴请礼仪，宴设于项羽军中帐内，刘邦为宾，应坐在最尊贵的东向，而宴请的主人项羽应退坐于次席，但"鸿门宴"的座次恰恰相反。从座位安排上即可看出，项羽目中无人，自高自大，因双方兵力相差悬殊，刘邦的处境已令人忧心。再看项羽集团内部，谋士范增在项羽心中的地位，尚不及告密的项伯，君臣隔阂，事不可谋，已初露端倪。

宴饮中以东向为尊的事例在文献中有许多记载。如《史记·南越列传》记载，南越国相吕嘉独断专权，南越王甚恐，“乃置酒，介汉使者，权谋诛嘉等。使者皆东乡，太后南乡，王北乡，相嘉、大臣皆西乡，侍坐饮”。按照身份的尊卑，这里汉使者是最尊敬的客人，所以坐西向东，坐在最尊的位置上；其次，太后为南越王之母，故坐北向南，坐在第二等席上；再次，是南越王，坐南向北；而一向独持国柄的吕嘉及臣僚只能坐在卑位，陪同饮酒。

又如《史记·魏其武安侯列传》中记载，丞相田蚡“尝召客饮，坐其兄盖侯南乡，自坐东乡，以为汉相尊，不可以兄故私桡”。这里身为丞相的田蚡，没有因其兄在场，把最尊的席位让于兄长，而是自坐尊位，让哥哥坐北朝南，在二等席上。看来田蚡对其兄长的胸怀还不如项羽，因此受到司马迁的批评。

坐到席上也有些讲究。若宴饮中有尊者离席或走到跟前，饮者需用“避席伏地”的方法自表谦卑。《史记·魏其武安侯列传》记载：“饮酒酣，武安起为寿，坐皆避席伏。已魏其侯为寿，独故人避席耳，余半膝席。”“避席伏”即离开席子在地面伏，“膝席”则为原地不动以膝着地，也就是长跪，两者虽都是表示敬重，但程度不同，前者要比后者恭敬得多，所以引得魏其侯的朋友灌夫十份恼怒。

（二）八仙桌的座次与礼仪

八仙桌是一种实用器物，不仅具有基本实用功能，还承担着教化的功能，很多文化习俗的养成都是以八仙桌为载体来完成的。无论是中轴对称的空间布局还是长幼有序的座次礼仪，都折射出中国传统社会对于“礼”的尊崇和人们对社会秩序的解释。

从古到今，由于桌具的演进，座位的排法也相应地发生了变化。时至今日，烦琐的宴饮秩序已经被简化，但是必要的礼节被保留下来。传统的中餐宴席一般都使用八仙桌，八仙桌的摆放一般遵循“坐北朝南”“尚左尊东”“门面定位”的原则。

八仙桌出现后，由于宴饮人数增加，座次的安排另有一番讲究，座次尊卑表现得也更加明显。如果设一桌席，一般桌朝大门，每桌设八个席位，其位次如图 5-4 所示。

如果是两桌横排排列，横排中的主桌则要面对正口，并且一般摆放在右侧。如果是两桌竖排排列，那么，离正门最远的那张八仙桌便是主桌。若由三桌或三桌以上的八仙桌所组成，还会兼顾其他各桌离主桌的远近距离。通常，距离主桌越近，桌的地位越尊贵。

在非正式宴饮场所中，除了对上座的安排比较讲究外，对其他位置的要求因各地区习俗的不同而有不同的座次。在中国，无论南北方，一般按照“左为尊、右为次，上为尊、下为次，中为尊、偏为次”的原则。而在西方国家，则认为右为尊、左为次。在上述的座次格局中，年长者与年幼者以及男东女西的座次格局是不能够随意改变的，由此也可以看出，长幼有序的观念在中国人思想观念中是根深蒂固的。

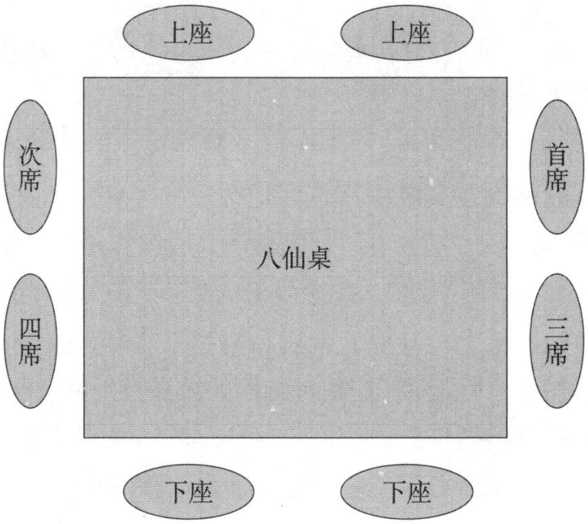

图 5-4 八仙桌礼仪座位安排图

（三）圆桌的设置与座次

随着聚宴人数的增多和席面规模的扩大，圆桌也就出现在合餐场合中了。袁枚《圆几》诗说："让处不知谁首席，坐时只觉可添宾。"从这首诗中不难看出，圆桌替代方桌，也给人们带来了些许不适的感觉。

圆桌一般是不分座次的，但在某种特殊情况下也分尊卑。座席位次的安排，总的原则是"在朝序爵，在野序齿"。"在朝序爵"是说在官方宴席中要看职位，爵位高、职位高者，坐主位。"在野序齿"是指在民间聚餐，就要看辈分和年龄，辈分越高，年龄越长者，坐最尊的位置。

知识视窗

从《红楼梦》看座次

《红楼梦》第七十五回写贾母等于中秋之夜在凸碧山庄赏月，"凡桌椅形式皆是圆的，特取团圆之意。上面居中，贾母坐下，左边贾赦、贾珍、贾琏、贾蓉，右边贾政、宝玉、贾环、贾兰，团团围坐"（见图 5-5）。贾府是一个具有严格尊卑之别的家族，虽然赏月时用的是圆桌，但由于是祖母、父辈、孙儿三代人相聚，因此座次仍须分清尊卑。贾母是老祖宗，所以居中而坐；贾赦等是长子及其血脉，故居左，依年龄、辈分区别尊卑而坐；贾政等为次子及其血脉，所以居右，依年龄辈分区别尊卑而坐。

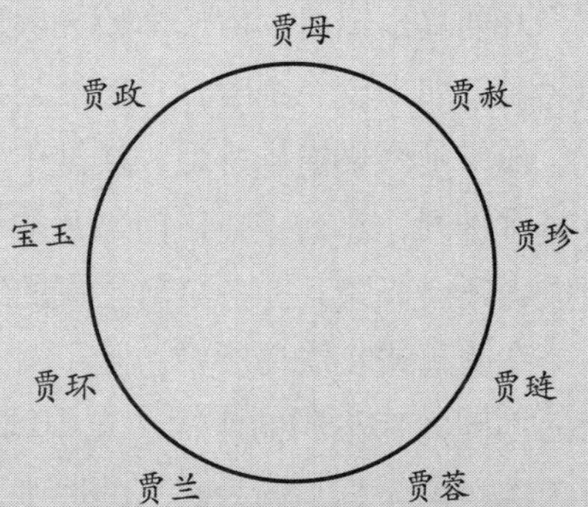

图 5-5 贾母与子孙夜宴座次图

到了现代，圆桌的设置和座次有了一定的讲究。按国际惯例，在举办比较正式、隆重的宴会时，须按来宾的身份安排桌次和席位。桌次的尊卑以离主桌的远近和左右来定，一般近尊远卑、右高左低；席位的尊卑以离主人（或桌中地位最尊者）座位的远近和左右而定，同样遵循近尊远卑、右高左低的习惯（见图 5-6）。

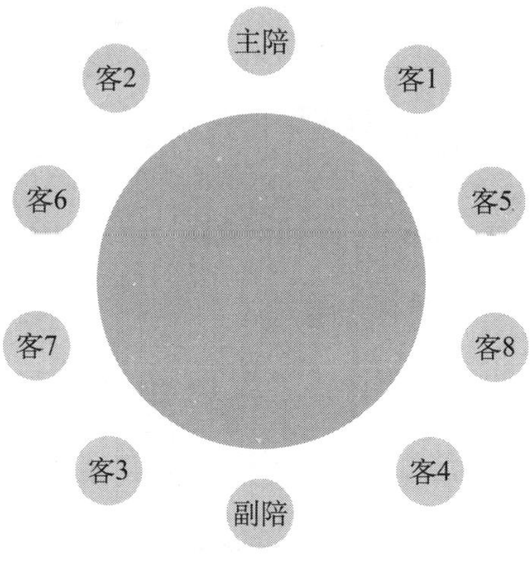

图 5-6 圆桌的设置与座次

五、分餐与合餐

据有关史料记载，在唐代以前，中国人就开始分餐进食了，而随着生产力的发展，分餐逐步转化为合餐，这两种用餐方式都有着悠久的历史和深刻的文化内涵。

饮食文化不是孤立存在的，与社会生产力自然也有着密切的关系。随着时代的发展和人类生产能力的进步，越来越多样的饮食器具被创造出来，同时也催化了饮食方式的转变和新的饮食方式诞生。

拓展阅读："举案齐眉"话分餐

（一）分餐礼仪

在很多文字记录和绘画上可以找到唐代以前分餐的形式。从一些汉墓壁画、画像石和画像砖上，我们可以看到人们席地而坐、一人一案的宴饮场面。成都西郊出土的汉代画像石（见图 5-7）上也有一幅宴乐图，在其右上方，一男一女席地而坐，两人一边饮酒，一边观赏舞蹈。中间有两案，案上有尊、盂，尊、盂中有酒勺。

在河南密山市打虎亭一号汉墓内画像石的饮宴图（见图 5-8）中，主人席地坐在方形的大帐内，面前还摆设了一个长方形的大案，案上还有一个大托盘，托盘内放满了杯盘，主人席位的两侧还各设置有一排宾客席。

图 5-7 ［东汉］歌舞演乐画像石

图 5-8 河南密山市打虎亭一号汉墓内画像石的饮宴图（局部）

（二）合餐礼仪

周秦汉晋时代，筵席的形制实行分餐制。在民族大融合的西晋时代，北方少数民族的诸多习惯开始流入中原地区，这不可避免地给饮食发展带来了影响。自西晋王朝灭亡以后，生活在北方的匈奴、鲜卑、羌等少数民族陆续进入中原，先后建立了他们的政权。各民族间的交流日益加深，饮食文化日益融合，使中原地区自殷周以来建立的传统习俗、生活秩序和礼仪制度，受到了一次次强烈的冲击。少数民族的圆凳、方凳、胡床、椅子等高桌大椅逐渐取代了铺在地上的席子。传统的席地而坐姿势也随之改变，人们垂足坐在高椅上，围坐在八仙桌或圆桌旁，其乐融融地聚餐合食。到了隋唐，这种风潮尤甚。在五代时，新出现的家具已经渐渐定型。在南唐画家顾闳中的《韩熙载夜宴图》（见图 5-9）中，我们可以看到各种桌、椅、屏风和大床等陈设在室内，画中人物完全摆脱了席地而食的旧俗。这幅画取材于真实人物，也体现出人们饮食方式的变化。

图 5-9　顾闳中《韩熙载夜宴图》（局部）

分食制向合食制的转变，是一个渐进的过程。在相当长的历史时期，这两种饮食方式是并存的。如在《韩熙载夜宴图》中，南唐名士韩熙载盘膝坐在床上，几位士大夫分坐在旁边的靠背大椅上，他们的面前分别摆着几个长方形的几案，每个几案上都放有一份完全相同的食物。碗边还放着包括餐匙和筷子在内的一套餐具，互不混杂，这表明，当时虽然合食制已成潮流，但分食制仍然同时存在。

合食制的普及是在宋代，随着餐桌上食品的不断丰富，传统的一人一份的分食方式已经不能适应时代的发展了，围桌合食也就成了人们主要的饮食方式。

古为今用

2020 年 2 月，世界中餐业联合会向其海内外会员、各国中餐业行业组织、中餐企业、广大中餐消费者发出倡议：培养健康饮食习惯，阻断餐桌上的疾病传染路径。共创中华餐桌文明，实行“分餐制”“公筷制”“双筷制”。

越来越多的人意识到“分餐制”对健康的重要性。那么“分餐制”是什么？为什么要分餐？到底该怎么分餐呢？

第一，什么是分餐制？

第一，什么是分餐制?

“分餐”是和“合餐”相对的。顾名思义，合餐就是指多个人共同吃一份或几份菜肴。而分餐是指服务人员或就餐者通过使用公用餐具分配菜点，每个人使用各自的餐具进食的就餐方式。

我国分餐制的历史一直可追溯到远古时期，早在周秦汉晋时代，就已实行分餐制了。直到唐代后，才逐渐开始转变成合餐制。

第二，合餐制的隐患。

一家人、亲朋好友、同学们围在一桌吃饭的场景我们经常遇到，你给我夹个菜，我帮你盛碗汤，你来我往，觥筹交错，大家都很享受那种其乐融融的气氛。

但是，在经历过新冠肺炎疫情后，我们需要重新思考：如何把好餐桌安全关?

合餐制就意味着许多人同吃一桌饭菜，人们相互接触频率增加，更容易给病毒、细菌以可乘之机，例如感染者的双手传递接触用品（水、食物），唾液等分泌物污染用品（筷子、碗、杯子等），以及近距离的呼吸、飞沫传播等。新冠肺炎疫情期间就有不少聚餐引起的聚集性事件发生，充分说明了合餐是这类传染性疾病传播的温床。

有研究表明，除新冠肺炎病毒外，幽门螺旋杆菌、甲肝病毒、禽流感病毒、诺如病毒等，都有可能通过唾液传播。所以，分餐制就成为防范就餐者传染病菌的可行方式。

第三，分餐制的益处。

分餐制是一种饮食方式、饮食文化，这种文化也是在不断的变革中发展进步的。新冠肺炎疫情给我们敲响了警钟，也是我们重塑文明饮食习惯的一个契机，让公筷、公勺、分餐等文明习惯“走上”餐桌，在全社会推行分餐就餐方式已经势在必行。分餐至少有以下好处：

（1）分餐制更安全。分餐制可以阻断口腔中的病毒和细菌互相传染，减少交叉感染，降低传染性疾病和食源性疾病的发生。尤其在新冠肺炎防控期间，分餐能有效减少病毒的传播途径，防止感染。

（2）分餐制更营养。分餐可根据每人每餐需要的营养搭配饭菜，有助于更科学地进食，定份定量，营养均衡，对有效预防和延缓肥胖、糖尿病、癌症等慢性疾病的发生影响深远。

（3）分餐制少浪费。分餐根据自己的饭量和需要进食，一人一份，能有效约束大吃大喝，减少铺张浪费，促进良好社会风气转变，与环境和谐相处。

（4）促进技术变革。受新冠肺炎疫情影响，我国餐饮行业受到严重冲击。疫情过后，消费者的消费习惯、理念将发生深刻变化，更加注重科学饮食、健康卫生。这势必对餐饮企业，尤其是中餐企业提出更高要求。分餐对烹饪方式、量化、器皿、减少油盐糖的使用等提出了新要求，将促进饮食行业现代化，更有利于国际化和适应社会发展。

第四，分餐应该怎么做?

不论是在家里，还是在外用餐，我们都应该做好分餐。

在家用餐，可以由家长或掌勺的人，按照家人不同的能量需求分配食物，合理搭配主食和菜肴，在上桌前把食物以套餐的形式装盘，一家人吃饭时同桌不同食，仍然能够彰显和睦的家庭氛围。

没有条件分餐的家庭也可以为每一位成员配备专碗专筷，使用公筷公勺，分餐不分爱，反而是给家人更多的爱。

外出聚餐尽量选择自助餐、套餐，也可以采用服务员分餐或后厨分餐，还可以在合餐时使用公筷公勺，公筷夹菜、私筷进食，杜绝混吃、夹菜、共碗、共勺，在阻断病毒、细菌通过唾液传播的同时也不会影响他人就餐。分餐进食是对他人和自己健康的保护，更是尊重同桌用餐人的方式。

分餐制的普及对我们影响深远，我们每一个人都需要这种更卫生、更健康、更低碳的饮食习惯。

学思践悟

思考：在同学聚会中，你邀请了老师一起来聚餐，作为主人的你要如何安排座位呢？

第六章

衣——衣冠上国

习言习语

古丝绸之路绵亘万里，延续千年，积淀了以和平合作、开放包容、互学互鉴、互利共赢为核心的丝路精神。

——2017 年 5 月 14 日习近平在首届“一带一路”国际合作高峰论坛开幕式上的主旨演讲

中国素有“衣冠王国”之称，上起史前，下至明清，中华各民族的人民在长期的生产活动和社会实践中，创造了无数精美绝伦的服饰。中国传统服饰文化是中国传统文化的重要组成部分，是中华各民族创造的宝贵财富，在世界服饰史上有着十分重要和特殊的地位。

服饰是人类生活的要素，也是一种文化载体。中国服装款式的发展和演变，面料和色彩的选用与搭配，着装的特定场合和等级规定，反映着特定时期的社会制度、经济生活、民俗风情，也承载着人们的思想文化和审美观念。一部服饰史，也是一部生动的历史文化百科全书。

第一节　掩形御寒，服饰演变

引经据典

昔者衣羽皮，后圣治其麻丝，以为布帛。

——《礼记·礼运》

拓展阅读：《礼记·礼运》释义

案例导入

古代中国没有棉花的时候，人们靠什么挺过寒冬？

在现代，即便是对于贫穷的家庭，北方冬季的严寒也不是什么令人担忧的事，一件棉衣就可以解决；如果一件不行，那就两件。但是，在同样寒冷，棉织物尚未普及的古代，普通人是如何抵御寒冬的呢？

在明朝之前，由于棉花种植并不普遍，古人基本穿不到棉衣过冬，所以只能利用葛、麻、丝、动物皮毛等一些纺织材料来抵御严寒。

在原始社会时期，人们主要依靠动物皮毛制作衣服。《礼记·礼运》中记载："未有麻丝，衣其羽皮。"可见，在丝、麻出现之前，人们大多用动物皮毛制衣蔽体御寒。随着时代进步，到了先秦时期，麻葛类织物开始出现。其中最主要的有葛、大麻、苎麻、苘麻等。然而，虽然麻和葛价格亲民，但它们的御寒效果还是难如人意。

《韩非子·五蠹》中记载："冬日麑裘，夏日葛衣。"不难看出，那时的冬季，人们还是要依靠动物皮毛御寒。然而，动物皮毛往往价格不菲，那么，那些买不起毛皮大衣的古人是怎么过冬的呢？既然单靠葛、麻不保暖，就只能往衣物里填充丝絮来保暖。当然，普通人家是买不起高质量的丝絮的，所以他们就只能用些陈年破絮混杂一些缫丝用剩的零碎脚料作为保暖填充物——也被称为"缊"。"布衾多年冷似铁，娇儿恶卧踏里裂"，大诗人杜甫于穷困时就曾发出如此感慨。战国时期的曾子也因为穿着缊袍，在寒冬里一抬胳膊，导致袖子破裂，露出了胳臂肘，留下"捉襟见肘"的典故。不过，过冬这一大难关，终于随着一种新材料——棉花的出现而有所突破。

思考：

在中国，棉布是什么时候出现的？

理论讲坛

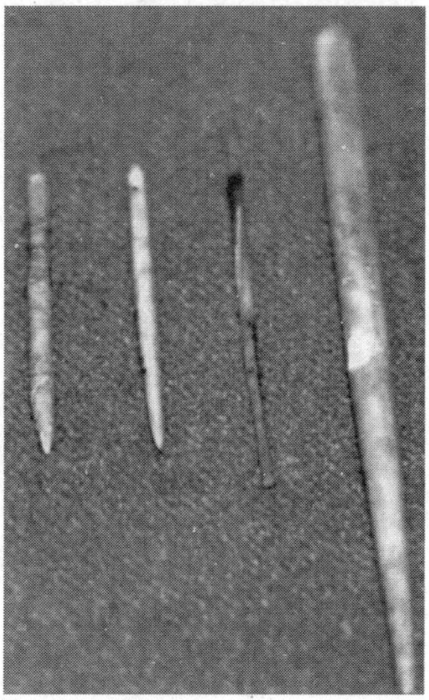
图 6-1　骨针

人类服饰的起源由来已久。在中国，距今约 3 万年的山顶洞人已经会使用骨针（见图 6-1）缝制兽皮遮体蔽身。

1930 年，考古学家在北京周口店龙骨山山顶洞穴里一处原始人的生活遗址中，奇迹般地挖掘到了一枚骨针。这枚骨针长 82 毫米，直径 3.1 至 3.3 毫米，针身圆锐，是刮削和磨制而成的。针眼窄小，通身刮挖制作而成。骨针的制作过程极为复杂，必须切割兽骨，加以割削，挖穿针眼，再加磨制。骨针显然是原始人专用于缝制兽皮衣服的。据考证，居住在这里被命名为“山顶洞人”的原始人类，生活年代距今约为 3 万年，也就是说，那时候我们的祖先就已经制造出了如此精巧的工具，并用它开启了人类远古服饰史的一个新的阶段。

一、兽皮——人类最为原始的服装雏形

距今大约 70 万～20 万年，在北京周口店的龙骨山就已经生活着一群猿人，这些人就是我们现在称之为“北京人”的原始人类。他们已经学会熟练地使用石器，捕捉到了猎物就将肉架在火上烤着吃，用石器将兽皮割剥下来，披在身上，保护身体或御寒。这时的人类已经脱离了动物的状态，进入历史记载中的“茹毛饮血”“食草木之实”“衣禽兽之皮”的年代。

在原始社会，所谓“服装”仅是一整张兽皮，将它披在身上可以保暖。后来他们渐渐感到需要束缚在身上，而且要把几张兽皮拼凑起来，才能更好地遮蔽身体，也便于行动。于是，就出现了怎样束缚和拼凑的问题，也就是说，面临着设计、剪裁和缝制的问题。当然，就当时人的智力来说，解决这些问题是相当困难的，因此在生活中摸索了很久。

随着制造工具方面的进步，工具愈多，人们也就愈加清楚不同工具的使用方法和效果，对兽皮的加工也越来越细，原始人也就有可能将兽皮穿洞，再另用兽皮切成细条，作为绳子，穿在皮上的小洞中，将兽皮系挂起来。对原始人来说，穿洞已经是一项非常复杂艰难的工作了，他们需要尖锐的工具，需要专门用于制作兽皮衣服的工具。

第一枚骨针的成功制造，使人类想要按照自己的构想制作服装的愿望得以实现。使用了骨针，人们就可以将不同形状的兽皮，根据需要缝制起来。这样，人类服装制作的三个步骤就都初步具备了，即设计式样、剪裁衣料、缝制衣服。

在山顶洞人的居住地，考古学家还发现了一些装饰品，有穿孔的兽牙、海蚶壳、小石珠、小石坠、鲩鱼眼上骨等。其中穿孔兽牙最多，包括狐狸的上下犬齿 29 枚，鹿的上下

犬齿和门齿 29 枚，野狸的上下犬齿 17 枚，鼬的犬齿 2 枚，虎的门齿 1 枚，还有 2 枚残牙可能是狐狸或鼬的。这些兽牙均在牙根部钻有一个孔，有一些甚至用赤铁矿粉染成了红色。山顶洞人用皮条将这些小装饰品串起来，佩戴在脖颈、手腕或悬挂在衣服上，用以美化外形。

拓展阅读：比山顶洞人更早懂美的原始人类

出土时，有 5 枚穿孔的兽牙排列成半圆形，很明显这是一串“项链”。还有 7 颗大小相近、被染成红色的精致穿孔小石珠，它们均匀地分布在头骨附近，很可能是山顶洞人的头饰。

由此可以看出，山顶洞人的装饰品十分丰富。这些饰品加工精巧、光滑美丽，它们与兽皮衣服相配，成为相得益彰的真正服饰。这说明此时的人类已经有了审美情趣。

知识视窗

鄂伦春族人制兽衣

生活在东北大、小兴安岭的鄂伦春族人，在中华人民共和国成立前仍处于原始社会，靠狩猎、采集为生。他们保留了很多原始社会的生活习惯，比如平均分配猎来的食物、住用树木和兽皮搭建的房屋、穿用兽皮制作的衣服等。鄂伦春族人最常用的兽皮是狍子皮，在制衣前会经过精心的鞣制。他们还擅长在狍皮上刺绣，早期刺绣用的针就是骨针，线则是鹿和狍子的筋，到了近代才开始用铁针和彩色丝线。

大约到了距今 5000 多年前，黄河流域的人们开始定居，从事原始农业活动，此时纺织业诞生了，人们的衣料从此不再仅仅限于兽皮。在长期的劳动实践中，人们发现了野麻等植物纤维，经过原始纺织工具的加工捻成细绳，再织成麻布。

在众多新石器时代的遗址中，出土了纺捻纱线的纺轮的遗址不胜枚举，最早的距今已经有 7000 多年，说明纺纱技术在新石器时代已经相当普及。这一时期，人们的主要衣料有麻布、葛布、丝绸、毛织品等。

知识视窗

最早的织机

位于长江下游的浙江余姚河姆渡遗址出土了一批木质的织机零件。经专家研究鉴定，河姆渡织机已经有了筒形后综，可以形成自然织口，还有了卷经轴，而且这时的织机可能已经有了支架（见图 6-2）。

文山苗族和壮族人喜用麻纺织品，直至今日他们仍保留了最原始的织布技术，几乎家家有织布机。

余姚河姆渡遗址出土的陶纺轮　　河姆渡人纺织雕塑

图 6-2　浙江余姚河姆渡遗址出土的纺织用具及河姆渡人纺织雕塑

二、葛和麻——植物纤维的最早利用

1. 葛

葛布是用葛的韧皮作为原料，经过一系列加工纺织而成的织物。在发明葛布之前，古人冬天穿兽皮御寒，夏天用树叶遮体。因树叶极易破损，常给古人带来很多麻烦。所以，当原始的葛布被织造出来后，马上受到人们的青睐。大家纷纷上山采葛藤，回去煮葛藤取纤维，然后织葛布，做葛衣。葛衣特别适宜夏季穿着，它不仅耐穿，还透气不粘身。就这样，葛纤维成了我们祖先最早利用来纺织的植物纤维，葛布走进人们的生活。

早期利用的葛都是野生的。商、周之后，人们便注意采集葛种，并不失时机地加以种植。《诗经》中就有四十余处涉及葛的种植和纺织的。关于葛布的最早的文献记载，《诗经》里有一篇《葛覃》中提道："葛之覃兮，施于中谷，维叶莫莫。是刈是濩，为絺为绤，服之无斁。"

在周代，还专门设立了"掌葛"的官吏，负责葛的种植和纺织。西汉以后，由于纺织技术的大幅度提高，葛布的质地更为精良，甚至可以跟丝织品相媲美。葛布的优点毋庸多言，但因为葛藤生长较慢，加工困难，所以到唐宋时，在中原地区，葛已被丝、麻所取代。只是在南方的一些山区，还有人采葛织布。明清时期，我国不论北方还是南方，都开始大面积种植棉花，葛布衣便退出了历史舞台，仅有个别地区用葛布来制作工艺品。

2. 麻

麻主要指大麻、苎麻，是中国土生土长的植物，因此又称"汉麻""中国草"。麻布透气性好，经得起水洗日晒，粗麻布可做冬衣御寒，细麻布可做夏衣消暑。

春秋时期，我国的麻纺织技术就已经十分精细。晏婴曾亲手将齐国所产的白经赤纬的彩绸赠予子产，而子产的回礼则是色白如雪的纻衣。由此可见，当时做工精致的麻布已经可与丝绸相媲美，作为外交礼物相互赠送。

吴越之地自古就盛产苎麻，西施所居的苎罗山便因盛产苎麻而得名。越王勾践兵败后卧薪尝胆，在他筹划复国的十年中，广种葛麻，“身自耕作，夫人自织”。及至三国时期，吴国出现一种白纻舞，经六朝沿袭，在唐代大放异彩。舞者身上所穿的白纻舞衣“质如轻云色如银”，色泽白润，质感柔软。舞者翩然而起，白衣便随之拂动、摇曳，仿若轻云蔽月，流风回雪。

到了两宋和元代，麻布依旧是布衣首选。南宋戴复古的《白苎歌》中写道：“雪为纬，玉为经。一织三涤手，织成一片冰。”直至明清时，丝、棉大行其道，麻布的势头才稍有减弱。

三、丝绸——中华民族对人类服饰文明的独有贡献

中国是一个“丝的国度”，中国古代的劳动人民很早就掌握了养蚕缫丝的技艺，在数千年的实践中，人们用非凡的智慧、勤劳的双手与丰富的想象力，不但生产出了大量精致绝美的丝绸制品，还创造出了悠久灿烂的华夏衣冠文化，使中华赢得了“衣冠王国”的美誉。

（一）养蚕缫丝的历史

中国是世界上最早养蚕和制作丝织品的国家，而且在很长的时间里，是唯一一个这样的国家。相传，黄帝的妻子嫘祖教会人们养蚕缫丝，拉开了中国丝绸的历史序幕。

拓展阅读：嫘祖发明“养蚕取丝”

蚕茧和丝绸残片的发现，说明当时的人已经掌握了养蚕、取丝、织绸的技术，说明中华民族是世界上最早掌握丝绸技术的民族，为后来灿烂的丝绸服饰文化翻开了智慧的一页。

（二）丝绸的发展历程

专家们根据考古发现推测，在距今五六千年前的新石器时代中期，中国便开始了养蚕、取丝、织绸了。到了商代，丝绸生产已经初具规模，有了复杂的织机和织造手艺，具有较高的工艺水平。

在西周及春秋战国时期，几乎所有地方都能生产丝绸，丝绸的花色品种也丰富起来，主要分为绢、绮、锦三大类。锦的出现是中国丝绸史上的一个重要的里程碑，它把蚕丝的优秀性能和美术结合起来，大大提高了丝绸产品的文化内涵和历史价值，影响是很深远的。

到了秦汉时期，不但丝织业得到了迅猛发展，而且因受到汉代中国对外交流和往来的影响，丝绸的贸易和输出达到空前繁荣的地步。贸易的推动使得中原和边疆、中国和东西邻邦的经济、文化交流进一步发展，从而形成了著名的“丝绸之路”。这条路从长安出发，经甘肃、新疆一路西去，经过中亚、西亚，最终抵达欧洲。

三国、两晋、南北朝的长期战乱，对黄河流域经济造成了严重破坏。到了隋代，中国

蚕桑丝绸业的重心已经转移到了长江流域。

唐代是丝绸生产的鼎盛时期，无论产量、质量和品种都达到了前所未有的水平。丝绸的生产组织分为宫廷手工业、农村副业和独立手工业三种，规模较前代大大扩充。同时，丝绸的对外贸易也得到巨大的发展，不但“丝绸之路”的通道增加到了三条，而且贸易的频繁程度也空前高涨。丝绸的生产和贸易为唐代的繁荣作出了巨大的贡献。

宋元时期，随着蚕桑技术的进步，中国丝绸有过短暂的辉煌。不但丝绸的花色品种有了明显的增加，特别是出现了宋锦、缂丝和缕金织物三种具有特色的新品种，而且对蚕桑生产技术的总结和推广也取得了很大的突破。

（三）丝绸走入寻常百姓家

新石器时代先民为何制作丝绸，考古界没有相对统一的说法。在商代，中国丝绸的生产已经初具规模，有了复杂的织机和十分高超的织造技艺。

丝绸真正应用到服饰上是在文明璀璨的春秋战国时期，最初流行在王公贵族间。春秋战国时期，各国忧患意识很强，大力发展农桑以求富国强民，甚至将之作为评判百官业绩的指标之一，这使得丝绸的产量和质量均大幅度提高。自此，绫罗绸缎成为王公贵族、达官显贵特有的衣服材料。同时，周礼兴起，作为上等织品的丝绸也成为“分尊卑、别贵贱”的礼制工具之一。按照代代传承的舆服制度，穿戴丝绸是一种显赫的特权。在中国古代士、农、工、商的“四民”结构中，虽然商人最有钱，但却不可以穿丝绸衣物。这种禁令在秦汉时就很严厉，直到明朝初年才有所缓和，即使农民都可以穿绸纱，商人仍不被准许。至汉代，战事平息，统治者劝民归农，奖励农桑，丝织业迅速发展起来，丝绸服饰才得以真正普及。由此可见，丝绸“飞入寻常百姓家”，经过了漫长的过程。

知识视窗

“布衣”的由来

《盐铁论》中说：古代普通人要到八九十岁才能穿丝绸衣服，在这以前，只能穿麻布衣。所以将老百姓称为布衣。“布衣”指平民百姓的最普通的廉价衣服；“布衣蔬食”常形容生活俭朴；“布衣百姓”干脆指广大劳苦大众了。“布衣”，顾名思义是布做的衣服。但这里的“布”，不是棉布，而是麻布。古时中国盛产各种麻类，用麻织布历史悠久，棉花产量曾经甚少。物以稀为贵，棉布衣服只有大富大贵的显赫人家才穿得起。大约在南北朝前后，中国的棉布是从南洋进口的走俏外国货，只是运费也使得棉布身价倍增。直到元朝时，黄道婆从琼州带回黎族人的纺织技术，种植棉花才渐渐多起来。朱元璋建立明朝后，规定凡有四亩田地的耕种者，必须种植桑、麻、棉各半亩；有十亩田地者，种棉加倍。这样一来，棉花的种植，才逐渐在全国普及。

古代衣料的优劣次序是绸缎为首，棉布上乘，麻布是普通之物。由于“布衣”长期为百姓和军队所使用，所以就成了普通劳动百姓的代名词。

（四）丝绸与中华文明

1. 丝绸与汉字

“养蚕缫丝”自其发明起就在中华文化中留下了重要的印记。丝绸在中华文化中处于特殊的地位，首先可以从它对汉字的影响说起。远在殷商时期，神秘的甲骨文中就刻写了桑、蚕、丝（见图 6-3）等字。

图 6-3　甲骨文桑、蚕、丝三字的写法

这些象形字正是来源于植桑养蚕、丝绸织造。今天那些我们习以为常的以“丝”为偏旁的一些字，正是由蚕桑丝绸业衍生出来的，如经、纬、组、织、线等。因蚕丝具有连续性，许多以“纟”为偏旁的汉字有连续的含义，如绳、结等。

2. 丝绸与文学

中国丝绸文化，除了在中国汉字上的贡献外，在中国文学作品中也得到了充分展现。中国第一部诗歌总集《诗经》，就已经唱出了中国丝绸文化动人的第一乐章。如《诗经·豳风·七月》：“春日载阳，有鸣仓庚。女执懿筐，遵彼微行，爰求柔桑。”

人们还在文学作品中描绘采桑、养蚕、缫丝等劳动场景，南北朝时期乐府诗《采桑度》，描述少女“采桑不装钩，牵坏紫罗裙。语欢稍养蚕，一头养百塭”，表现出少女在采桑养蚕时调皮、嬉笑、欢快的场景。

采桑度

蚕生春三月，春桑正含绿。女儿采春桑，歌吹当春曲。
冶游采桑女，尽有芳春色。姿容应春媚，粉黛不加饰。
系条采春桑，采叶何纷纷。采桑不装钩，牵坏紫罗裙。
语欢稍养蚕，一头养百塭。奈当黑瘦尽，桑叶常不周。
春月采桑时，林下与欢俱。养蚕不满百，那得罗绣襦。
采桑盛阳月，绿叶何翩翩。攀条上树表，牵坏紫罗裙。
伪蚕化作茧，烂熳不成丝。徒劳无所获，养蚕持底为？

另一首南朝乐府诗《作蚕丝》，写了春蚕吐丝成茧，然后用热水缫丝，辛勤劳作终成一匹珍贵的绢丝，将制蚕、缫丝、织绸的过程形象生动地描绘了出来。

作蚕丝（四曲）

柔桑感阳风，阿娜婴兰妇。垂条付绿叶，委体看女手。
春蚕不应老，昼夜常怀丝。何惜微躯尽，缠绵自有时。
绩蚕初成茧，相思条女密。投身汤水中，贵得共成匹。
素丝非常质，屈折成绮罗。敢辞机杼劳，但恐花色多。

蚕也受到了文人的歌颂，唐代著名诗人李商隐《无题》诗中的“春蚕到死丝方尽”，把春蚕无私奉献的精神表现得淋漓尽致。

无题

相见时难别亦难，东风无力百花残。
春蚕到死丝方尽，蜡炬成灰泪始干。
晓镜但愁云鬓改，夜吟应觉月光寒。
蓬山此去无多路，青鸟殷勤为探看。

此后，以丝绸为题材的文学作品开始陆续丰富起来，文人墨客纷纷以丝绸为题材赋诗作画，留下了“缭绫缭绫何所似，不似罗绡与纨绮。应似天台山上明月前，四十五尺瀑布泉”（白居易《缭绫》）这样流传千古的名句。在小说盛行的明清时期，作为江宁织造曹寅后代的曹雪芹，在其名著《红楼梦》中描写了大量的丝织品，使得《红楼梦》一书亦成为研究当时丝绸品种和丝绸织造的重要著作。

3. 丝绸与货币

在古代，丝绸的价格一直居高不下，既有丝绸本身的原因，也有外部因素，二者相互作用，彼此影响。对丝绸本身而言，在战国时期，丝绸品种出现了细化，主要有绢、绮、锦三类。绢是平纹丝织品，具有质地轻薄、耐用平整的特点；绮是有花纹的丝织品，分为逐经提花和隔经提花两种；锦是经人为加工后，织有彩色花纹的丝织品，美观大方，华贵庄重，价格最高。在《释名》中，明确提出“锦，金也，作之用功重，其价如金，故其制字从帛与金也”。由此古人有“寸锦寸金”的说法。按经纬起花的不同，锦分为经锦和纬锦，以南京云锦、广西壮锦、苏州宋锦、成都蜀锦为代表的中国四大名锦，增加了丝绸的附加值。

从人工成本的角度，织一匹绢，需要两个人相互配合，费时五天才能织成。织一匹绮，需要五个人，耗时更长。而为皇室贵族专供的织锦面料，织一匹的时间有的甚至长达数年。丝绸的价格水涨船高，正因其中包括不菲的人工价值。

知识视窗

素纱禅衣

丝绸的优良品质，也决定了自身的高价。1972 年，湖南长沙马王堆汉墓出土了一件素纱禅衣（见图 6-4），交领，右衽，直裾，衣长 128 厘米，通袖长 195 厘米，用料约 2.6 平方米，仅重 49 克。去除较重的衣领、衣袖和衣襟边缘，纯纱的重量只有约 25 克。

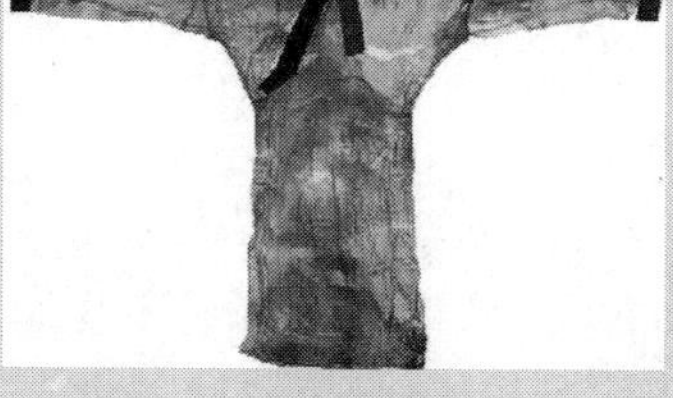

图 6-4　素纱禅衣

外界因素的叠加，助长了丝绸价格。中国通过对丝绸实行技术垄断，由此获取高额利润，间接推高了丝绸价格。公元前 200 年左右，朝鲜在中国移民的帮助下，首先掌握了制丝工艺。4 世纪，印度实现了养蚕零的突破。6 世纪，罗马帝国才真正掌握制作丝绸的技术。

除了技术的垄断性，物流成本成为丝绸价格上涨的重要原因。西汉时期，张骞开辟了丝绸之路，以长安为起点，经河西，抵西域，连中亚，过西亚，最终到达罗马帝国。中国出产的丝绸畅销沿路各国。由于路途遥远，经过商人的层层加码，运抵罗马的丝绸变得十分昂贵。

拓展阅读：古罗马人对丝绸又爱又恨

除此以外，丝绸还具有货币交换功能。

在东汉许慎的《说文解字》中，最早出现了“货币”一词，“货，财也；币，帛也”。其中的帛，就是指丝绸。它与铸币同时流通，与充当中间一般等价物的铸币不同，丝绸实现的是等价实物交换。

东汉延平元年（106 年），“立春之日，遣使者赐文官司徒、司空帛三十疋。九卿十五疋。武官太尉、大将军各六十疋。执金吾、诸校尉各三十疋。武官倍文官也”（应劭《汉官仪》）。可见丝绸已成为一种贵重物品。此外，据《隋书》记载：“禄率一分以帛，一分以粟，一分以钱。”也就是说，当时公务员工资以丝绸、粟米和钱三种形式发放，其中丝绸占据首位。

丝绸的强势地位，一直延续到了清末。当时，建立了以江宁织造局、苏州织造局和杭州织造局为主的官办丝织机构，民间涌现出许多规模不一的丝织作坊，品种繁多，产销两旺。在对外贸易上，生丝和丝织品贸易形成了一定规模。

不过，这只是近代丝织业的回光返照。官府不断增加苛捐杂税，挤占了丝织业的利润空间。西方列强大量倾销廉价的机制洋布洋绸，造成地产丝织品大量滞销。在双重打压之下，丝织业走下了高不可及的神坛，沦为普通商品，风光不再。

四、棉花——御寒保暖的好材料

棉传入中国，主要通过两条路线：一支为海南的木棉，由印度传入，之后又遍植两广，被称为“吉贝”；另一支则是草本非洲棉，由中亚传入，在澜沧江流域广泛种植，就是现如今最常见的棉。

古时，棉布被称为“白叠”，与粗粝短窄的麻纤维相比，棉布广幅宽博，洁白无垢。魏文帝曹丕曾经盛赞其“鲜洁”，异于当时的任何布料。不过从汉代到魏晋，乃至唐代，白叠都是珍罕之物，中原贵族想要得到棉布，只有通过边疆地区的进献和馈赠。13 世纪末，马可·波罗行游中国，在其书中记载，当时棉布比丝绢贵重，价格奇高，是普通百姓买不起的珍货。

其实棉花比桑蚕容易种养，棉絮又是极佳的衬料，可谓是“不麻而布，不茧而絮”。

因此从元代开始，朝廷大力推广棉花种植。

中原的棉纺织工艺沿袭了麻纺织的经验。成宗元贞年间，流落崖州的黄道婆重回故乡，将松江当地的棉纺织技术与海南黎族的技术相结合。从此松江地区的棉纺织技术突飞猛进，成为产棉盛地，衣被天下。明清时，坊间仍有“织造尚松江，浆染尚芜湖”之说。

知识视窗

黄道婆

黄道婆，又名黄婆或黄母，松江府乌泥泾镇（今上海市徐汇区华泾镇）人。宋末元初著名的棉纺织家、技术改革家。由于传授先进的纺织技术以及推广先进的纺织工具，而受到百姓的敬仰。在清代的时候，被尊为布业的始祖。

元朝时候，松江一带种了许多棉花，但老百姓还是缺衣少布，为什么呢？原来这时，人们纺织棉布要先用手把棉籽剥去，这需要花费大量的时间和精力，往往手指甲都剥得脱落了，也剥不出多少来。这时，从海南崖山向黎族人民学习了一手很好的纺织本领的黄道婆，下决心要改革家乡的纺织技术，使乡亲们生活得更好些。黄道婆请来了一位老木匠，根据崖山人民用两根细长铁棍转动以轧去棉籽的方法，设计出了木制手摇轧棉车。这种轧棉车靠两人手摇，一人下棉籽，又干净又省力，效率大大地提高了。但有了轧棉车，用原来的小竹弓来弹棉花，还是慢。黄道婆又去找弹棉花的师傅，商量改革弹棉工具。改革出来，就是今天我们偶尔能见到的4尺多长的木制绳弦大弓。这样，纺织技术得到了极大的提高，老百姓也能穿上各种各样五光十色、美丽鲜亮的棉布衣服了。

后来，黄道婆在松江府以东的乌泥泾镇教人制棉，传授和推广捍（搅车，即轧棉车）、弹（弹棉弓）、纺（纺车）、织（织机）之具和“错纱配色，综线挈花”等织造技术。她所织的被褥巾带，“其上折枝团凤棋局字样，粲然若写”。由于乌泥泾和松江一带人民迅速掌握了先进的织造技术，一时“乌泥泾被不胫而走，广传于大江南北”，当时的太仓、上海等县都加以仿效。棉纺织品色泽繁多，呈现出空前的盛况。黄道婆去世以后，松江府曾成为全国最大的棉纺织中心，松江布有“衣被天下”的美称。

古为今用

在漫长的发展过程中，丝绸不断被赋予丰富的文化内涵，其样貌也随着时代不断变化，释放出新的活力。在积极推进生态文明建设的今天，丝绸文化凭借其传统手工技艺的绿色理念，在时尚潮流中大展风采。

我们中国为世人提供的，不仅是作为面料的丝绸，更是体现着传承与创新的丝绸文化，凝聚着一代代中国人技术实践和文化创造的智慧。一丝不苟、千丝万缕、锦上添花……汉语中有近百个和“丝”相关的成语，以“纟”为偏旁的汉字更是数不胜数。我国丝绸文化历史悠久、博大精深，从出土的蚕桑丝绸文化遗存来看，“蚕纹象牙盖帽形器”距今约7000年，人类历史上第一个经人工切割的蚕茧距今也有近6000年的历史。在漫长的发展过程中，丝绸不断被赋予丰富的文化内涵，其样貌也随着时代不断变化，释放出新的活力。

第一，文化遗产焕发生机。

丝绸具有生产过程长、技术难度大、艺术审美高的独特禀性。勤劳智慧的中国古代人民通过复杂、细致和巧妙的程序，从自然生命中，提炼出优雅、柔和、飘逸的蚕丝，织制成巧夺天工、美若云霞的丝绸，为后人留下了诸多文化遗产。蜀锦、宋锦、云锦、香云纱、杭罗、缂丝、苏绣等被评为国家级非遗项目。

第二，时尚潮流一展身手。

在积极推进生态文明建设的今天，丝绸文化凭借其传统手工技艺的绿色理念，在时尚潮流中大展风采。以丝绸为重要面料的汉服、旗袍、新中装等，正引领着传统服饰文化不断创新。2014年，其根为“中”、其魂为“礼”、其形为“新”的“新中装”，作为APEC会议领导人服装，向世人展现了中华服饰风采。近年来，“汉服热”逐渐兴起，“中国华服日”“国丝汉服节”等活动吸引了不少年轻人参与，深受喜爱。随之而起的，是在海内外流行的“旗袍风”。如今，旗袍已演变为女性正式礼服。在这一服饰新潮流中，无论是凸显气质的新中装，还是宽薄飘逸的汉服、婉约的旗袍，丝绸都是不可或缺的材质——表现东方丝绸之美成为国际时尚。

第三，科技赋能丝绸新生。

与科技融合，为丝绸文化拓展新路，使其更好地服务当代生活。近年来，桑叶茶、人工智能定制丝绸、“蚕丝硬盘”等丝绸创新科技和延伸产业产品不断涌现。经科学烘焙等工艺精制而成的桑叶茶，口味甘醇、清香宜人。人工智能“时尚设计师”可以通过对话方式，深入了解消费者性格特征和穿搭需求，结合流行趋势，设计独一无二的数字艺术丝巾。我国科研单位还研制出“蚕丝硬盘”，将蚕丝作为光盘一样的储存介质，在上面实现数字信息的写入和读取。

技术更新迭代，拓展着丝绸的应用场景，丝绸检验技术标准的制定发布则不断增强了中国丝绸的国际影响力。2014年，第一个丝绸国际标准由中国牵头制定并实施。该标准包含的生丝电子检测技术由中国主导科研攻关，并得到国际丝绸界认可，对提高世界各国生丝质量水平、促进丝绸经贸往来、提升中国丝绸国际影响力具有重要意义。

2000多年前的丝绸之路，成就了世界对东方的瑰丽想象。今天，在“一带一路”倡议下，沿线各国经贸往来、人文交流日益频繁，其中不少丝绸生产和消费国在技术品牌、创意设计、历史文化、营销品牌等多方面正在开展密切交流与合作，丝绸之路的文化精神再次成为跨文化交流的纽带和桥梁。

丝绸是中华民族的伟大发明，也是中华文明的文化标识。放眼未来，古老的丝绸文化必将在传承和创新之路上绽放新的光彩。

学思践悟

请同学们利用假期以多种形式开展“重走丝绸之路”的社会实践活动。

第二节　彰施五色，黼黻文章

引经据典

君子不以绀緅饰，红紫不以为亵服。当暑，袗絺绤，必表而出之。缁衣羔裘，素衣麑裘，黄衣狐裘。亵裘长，短右袂。必有寝衣，长一身有半。狐貉之厚以居。去丧，无所不佩。非帷裳，必杀之。羔裘玄冠不以吊。吉月，必朝服而朝。

——《论语·乡党》

拓展阅读：《论语·乡党》释义

案例导入

如果穿越回古代，你可以穿哪种颜色的衣服？

先秦时期，白衣是一种相当高雅漂亮的服装，广为女孩子所喜爱。《诗经·郑风》中有一篇《出其东门》，称“缟衣綦巾，聊乐我员”，诗中的“缟衣”即素白色的衣服。由诗可见，当时男子把身着缟衣、头戴綦巾的“时髦”女孩当成自己心中的最爱。

在早期，白色的衣服本是一种吉服，在严肃、庄重的场合才能穿着。《史记·刺客列传》中记载，得知荆轲要去刺杀秦王，太子丹和他的朋友都穿成一身白，来到易水边上为荆轲送行，此即所谓“太子及宾客知其事者，皆白衣冠以送之”。在殷商时，白色还曾为贵族所喜爱，《吕氏春秋》即称，商汤“其色尚白”。

那么“缟衣”何时被看成了凶服？据考始于汉代。西汉戴圣所编的儒家经典《礼记》里有这方面的讲究，其中的《曲礼》篇记载：“为人子者，父母存，冠衣不纯素。”意思是，如果父母活着，子女便不能穿白衣、戴白帽。

在古代服饰颜色中，黄色的地位变化是最大的。黄色作为中国古代帝王的专用色，其实一直到隋唐才得以确立，而在此之前并无严格的规定和限制。

黄色出现在帝王服饰中，应在周代。《周易》中有“天玄地黄”的定义，周天子在祭天时的着装是“玄衣纁裳”，即黑色的上衣、赤黄色的下裳。但此时的黄色并非帝王专用色。

黄色成为皇帝的御用服色始于隋代，隋文帝杨坚穿黄袍临朝，不仅庶民不得使用，就连皇帝身边的重臣也一律不准僭用黄色。以后历朝遵行其规，连颜色深浅都有规定。

唐高祖李渊以赤黄袍巾带为常服之后，有臣僚上奏称，赤黄色近似太阳的颜色，“天无二日”，于是“赤黄色”为帝王所专用，臣民一律不得使用。唐高宗李治于总章元年（668年）继位后诏令规定“臣民不许着黄”。后来的明代，太祖朱元璋登基后所颁布的第一条服饰禁令即是“禁庶人服色用黄”。至此直到清朝灭亡的1000多年里，黄色成为帝王家专用之色，其他任何人穿黄、住黄甚至用黄等皆为谋反，严重的甚至“灭九族”。

思考：

如果你穿越到唐朝，你可以穿黄色的衣服吗？

理论讲坛

一、青出于蓝：传统染色技术

（一）旧石器和新石器时代

原始人的文身和佩戴过的装饰品都可以说是衣物着色的起源。北京周口店山顶洞遗址，曾发现赤铁矿（赭石）粉末、涂抹成赤色的石珠、山顶洞人的装饰品鱼骨等装饰品，表明在旧石器时代晚期就已经有了着色技术的萌芽。

新石器时代所见的涂彩更多。如浙江余姚河姆渡遗址出土的酒器和西安半坡遗址出土的彩陶上，有红、白、黑、褐、橙等多种色彩。当时所用的颜料，大略为矿石研成的粉末。除粉状赭石外，青海乐都柳湾遗址还发现了朱砂，山西夏县西阴村遗址发现了彩绘和研磨矿石等所用的工具。

新石器时代中晚期，随着麻、葛纺织技术的发展和社会的进化，人类除了蔽体保暖以外，对衣服的装饰要求越来越强烈，从而使着色和纺织产生了密切的联系。

知识视窗

染色的起源

《后汉书·舆服志》曾推想染色的起源，里面有这样一段话：“观翚翟之文，荣华之色，乃染帛以效之，始作五采，成以为服。”大意是说，在圣人发明丝麻后，看到自然界色彩斑斓的各种花鸟，就加以仿效，于是用五彩来染衣服。最初使用的着色剂是赤铁矿石和朱砂等矿物颜料，着色的方法是涂抹，即把矿石碾碎成粉末后用水调和，涂抹在衣服上，从而形成某种颜色、条纹或图案。这种以矿物颜料施染的工艺称为“石染”，是最早出现的一种染色工艺。“石染”之后出现的是“草染”，这是一种以植物染料施染的工艺，从“染”字结构中的“木”即可明了“染”使用的是草木类的染料。

（二）先秦时期

我国所使用的矿物颜料的品种主要有赭石、朱砂、石黄、空青、石青和铅白等。红色系的矿物颜料主要有赭石和朱砂。先秦时期，朱砂矿物颜料的应用已十分成熟，安阳商代殷墟妇好墓中，发现有不少朱砂涂染的绢织物的痕迹，多黏附在一些大型、贵重、精致的器物上，此外，在墓中还出土了用于研磨朱砂的杵臼。陕西宝鸡茹家庄出土的西周丝织物和刺绣残痕上的鲜艳的朱红色即为朱砂颜料。湖南左家塘出土的战国时期的双色锦上的朱红色条子，也是用朱砂浸染上去的。黄色系的矿物颜料主要是石黄，陕西宝鸡茹家庄出土的西周刺绣印痕上有石黄颜料的残留。绿色系的矿物颜料是空青，它的颜色酷似孔雀羽毛上斑点的绿色，因此空青矿石被称作孔雀石。其结构疏松，研磨容易，色泽翠绿，色光稳定，耐受性好，是很重要的矿物颜料。石青是一种蓝铜矿，用作蓝色矿物颜料。铅白是白色系矿物颜料，它不仅用于衣物着色，也可用作化妆品。

知识视窗

西周掌握染料、染色技术

古代的劳动人民看到一些鸟类的羽毛色彩艳丽动人，便效仿将麻、丝等染上颜色，从而出现了色彩华丽的衣服。随着冕服制度的出现，服饰对色彩的要求也越来越高。最初的染料大多是现成的自然颜料，如油脂、树胶、动物血或者赤铁矿粉等。其中用赤铁矿粉染成红色是最为普遍的。距今约 70 万～20 万年前的“北京人”就懂得把赤铁矿粉碎研磨成粉，和水混合后涂抹在衣服上形成条纹图案。最初的衣服染色不仅颜色种类少，而且也不普遍。

直到夏商周时期，随着生产力的发展和染色工艺的进步，服饰的色彩才达到较高的水平，并且出现了专门的机构和从事人员。

西周时期的劳动人民不仅掌握了多种矿物染料的制作方法，如朱砂、石青、石黄，还懂得制作和运用植物染料，如皂汁、紫草、茜草、靛蓝等。

在西周时期，已经设置了专门负责印染纺织品的专职官吏，称为“染人”。

由于丝织品的产量不是很高，为了更好地区分等级、显示尊卑有别，西周时期只有奴隶主贵族才能穿丝绸，奴隶只能穿麻布和葛布衣服。但是当时的麻布和葛布相比较夏和殷商时期的已改良了许多，一些质量上乘的布料甚至与现代的布料相差无几。

在各种植物染料中，靛蓝是应用最早和最为重要的一个品种。我国出土的历代麻布和纺织品中，不少是用靛蓝染色的。自然界含有靛蓝的植物很多，其中最重要的是蓝草（蓼蓝）。染蓝由于工艺简单、得色浓艳，因而在我国应用最早、地域最广，由此创造出的染色和印花织物品种也最多。

周代时，蓝草的种植与采集已相当普及。《诗经》里有关于妇女采摘蓝草的描述：“终朝采蓝，不盈一襜”（整天在外采蓼蓝，围裙还是装不满）。

（三）春秋战国时期

《荀子·劝学》中有“青，取之于蓝，而青于蓝”，说明战国时期人们对染青与染蓝间的关系十分了解，从染色工艺上分析，青色是由蓝草的多次染色而得到的。这反映了当时染色工艺已经相当成熟，人们掌握了通过多次染色得到深色的工艺。

茜草是红色植物染料，在我国用来染红历史最为悠久。紫色染料主要是紫草。紫草盛产于山东一带，春秋时期齐桓公爱穿紫色衣服，全国仿效，紫草种植和染色盛极一时。

战国时期的丝织品已经是“五彩斑斓”，故墨子曾说染丝：“染于苍则苍，染于黄则黄。所入者变，其色亦变，五入必而已则为五色矣。故染不可不慎也！”

知识视窗

《诗经》中的桑蚕生活

《诗经》是我国历史上最早的诗歌总集，里面描绘了西周初期至春秋中期人们原汁原味的生活情态。《诗经》里面有许多描写人们种桑养蚕、缫丝织布、染色刺绣以及种麻采葛的情形，《诗经·豳风·七月》就是这样的一篇。“春日载阳，有鸣仓庚。女执懿筐，遵彼微行，爰求柔桑……七月鸣鵙，八月载绩。载玄载黄，我朱孔阳，为公子裳。”说的是春日阳光绚烂，黄莺婉转歌唱，女子提着竹筐去采桑叶……八月的时候开始织麻，染的丝有黑有黄，把鲜亮的红色布帛，献给主人做衣裳。

（四）汉代

汉代的织物色谱，可得三四十种颜色，除黑、白外，红、橙、黄、绿、青、蓝、紫都有。长沙马王堆汉墓和新疆民丰东汉合葬墓出土了大量五光十色的丝、绣、麻、毛织品，织物色泽计有朱红、绛紫、墨绿、黄绿、深浅褐、深浅棕、中黄、深蓝、宝蓝、浅蓝、银灰、黑、白、金和银等多种。它们虽然在地下埋葬了2000多年，可色泽依旧亮丽如新、光彩照人，足以反映出当时染色工艺所取得的成就和服饰色彩的华美程度。

（五）隋唐时期

隋唐时期，染色技术又有了进一步的发展。有人曾对吐鲁番出土的色彩鲜艳的丝织物做过色谱分析，发现仅这批织物就有二十多种颜色，其中红色调有银红、水红、猩红、绛红、绛紫，黄色调有鹅黄、菊黄、杏黄、金黄、土黄、茶褐，蓝色调有蛋青、天青、翠蓝、宝蓝、赤青、藏青，绿色调有湖绿、豆绿、叶绿、果绿、墨绿等。如此多的色彩，特别是在一种色调中明确分出十多种近似色，只有熟练地掌握染料的组合、配方及工艺条件的改变方能做到，这说明了当时染色技术水平之高超。

（六）明清时期

明清两代的染色技术和选用染料方面得到了空前发展。明代用于染色的植物已扩大到数十种，印染织物的色谱比以前更加丰富，如当时染红的色谱中，就有大红、莲红、桃红、银红、水红、木红等不同颜光，黄色谱中有赭黄、鹅黄、金黄等，绿色谱中有官绿、豆绿、油绿等，青色谱中有天青、葡萄青、蛋青、毛青等。单是《天工开物》一书记载的色谱和染色方法就达二十余种。

这不仅使配色、拼色所用色彩范围有了可供选择的余地，还促使织物色彩的色谱衍生得更为广泛。

另外，棉布染制业的兴起，也推动了明代染色工艺和染料生产的新发展。如传统的靛蓝染色广泛用于棉纱棉布后，催生了新的染色工艺。传统染法是靛蓝重复浸染，即所谓“青出于蓝”。新的染法是将布和栗子壳或莲子壳一起煎煮一天，捞出沥去水分，然后放入铁砂、青矾，在锅内再煮一夜，即成深黑色。

二、五德终始说：五行与五色

色彩从来不只是一种颜色的显示，它往往蕴含着丰富的社会内容与文化含义，如审美情趣、民俗风情等。孔子曾说：“恶紫之夺朱也。”他厌恶用紫色取代红色，认为两者秩序不可颠倒，否则国家就乱套了。这表明色彩具有政治方面的意义，色彩和政治活动相联系。

早在周代，我国就将色彩分为正色和间色。正色为青、赤、黄、白、黑五色，又称“五方正色”，视东方为青，南方为赤，西方为白，北方为黑，中央为黄。间色为绿、红、碧、紫、骝黄（硫黄）五色，认为黄青之间是绿，赤白之间是红，青白之间是碧，赤黑之间是紫，黄黑之间是骝黄，故称“五方间色”。正色和间色具有不同的价值，正色为尊，间色为卑。

故当时的王公贵族对衣着的颜色十分讲究，以穿正色为贵，正色和间色不能混淆。所以孔子曾说：“君子不以绀緅饰，红紫不以亵服。”意思是君子不用深青透红或黑中有红的布镶边，不用红色或紫色的布做平日常穿的便服。

古代颜色崇尚并非仅出于人们的兴趣爱好，也不是为了满足感官的审美需求，它的真正内涵是颜色代表了一种权力和运数，是政权的象征和国体的标志，将颜色与朝代之兴衰联在一起。

古代帝王承天革命，王朝易姓，必改正朔（颁布新的历法），易服色（改变车马、服饰等的颜色），服色被视为与国体国运攸关的大事。

根据文献记载，尧舜时以黄色为尚，夏启时推崇青色，殷商崇尚白色，周代以红色为尚。各朝各代对颜色均有崇尚，究其原因，主要是与五行相关。

知识视窗

五行

五行指水、火、木、金、土，最早见于《尚书·洪范》。古人认为宇宙是由水、火、木、金、土这五种元素构成的，五行相克又相生。五行之中，木克土、土克水、水克火、火克金、金克木，又木生火、火生土、土生金、金生水、水生木（见图 6-5）。

图 6-5　五行图

到战国时期，阴阳家邹衍提出了五德终始、循环相胜的观点，用“五行”的相生相克、周而复始的变化来解释改朝换代的历史过程。这种学说认为，按照“五行”相胜的顺序，每个朝代都受到“五行”中的一种“德”的支配，并具有与之相应的象征色。王朝以木为德，其色崇青；以土为德，其色尚黄；以金为德，其色崇白；以火为德，其色尚赤；以水为德，其色崇黑。如黄帝为土德，色尚黄；夏代为木德，色尚青；商代为金德，色尚白；周代为火德，色尚赤。这种带有天人感应神秘色彩的学说，为改朝换代提供了理论依据，被后世新王朝建立者所信奉，也成为王朝崇尚某一颜色的理论基础。

服色的“五德终始说”影响之广，举一例说明。东汉末年，张角起义，倡言“苍天已死，黄天当立。岁在甲子，天下大吉”，聚众三十余万人“皆着黄巾为标帜”，号称黄巾军。

在中国历史上，农民起义经常以易服色为合法性的诉求。五行演绎出五方——东、南、西、北、中，又演绎出五色——青、白、赤、黑、黄。五行与五色相对应，白色代表金，青色代表木，黑色代表水，赤色代表火，黄色代表土。

这五色被视为正色，而由五色掺和而生的其他颜色被视为间色，正色即为正统。成汤克夏桀后，以金为德，以白为正色。武王克商，周以火德，尚赤，为周之祥瑞色。

秦代周而立，根据五行相克说，水灭火，故秦以水为德。汉代崇色由玄而赤，其间虽有变化，但总体上尚赤为主。

此后，晋朝是水德，隋朝也是水德，唐、宋、元、明、清各朝分别是土德、木德、金德、火德、水德。崇色与正色、间色的划分，与中国古代历史朝代更替承其天命、讲究正统的思想是一致的。

需要指出的是，服色的“五德终始说”和正色、间色尊卑观，在汉代以后逐渐衰微，社会生活毕竟是丰富多彩的，人们并没有也不可能长期严格地坚持。颜色崇尚对中国古代服色流变确实有较大的制约作用，但毕竟不是唯一的决定因素。

（一）汉代

特点：质朴自然。

流行色：玄、赤、白、绿。

公元前202年，汉朝建立。受汉初推崇的道家黄老之术，以及汉武帝时期及以后推崇的儒家思想的影响，汉代服饰追求浑然一体的“本质美”。

拓展阅读：汉代各色衣服代表

汉代的服饰颜色以单色为主，且崇尚暗淡系的颜色，认为这些颜色显得端庄大气，质朴自然。汉代服饰承载着“礼治、道统”的思想，布料染色遵从阴阳五行信仰，深色尊贵、浅色低俗。图6-6为卜千秋墓中的伏羲图，可见对流行色的运用。

图6-6　卜千秋墓中的伏羲图

（二）唐代

拓展阅读：唐代各色衣服代表

特点：错彩镂金。

流行色：绯红、绛紫、明黄、青绿。

唐代服饰风格华贵典雅，色彩明快鲜艳，花纹细腻繁复，喜爱采用明艳的对比色进行搭配，体现了包容开放的时代特征。图6-7为周昉《簪花仕女图》，可见对流行色的运用。

图6-7　周昉《簪花仕女图》

知识视窗

从《长安十二时辰》看唐朝官服颜色与等级

《新唐书·舆服志》：“以紫为三品之服，金玉带銙十三；绯为四品之服，金带銙十一；浅绯为五品之服，金带銙十；深绿为六品之服，浅绿为七品之服，皆银带銙九；深青为八品之服，浅青为九品之服，皆鍮石带銙八；黄为流外官及庶人之服，铜铁带銙七。”（见图6-8）。

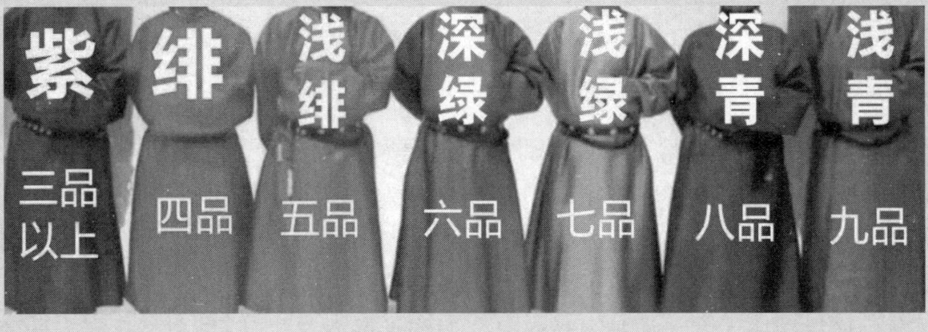

图 6-8　唐朝官服颜色与等级

（三）宋代

特点：婉约淡雅。

流行色：淡红、珠白、淡蓝、浅黄。

宋代服饰的色彩特征是质朴素雅，强调本色，以淡雅为尚。色彩均偏中高明度，纯度偏低，对比色应用较少，色彩不如以前那样鲜艳，颜色搭配十分协调。图 6-9 为刘宗古《瑶台步月图》，可见对流行色的运用。

图 6-9　刘宗古《瑶台步月图》

拓展阅读：宋代各色衣服代表

（四）明代

特点：华贵端庄。

流行色：大红、宝石蓝、葡萄紫、草绿。

明代崇尚儒家“礼乐仁义”的道德思想，把五色与“仁、德、善”相结合，定为正色，是尊卑、等级的象征。图 6-10 为明代《出警入跸图》，可见对流行色的运用。

拓展阅读：明代各色衣服代表

图 6-10　明代《出警入跸图》（局部）

明代服饰上承周汉、唐宋，具有鲜明的中华文化特色，是华夏衣冠的典范，对后世及周边国家的服饰和审美产生了广泛而深远的影响。明代服饰总体特点是：讲究色彩搭配，风格华贵端庄，色彩层次感强。

（五）清代

特点：百花齐放。

流行色：杏黄、朱红、天青、苍蓝。

清朝是我国服饰史上改变最大的一个时代。清代服饰在保留了满族传统服饰元素的基础上，吸收了汉族服饰元素，形成了独树一帜的服饰文化。图 6-11 为郎世宁《乾隆皇帝射猎图》，可见对流行色的运用。

拓展阅读：清代各色衣服代表

图 6-11　郎世宁《乾隆皇帝射猎图》

中国古称华夏，一种说法是依衣冠华美而得名。见微知著，我们也能从其中看到各朝的服饰审美。天然的，华丽的，淡雅的，内秀的……不一而足，各有魅力。服饰文化像一个有节奏的生命体，通过了解它的嬗变，能把握住时代的脉搏。华夏民族的服饰色彩，与汉语、汉字一样，始终流淌在华夏儿女的血脉里，成为中华民族文化基因的一部分。

三、黼黻文章：图案纹饰

“文章”的本义与织物相关。“文”通“纹”，指纹理、花纹；“章”通“彰”，意为彰明、显著。“文章”常指织物或服饰上错杂的花纹、图案。如西汉董仲舒在《春秋繁露》中说“天子服有文章”，就是这个意思。“黼黻文章”也是类似意思，古人解释说，“青与赤谓之文，赤与白谓之章，白与黑谓之黼，黑与青谓之黻”，指的是古代服饰上所绣的色彩绚丽的花纹。纹饰是中国传统服饰最显著的特色之一，各式各样的纹饰蕴含着丰富的社会文化意义，可从政治的、审美的、民俗的等多方面加以解读。纹饰形态和样式的演变，也能反映出生产工艺的进步、审美观念的变化及社会文化的变迁。在表现形式上，传统服饰的颜色与花纹常常是相互配合、相得益彰的。

从史料记载来看，最早出现的、历史最悠久的纹饰工艺，应该是手绘和刺绣。《周礼》里提道：“画缋之事，杂五色。”“画缋”即绘画，具体做法是在衣物上用颜料或染液描绘图案，周代帝王礼服上就使用了这种方法。刺绣是用针线在织物上绣制各种花纹图案，主要用于服装的局部装饰，《尚书》里提到“絺绣”，《诗经》中有“衮衣绣裳”“素衣朱绣”“黻衣绣裳”等，表明刺绣起源很早。出土实物也能证明这点：河南安阳殷墟妇好墓出土的铜觯上，黏附有菱形绣线针迹；陕西宝鸡茹家庄墓地发现了西周时期的刺绣印痕；战国楚墓出土的一批刺绣品，是可见的最早实物，工艺令人叹为观止。

就纹饰在衣服上的装饰部位而言，服装纹饰可分为整体装饰与局部装饰。整体装饰指衣料本身带有各种花纹或图案，缝制成衣后，是通体带花的“花布衣服”。传统服饰更常见的是局部装饰，大约可分为条状装饰与块状装饰两种形式。条状装饰是在衣服的领、袖、裾等部位缀绣花纹，或用织锦镶边，纹样由简单的花式重复连缀而成。男服中常见的纹样有雷纹、云纹、重环纹、夔纹、勾曲纹及呈三角形、方形、菱形的几何纹；女服则多用连云纹、卷草纹。隋唐以后又有团花纹、串花纹，明清两代还有独花纹。块状装饰是在服装的前胸、后背、两肩侧、胯膝等部位缀绣花纹，多作团花式，含有福、寿、贵等寓意，明清时期较为流行。

就纹饰的形态和样式而言，传统织物与服装纹饰主要可分几何纹样、动物纹样、植物纹样和人物纹样等。当然，在实际衣物上，各种纹样往往是综合配套使用的。

（一）几何纹样

几何纹样属于最早出现的织物纹样。现今能见到的最早的丝绸纹样来自商代的遗物，纹样有回纹和云雷纹两种。河南安阳殷墟商墓出土的青铜钺上的回纹（见图 6-12），纹样工整、严谨，富有装饰性；商代石雕残像上的云雷纹（见图 6-13），纹样清晰大方、简洁明快。

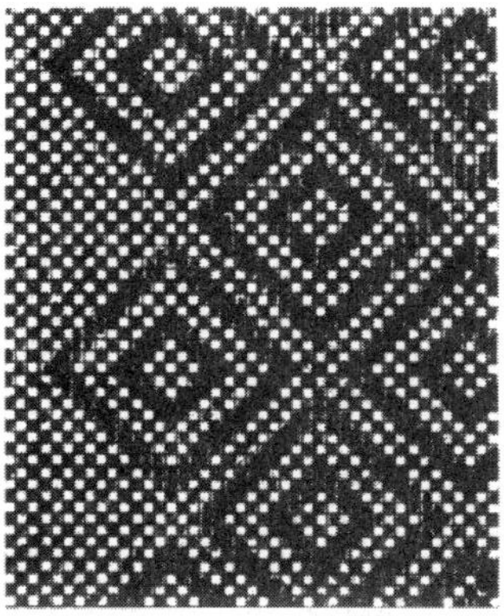

图 6-12 河南安阳殷墟商墓出土的青铜钺上的回纹复原图

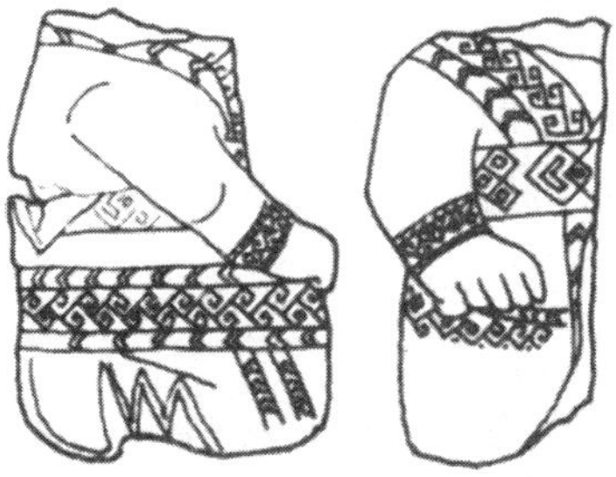

图 6-13 河南安阳殷墟商墓出土的石雕残像上的云雷纹复原图

春秋战国时期，几何纹样已很少像商周那样以单独的形式出现，而是通过各种排列组合，变幻出更多繁复的图纹，这可从战国楚墓出土的大量丝绸纹样得到考证。楚国丝织品上的几何纹形纹锦纹样主要有小菱形纹、大菱形纹、塔形纹、十字菱形纹等。这些纹样大多是由一种或几种单位组合而成。图 6-14 为战国楚墓出土小菱形纹锦纹样。

图 6-14 战国楚墓出土小菱形纹锦纹样之一

汉代丝织品中常用的几何纹样，主要有杯纹、菱形纹、矩纹、方棋纹及波状纹等。唐代几何纹有龟背纹、方格纹、锁子纹、八答晕纹、多角形纹等。

从出土实物来看，唐代几何纹样在组织形式上别具特色，即几何骨架没有明显的几何线面的交叉分割，而是直接由单位几何纹的组合排列构成，如龟甲王字纹锦和规矩纹锦等都是由单位纹样横向排列构成。由此可以看出唐代几何纹样一般纹样单位较小，形象单纯，表明在唐代丝绸纹样装饰中，几何纹样已退居次要地位。

宋代几何纹样又重露头角。与宋代拘谨、严肃的审美情趣相适应，这一时期的几何纹样更趋于规范化，组织严密、结构工整。几何纹样的主要形式有方棋纹、方胜纹、球路纹、龟背纹及八答晕纹等。

明清时期的几何纹大多沿用或取法于宋式。不论结构繁简，一般多设有骨架，然后在骨架的空格内填以龙凤、花鸟等图纹，常用骨架有卍字形、方形、菱形、团形、龟背形及多边形等，骨架多由垂直、水平、对角三种基本线条构成。传统的八答晕锦到了明清时期则变得更为纤细、繁缛，尤其到了清代中期，这一特征反映得尤为突出。图 6-15 为明代八答晕锦。

图 6-15 明代八答晕锦

（二）动物纹样

动物纹样是传统纹饰中的主要题材之一。既有取自于现实的动物，也有神话和想象中的动物。常见的动物纹样有龙、凤、虎、鸟、虫、鱼及各种珍禽瑞兽等。在古人的生活世界里，衣物上的龙、凤和珍禽瑞兽等纹饰，具有深层和神秘的寓意，古人借以表达他们对吉祥如意的祈求和愿望。

1. 龙

中国人自称为“龙的传人”。在神话传说中，龙能行云布雨，能大能小、能升能隐，大则兴云吐雾、小则隐介藏形，升则飞腾于太空之间、隐则潜伏于波涛之内，与凤凰、麒麟、龟并称“四瑞兽”。

龙也是中国帝制时期皇帝的象征物，帝王自称“真龙天子”，龙也是权力的象征，与皇帝有关的事物也被印上了龙的标记，如“龙颜”“龙袍”等。龙的典型形象是两个杈角、长须、蛇身、四足、鳞片满身，也可以说是马面、狗鼻、牛嘴、虾眼、鹿角、蛇身、鹰爪、鱼鳞、狮尾、鲶须。

周代冕服“十二章”中就有龙纹，此后历代沿用，一直用于贵族的最高礼服。唐代规定，官吏祭服用龙纹者必须位居一品之上。宋代以后，龙纹仅限于皇室使用，普通官吏未经特许不得使用。明清时期，官员在服饰上僭用龙纹的现象比较常见，为了和皇帝所用的龙纹有所区别，特规定四爪为蟒，五爪为龙。比如明代皇帝身边的太监，就常常身着蟒袍。起初，龙纹像蛇形，后来慢慢演变，形似走兽，最后才发展成我们现在所熟悉的龙纹。

历代龙纹形式繁多，龙的形象通常和云气组合成龙云纹，或与凤凰组合成龙凤纹“龙飞凤舞”，也有和狮、虎等构成图纹的。此外，龙纹还有苍龙教子、二龙戏珠、子孙龙、团龙、正龙、行龙、立龙、坐龙、升龙、降龙、盘龙诸多名目。图 6-16 为清代正龙纹刺绣。

图 6-16　清代正龙纹刺绣

2. 凤凰

凤凰是中国古代传说中的百鸟之王，在中华文化中的地位仅次于龙，其纹饰用来象征祥瑞。凤凰羽毛一般被描述为赤红色，雄的称为凤，雌的称为凰。据古书上的解释，凤凰的形体特征为：“鸡头、燕颔、蛇颈、龟背、鱼尾、五彩色，高六尺许。”凤凰也是中国皇权的象征，常和龙一起使用，龙凤呈祥是最具中国特色的图腾。凤从属于龙，用于皇后嫔妃。如帝后坐的车辇，名“凤辇”；帝后居住的宫室，名“凤阙”；帝后寝息的楼台，名“凤阁”；帝后仪仗所持的华盖，名“凤盖”等。

凤凰起源约在新石器时代，原始社会彩陶上的很多鸟纹是凤凰的雏形。《尚书》中讲大禹治水后，举行庆祝盛典，连凤凰也来了（“箫韶九成，凤凰来仪”）。先秦丝织品中的凤纹实物，以战国楚墓出土最为集中、典型。在这些丝织品中，凤鸟形象出现最为频繁，其形象各异，绝无定式，或利喙巨张，或回首嘶鸣，或奔腾，或傲立，或引颈长啸向天，或践蛇而舞于地，万千变化，给人以伟岸、英武、精干、轻盈、秀美的审美体验。图 6-17 为湖南长沙陈家大山战国楚墓龙凤人物图中的凤鸟。

图 6-17 湖南长沙陈家大山战国楚墓龙凤人物图中的凤鸟

元代以后，与象征皇权的龙纹被专用于帝王相应，凤凰则多用于后妃，礼服之中以凤冠、凤袍、凤鞋为贵。在清代，《钦定大清会典》提及了皇后服。严格来说，只有清朝皇后服才叫作“凤袍”。参加登基、万寿、大婚等重大典礼和祭祀活动时穿的皇后礼服，分为朝褂、朝袍、朝裙，由披领、护肩与袍身组成。穿时，朝袍必与朝褂配套。款式为连衣裙，穿在朝袍内。冬用片金加海龙缘边，其余用缎面料，夏用纱。

3. 其他珍禽瑞兽

珍禽和含有吉祥寓意的瑞兽也是常见纹样。以鸟纹为装饰有着悠久的历史，商周时期就颇多，只是鸟纹饰品传世极少。战国时期的珍禽纹样，可从湖南长沙、湖北江陵等地楚墓出土的衣衾中看到，数量很多。从实物看，这一时期的鸟纹形象较寓于装饰趣味，写实风格的作品不多。鸟身或为正向，或为侧向，且大多经过变形处理，给人以神秘浪漫之感。

汉代纹样以云气、瑞兽为主，但鸟纹也有不少。湖南长沙西汉墓出土的丝织品中，就有几何填花对鸟纹绮和隐花波纹孔雀纹锦；新疆民丰东汉墓出土的绣品中，也有多种鸟雀形象。

唐代鸟雀纹样多，为当时妇女所钟情。在传世的唐代丝织品中，还保留着大量珍禽图纹。与汉代相比，这个时期的鸟纹形象趋向写实，完全脱离了神秘、怪诞的意趣，充满了自然风情和生活气息。

宋代写实性花鸟画的兴盛，对鸟纹装饰艺术的发展起到了推动作用。

明清绣品中的珍禽形象，就以写实风格为主，冠喙身爪无不逼真，翎毛翼翅丝丝入扣，反映出缜密纤细的时代艺术风格。被赋予吉祥寓意的瑞兽，除了前面提到的外，常见的还有如虎、象、羊、鹿等，以及饕餮、麒麟、天马、狮豸等神兽。这些瑞兽形象被广泛装饰在衣冠服饰和生活器具上。图 6-18 为广州东山戴缙墓出土的明代麒麟纹刺绣。

图 6-18 广州东山戴缙墓出土的明代麒麟纹刺绣

知识视窗

衣冠禽兽的来源

"衣冠禽兽"一词，源于明代官员的服饰。明朝初年，朱元璋刚刚平定天下，全力制定法礼制度，朝服的制定也被提上日程。经过商讨，朝廷决定文官的朝服上绣禽，武官的朝服上绣兽。根据官员品级的不同，绣上不同的禽和兽。其中，禽有仙鹤、锦鸡、孔雀、云雁、白鹇等，兽有麒麟、狮子、老虎、豹子、灰熊等。所以在明代初期，"衣冠禽兽"用以表明官员的身份、地位，没有丝毫的贬义。

明代官员的服饰规定：文官官服绣禽，武将官服绘兽。文官一品绯袍，绣仙鹤；二品绯袍，绣锦鸡；三品绯袍，绣孔雀；四品绯袍，绣云雁；五品青袍，绣白鹇；六品青袍，绣鹭鸶；七品青袍，绣鸂鶒；八品绿袍，绣黄鹂；九品绿袍，绣鹌鹑。武将一品、二品绯袍，绘狮子；三品绯袍，绘老虎；四品绯袍，绘豹子；五品青袍，绘熊；六品、七品青袍，绘彪鸂鶒；八品绿袍，绘犀牛，九品绿袍，绘海马。因此，人们称文武官员为"衣冠禽兽"。图6-19为明朝文官补服图案。

图6-19 明朝文官补服图案

至明代中期，官员腐败，宦官弄权，国家一片凋零，百姓没有好日子过，苦不堪言，对腐败的官员恨之入骨。明代陈汝元在他所著的《金莲记》中写道："人人骂我做衣冠禽兽，个个识我是文物穿窬。"意思是人人都骂我是当官的，个个都认为我是窃贼。由此，"衣冠禽兽"一词开始有了贬义。

至明代晚期，官场腐败，文官爱钱，武将怕死，欺压百姓，无恶不作。"衣冠禽兽"这才演变成为非作歹、如同牲畜的贬义词。

4. 虫、鱼

图 6-20 清代彩绣蝶花蝶纹衬衣

传统织绣中的虫纹，除了表现田园情趣而纯粹用作观赏外，也富有吉祥寓意。如蝴蝶，因为其形象优美，色彩鲜艳，故被视为幸福、美好的象征，在传统织绣中运用极广。蝴蝶本身喜和花卉为伴，将蝴蝶和花卉织在一起，称为"蝶恋花"，寓意为友谊、爱情。最为有趣的是蝎子、蜈蚣、蜥蜴之类的毒虫，也被用于织绣纹样之中，尤在妇女服装和孩童的兜肚、抹额上最为常用，以祈求消灾去疫、避疫强身。图 6-20 为清代彩绣蝶花蝶纹衬衣。

鱼类也是传统丝织品中常见的装饰题材。在新疆楼兰古城遗址汉墓出土的织物中，就有鱼纹锦实物，褐色的锦地，缀以黄、蓝二色花卉，在一对对遨游水中的鱼间夹织着振翅欲飞的水鸟，具有浓郁的生活气息。鱼类之所以受到人们的喜爱，除其本身具有食用价值和观赏价值外，还含有文化方面的因素。鱼和汉字"余"同音，在中国这一以农业为基础的国家，生产有余、生活富裕是人们的共同愿望，因此，便借用鱼来象征富足。如将鱼和莲花组合，名为"连年有余"；鱼和牡丹、桂花组合，寓意"富贵有余"等。自隋唐实行科举制度以来，出身寒贱者也有机会获得功名，"朝为田舍郎，暮登天子堂"，这种突然发迹、青云直上的情况，恰好应了古代"鲤鱼跳龙门"的传说。基于这种文化背景的装饰纹样也应运而生：通常在波涛翻滚的水浪之中立一龙亭，以象征龙门，龙门之前有一条鲤鱼翻身跳跃；也有作鲤鱼跳过龙门，已转变成龙者。传世的织绣品中，就有不少类似图纹。综观历代丝织品中的鱼纹，主要有鳜鱼、鲤鱼和鲶鱼。大约从明代开始，金鱼也开始进入装饰领域。图 6-21 为清代刺绣金鱼戏水表袋。

图 6-21 清代刺绣金鱼戏水表袋

（三）植物纹样

植物纹样以花卉最为典型。春秋战国时期的花卉纹样，可通过湖北江陵战国楚墓出土的花卉纹织物获得大致印象。花卉通常和龙凤、动物组合成纹，花形工整，富于装饰性。以其中最有代表性的凤鸟花卉纹为例，在整幅图案中，花茎可随纹样的走势任意伸展连接，花中生出茎蔓，茎蔓又生花，茎蔓在转折中，时而直线，时而曲线，时而作几何式利落的转折，时而又如微风吹动般自然弯曲，这种直线与曲线的并用，产生了刚柔相济的造型效果，同时也为整幅作品的布局创造了灵动的空间。从整体上来看，与凤纹组合的花草纹应属于辅花的地位，但从纹样造型布局看，却是整体纹饰中必不可少的重要组成部分。图 6-22 为湖北江陵马山一号战国楚墓凤鸟花卉纹线描图。

唐代装饰纹样以花卉为主，装饰风格变化多样，尤以缠枝花、折枝花、大团花、小朵花、簇花最为典型。花形丰满肥硕，配色鲜明浓艳，充分体现出大唐盛世的时代精神。宋代花卉造型以“像生花”（因形态逼真如生得名）为主，写实性强，装饰趣味明显减弱。这一时期花卉的品种更为丰富，常见者有牡丹、月季、桃花、芍药、梨花、蔷薇、芙蓉、栀子、秋葵、海棠、玫瑰、马兰、菊花、茶蘼等。有时在同一条花边上，同时绣有数十种花卉，名“一年景”。图 6-23 为唐代裙饰小折枝花纹样。

图 6-22　湖北江陵马山一号战国楚墓凤鸟花卉纹线描图

图 6-23　唐代裙饰小折枝花纹样

从整体风格来看，宋代花卉的造型比较清秀，配色淡雅。元明清时期的花卉纹样仍继承宋代的写实风格。与以往不同的是，这个时期的花卉大多被赋予了吉祥的寓意，或者借形，或者寓意，或者谐音，使人们对传统花卉纹样的运用跃上了一个新台阶。如牡丹花一向有“富贵花”的美誉，因此被比附为富贵，它与海棠织绣在一起，寓意为“满堂（‘棠’‘堂’谐音）富贵”，与芙蓉织绣在一起，寓意为“荣（‘蓉’‘荣’谐音）华富贵”。这些花卉的组合不受花型、花种及花季的限制，完全根据吉祥寓意组合成纹，这在明中后期后表现得特别明显。图 6-24 为清代“满堂富贵”纹样。

图 6-24　清代"满堂富贵"纹样

（四）人物纹样

春秋战国时期便已出现人物纹样，极具写实性与生活性。战国楚墓出土的丝织物上的人物纹样，主要包括田猎纹、舞人动物纹、人物与龙凤共舞纹。其中，舞人动物纹尤为生动。出土于湖北江陵马山一号墓的舞人动物纹由龙、凤、麒麟等瑞兽和歌舞人物组成，每个小单元呈三角形排列，左右对称，共七个单元组成横贯全幅的花纹，如图 6-25 所示。

第一组为昂首转身的游龙，第二组是一对戴冠、穿袍、系带、佩饰物、双手上扬作歌舞状的舞人，第三组为一对昂首高冠、展翅卷尾的凤鸟，第四组为两对爬龙，第五组是一对麒麟，第六组是一对仰首展翅、尾后垂的凤鸟，第七组是一对长卷尾的龙。每组图案分别以拱形宽条相隔，拱形宽条内填以龙纹和几何纹。其中，长袖飘拂的歌舞人物，长尾曳地的峨冠凤鸟，以及两组姿态不同的爬行龙，都显得意趣盎然。它所表现的是舞人与瑞兽（麒麟、夔龙、鸾凤）相伴起舞的纹样，表现了先民丰富的想象力。

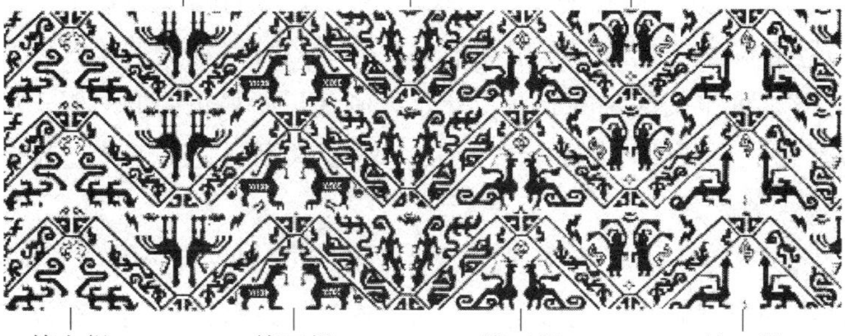

图 6-25　战国楚墓出土舞人动物纹样

图 6-26 北京定陵出土明代百子衣上的童子图

宋代以后，人物形象在织绣品中大量出现，与世俗生活有关的圣贤、美女、戏剧人物、历史人物和神话人物等明显增多。明清织物中的人物形象，基本延续了宋代世俗化的特色。图 6-26 为北京定陵出土明代百子衣上的童子图。

（五）十二章纹

“十二章纹”也称“十二章”，指的是古代帝王及高级官员礼服上绘绣的十二种纹饰，它们分别是：日、月、星辰、山、龙、华虫、宗彝、藻、火、粉米、黼、黻。绘绣有章纹的礼服称为“章服”。

据《周礼注疏》记载，周天子用于祭祖的礼服即开始采用“玄衣纁裳”，并绘绣有十二章纹；天子以下，其他贵族礼服各自根据等级，章纹依次递减。但需要指出的是，《周礼》经文本身并没有记载十二章纹之制，只是说天子礼服共有六种：大裘冕、衮冕、鷩冕、毳冕、绨冕、玄冕，即所谓“天子六冕”。

表 6-1 天子六冕

名称	释 义
大裘冕	天子和贵族祭天时穿的礼服，由冕冠、衣裳、羔裘、蔽膝、大带、配绶配套组成。
衮冕	天子祭祀先王时穿的礼服，由冕冠、冕服、蔽膝、大带、配绶配套组成。
鷩冕	帝王及公侯祭祀先公、宴请宾客并举行射箭之礼的时候穿的礼服。
毳冕	帝王及百官祭祀山河的时候穿的礼服。
绨冕	帝王及百官祭祀社稷、五谷之神的时候穿的礼服。
玄冕	帝王及百官在小型祭祀上穿的礼服。

关于十二章纹最全面的记载，出自《尚书·益稷》：“予欲观古人之象，日、月、星辰、山、龙、华虫，作会；宗彝、藻、火、粉米、黼、黻，绨绣。以五采彰施于五色，作服，汝明。”但这段记载并没有指明十二章纹是周代天子的礼服纹饰。

秦汉以来，随着儒家“礼治”思想逐渐成为当时占统治地位的正统思想，各种礼仪制度纷纷得以议定，“郁郁乎文哉”的周礼自然是礼制建设中最重要的思想资源。正所谓“服周之冕”，章服自然成为帝国礼制的重中之重。然而章服制度真正建立起来，一直要到东汉初年。

东汉永平二年（59 年），明帝召集儒家学者和官员博采《周官》《礼记》《尚书》等史籍，制定了详细的祭祀服饰及朝服制度，从此确定了汉代的服制。东汉初规定：“天子、三公、九卿、特进侯、侍祠侯，祀天地明堂，皆冠旒冕，衣裳玄上纁下。乘舆备文，日月星辰十二章，三公、诸侯用山龙九章，九卿以下用华虫七章，皆备五采，大佩，赤舃絇履，以承大祭。”（《后汉书·舆服志》）从此以后直到明清，十二章纹作为帝王百官的服饰，一直沿用。

十二章纹中的十二种图案及其寓意如图 6-27 所示。

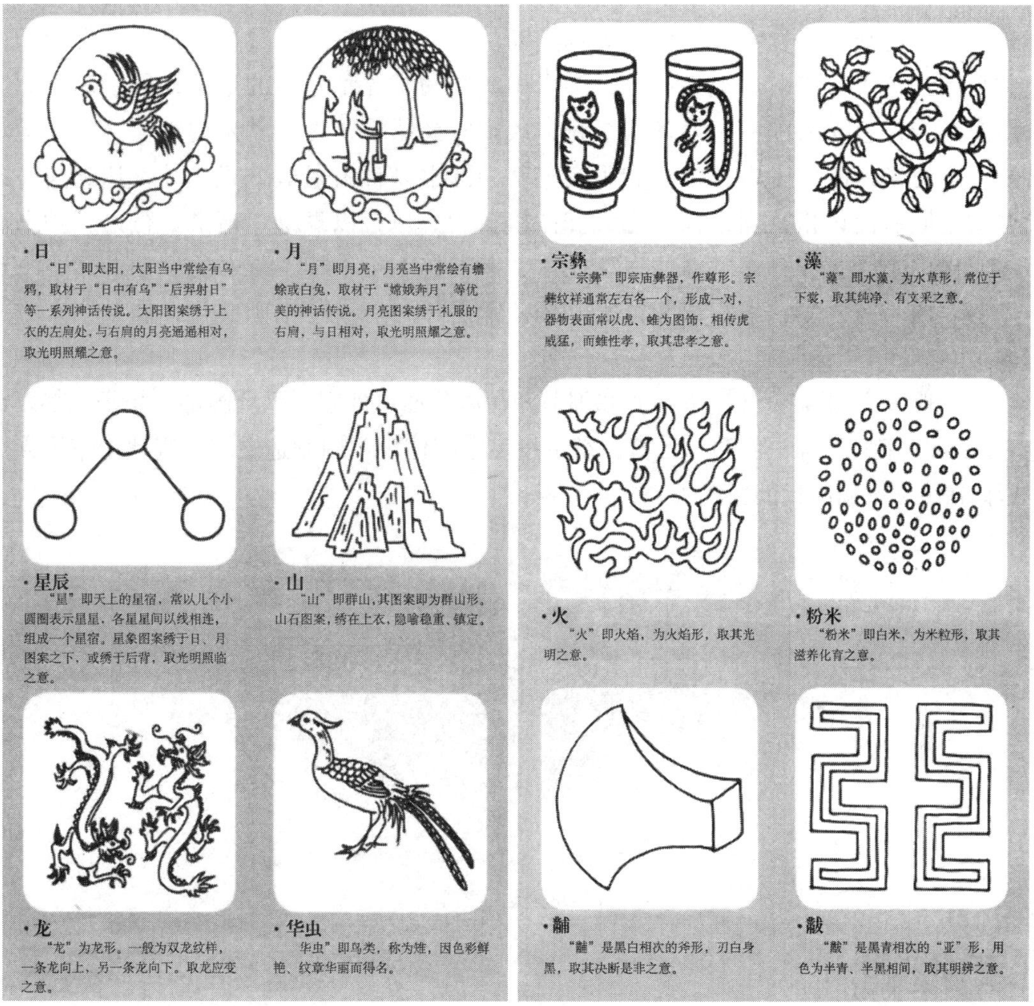

图 6-27　十二章纹图案及寓意

古为今用

2022 年 2 月 4 日，举世瞩目的第 24 届冬季奥林匹克运动会在中国北京国家体育场“鸟巢”隆重开幕，中国体育代表团礼仪服饰主题为“中国风采”（见图 6-28）。“中国风采”设计方案，以传达中国人民的精神面貌为目标，结合开幕式的时间、空间、气候等因素，自然地与中国春节吉祥喜庆的气氛相结合，与更快、更高、更强、更团结的奥运精神相呼应，融实用、美观于一体，传统文化与奥运相辉映，传递中国特色、中国气派。

“中国风采”主题服装设计，以红色为色彩基调。红色是中国传统礼仪中最高等级的色彩之一，是历届奥运会中国运动员出场服装的首选色彩，具有一定的代表性，突出了热烈喜庆的氛围，彰显了中国人民的热情和友好，也体现了中国奥运健儿积极向上、勇于拼搏的精神。

“中国风采”服装形制以简约为主，中式服装元素结合西式服装剪裁方法，整体兼具东方文化韵味与结构科学美感，展现运动员的健康体态。在整体搭配中，女运动员服装采用红色大衣搭配白色高筒靴，突出柔美婉约、优雅知性的形象；男运动员服装采用时尚米白色大衣配白色西裤、短靴，表现时尚儒雅、青春勃发的气质。男女运动员均搭配时尚保暖的围巾、帽子和手套，其中围巾以自由佩戴方式设计，达到同一条围巾的不同时尚风格。围巾以国旗红和国旗黄为主色，以隶书、楷书、行书三种书法字体织出“中国”二字，隶书的古朴庄重、楷书的方正不拘、行书的生动婉转，一点一划、一撇一捺之中，书写出和谐平衡的韵律之美，传递了中国文化，展示了东方文明的美好。

“中国风采”服装设计注重品质和细节。在服装袖口外侧、手套腕部、扣子上都以镀金“China”字样装饰，低调、含蓄，举手投足之间体现中国制造之美，表达中华民族大步迈向伟大复兴新时代的新气象。

图 6-28　奥运中国红

学思践悟

请同学们设计一份手绘小报，表达自己对传统服饰的喜爱。

第三节　尊礼从俗，服饰礼仪

引经据典

我先人常训子弟云：“男子有三紧，谓头紧、腰紧、脚紧。头谓头巾，未冠者总髻。腰谓以绦或带束腰。脚谓鞵韈。此三者要紧束，不可宽慢，宽慢则身体放肆不端严，为人所轻贱矣。”

——朱熹《童蒙须知》

拓展阅读：《童蒙须知》释义

案例导入

彩衣娱亲

春秋时，楚国有位隐士，名叫老莱子。老莱子非常孝顺父母，对父母体贴入微，千方百计讨父母的欢心。老莱子其实也不小了，也年过70岁了。一次，父母看着儿子花白的头发，叹气说：“连儿子都这么老了，我们在世的日子也不长了。”

老莱子害怕父母担忧，于是想着法子让父母高兴。为此，他专门做了套五彩斑斓的衣服，扮成幼儿的模样，走路时也装着跳舞的样子，在父母面前如孩子般玩耍，以博得父母的欢欣。这就是“彩衣娱亲”典故的由来。

思考：

你认为老莱子的穿戴合适吗？为什么会成为孝顺父母的典型？

理论讲坛

衣冠服饰作为一种生活形式的外露，很明白地表明了一个人的身份和地位。为此，从夏、商朝开始，衣冠服饰已经有了一套礼仪制度，从帝王后妃、达官贵人到平民百姓都必须按照礼仪的要求，穿着符合自己身份地位的衣冠服饰。

我国自古就被称为“衣冠上国，礼仪之邦”，“华夏”一词也是源于“冕服华章曰华，大国曰夏”（《尚书正义》注），由此可见，衣冠服饰礼仪在我国不仅历史悠久而且意义重大。衣冠服饰之所以重要，是因为古人认为它与人的道德修养密切相关。东汉王充就曾提出了“德盛文缛”的命题，他认为人的道德水平越高，其文采仪表、服饰装扮就越是焕然严整。

自古以来，服饰就不只是简单的穿着问题，而是与治理天下相关联的。“改正朔，易服色”一直是朝代更替必做的重要事项。因此，由服饰穿戴所体现的等级安排，实则是古代中国的基本制度之一，只有形成了“昭文章，明贵贱，辨等列，顺少长，习威仪”（《左传·隐公五年》）的社会风气，才能达到“贵有常尊，贱有等威”（《左传·宣公十二年》）的社会治理目的。

知服饰，晓礼仪，明是非，重价值，才可以延续中华文明。让古老而灿烂的中华服饰礼仪在融合现代观念与时尚的基础上，再耀中华！

一、衣冠礼仪，博大精深

独具特色的华夏衣冠礼仪，不仅是人类社会文明进步的产物，也是中华礼乐文化中的重要组成部分，被赋予了深厚的文化内涵，凝聚着礼仪文明的精髓与理念。

（一）冠礼

“冠，至尊也”，在传统服饰礼仪文化中，冠最为尊贵，代表着荣誉与尊严，是一个人身份和地位的象征，被视为文明仪表的标志。

在古代，男子年满二十岁，女子年满十五岁，便要通过举行一定的仪式标志其进入成人期，从生理上来看成熟了，可以谈婚论嫁了。这一礼仪主要是以男子头上加冠和女子发式（饰）的改变为标志而完成的。这体现了服饰标志性别、年龄和社会角色的功能。

知识视窗

冠礼

古代男子一般在二十岁时行冠礼，戴上成年人的帽子表示业已成年，称“弱冠”，如西晋左思《咏史》诗：“弱冠弄柔翰，卓荦观群书。”但据说周天子时期比较特殊，往往在十二至十五岁时就举行冠礼，古书里说“文王年十二而冠，成王十五而冠”（《通志·礼略》）。

图 6-29　冠礼

冠礼仪式（见图 6-29）是一项极为隆重的典礼，属于吉礼之一。一般而言，由受冠者的父亲来主持这一仪式，但也有长兄为小弟主持冠礼的情况。

加冠仪式开始时，受冠者从东房出来，至受冠席，并由辅助加冠的来宾为其梳头、挽髻、加簪等，将头发梳理成成人发髻。发髻挽成后，再由事先选定的加冠者给受冠者戴冠。冠的形制是加在发髻上的一个罩子，形制甚小，不能覆盖住整个头顶，与后世帽子迥乎不同。冠的作用主要是把头发束住，同时也是一种装饰。古人以冠名服，戴不同的冠要配上相应的衣服，所以冠礼虽然名为加冠，其实每加一种冠也包括更换一次衣服的服制。

加冠一般是加三次：

首先加缁布冠。缁布冠是用黑麻布做成的帽子，表示不忘本。在古人看来，“不忘本”，然后才能事君，所以古人都把缁布冠看得非常重要，并把它作为加冠的第一冠。

其次加皮弁冠。皮弁冠是用白鹿皮做成的帽子。这种冠大多缀饰有玉，尖尖的冠顶用象骨制成。由于冠身的地位等级各有不同，因此缀合成冠的白鹿皮块数也往往多寡不一。皮弁冠，古为朝服。所以加皮弁冠的目的，主要是要冠身以后行“三王之德”，勤政恤民。

最后加爵弁冠。爵弁冠类似帝王公卿所戴冕冠，这种冠前小后大，其色红中带黑，多用极细的葛布或丝帛做成。由于其形如爵（古代酒器），爵又似雀，故又名雀弁冠。加此冠表示从此就有了参加祭祀的权利，为社会地位的最高层次。

“三加弥尊，加有成也。”三次加冠，每加愈尊，隐喻受冠者的德性愈加深厚。

（二）笄礼

与冠礼相对应，女子年满十五，许嫁前，可以行笄礼，如果一直待嫁未许人，则年至二十岁也要行笄礼。

知识视窗

笄礼

笄，即簪子。自周代起，女子年过十五，如已许嫁，便得举行笄礼（见图 6-30），将发辫盘至头顶，用簪子插住，以示成年及身有所属。笄礼作为女子的成人礼，与男子的冠礼一样，也是表示成人的一种仪式。

图 6-30　笄礼

《朱子家礼·笄礼》：女子许嫁，即可行笄礼。如果年已十五，即使没有许嫁，也可以行笄礼。笄礼由母亲担任主人。笄礼前三日戒宾，前一日宿宾，宾选择亲姻妇女中贤而有礼者担任。

（三）深衣

深衣是中国古代上衣和下裳缀连在一起的服装，《礼记·深衣》记载：“所以称深衣者，以余服则，上衣下裳不相连，此深衣衣裳相连，被体深邃，故谓之深衣。”深衣是诸侯、大夫、士阶层的家居服，同时也是庶人的常礼服。它的起源和发展与中国古代纺织技术的演变息息相关，同时，其形制还体现了一定的礼仪、制度。

1. 深衣蕴含的礼仪

深衣中所蕴含的礼仪十分丰富。比如，《礼记·深衣》记载：“古者深衣，盖有制度，以应、规、矩、绳、权、衡……制十有二幅，以应十有二月。故易曰，坤六二之动，直以方也。”这说明了古代深衣“上下连属”之特点体现的是乾坤之道，背后是古人重视“天人合一”的礼法观念。因为深衣的上衣用布四幅，象征一年四季；深衣的下裳用布十二幅，象征一年十二月。而深衣又是人们所穿着的重要服饰，将契合“乾坤之道”的衣服穿在身上，是“天人合一”礼法制度的最好证明。

《礼记·深衣》还记载：“袂圜以应规，曲袷如矩以应方，负绳及踝以应直，下齐如权衡以应平。故规者，行举手以为容，负绳抱方者，以直其政，方其义也。”意思是说，深衣的衣袖和袖口设计得十分宽大，象征的是天道圆融；而曲裾样式的深衣袖口直角相交，则象征着地道方正；另外，深衣连接两片衣服的直缝中线从上到下贯通到底，象征着人道正直；穿着深衣时，需要配以腰带（见图 6-31）。深衣作为中国古服的代表，其形制蕴含着中国古人在社会伦理制度中所体现的“礼”的约束，可见“礼”成为深衣的“制”“度”所在。

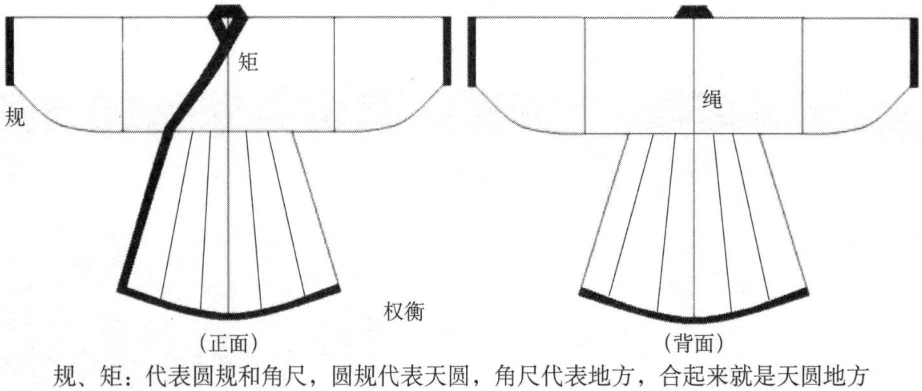

规、矩：代表圆规和角尺，圆规代表天圆，角尺代表地方，合起来就是天圆地方
绳：代表正直，公正
权、衡：代表稳重，公平

图 6-31　深衣样式及蕴含的礼仪

知识视窗

深衣五法

古人在崇尚“以冠为尊”的同时，还追求“深衣五法”，体现了中华文明知礼尚德、明礼修省的深邃内涵。《礼记·深衣》中有“古者深衣，盖有制度，以应规、矩、绳、权、衡”的记载。

◇方曲形的领：相当于曲尺“矩”——为人必须端方似矩。

◇圆形的袖底：相当于圆“规”——为人必须和易从容，又在换拳为礼时，显其风范仪貌。

◇裳的下摆：其形如“权”（秤的锤）；裳底平正似“衡”（秤的杆），相当于做事务求“平正”；为人志虑安定，心气和平。

◇背部有一条通直到底的中缝：相当于工匠所用取直验曲的“绳”——为人处世必须正直而无偏私。

以上这“规”“矩”“绳”“权”“衡”，所谓深衣五法，这“五法”的意义，一以作为穿着深衣的人有此品德的象征，一以警勉穿着深衣的人必当照此立身处世。直到影响所及的“国服”长袍——尤其男性的衫袍，背部必有一条“中缝”直悬如“绳”，假如衫袍没有“中缝”，总觉得不顺眼，这原是古之深衣制度流传下来的习俗。

2. 深衣体现了中国古代“礼”的普适性

深衣体现了中国古代“礼”的广泛性。中国古代服饰等级森严，上文提及的冕服是商代贵族的专用服饰，深衣刚开始也只在商代贵族间传播，到了两汉时期才得以流传。比如，马端临的《文献通考·王礼考·君臣冠冕服》记载：“按三代……深衣则自天子至庶人皆可服之……至于深衣，则裁制缝衽，动合礼法。故贱者可服，贵者亦可服，朝廷可服，燕私亦可服，天子服之以养老，诸侯服之以祭膳，卿大夫服之以夕视私，庶人服之以宾祭，盖亦未尝有等级也。”说的是在礼乐文化制度最为成熟的西周时期，上至天子下至百姓，深衣没有严格要求仅限于某个阶级所穿。足可见，西周孕育的“礼”的广泛性。

3. 西汉时期形成了“深衣制”

平王东迁以后，西周的结束标志着中国的历史开始进入东周时期，而这一时期则是典型的“礼崩乐坏”时期，由于此时诸子百家蜂起，并且他们对政治的观点也不一，因此各家对于服饰的观点也不一致。比如，道家提倡隐世，倡导俭朴的衣衫；而法家提倡法治，并不在意服饰。到了汉武帝时期，形成了中国古代的“深衣制”。这和西汉当时的思想文化制度有关，汉武帝时期采取了董仲舒“罢黜百家，独尊儒术”的思想制度，而儒家又是周礼的深刻践行者，所以周朝时广泛推行的深衣在西汉时期演化为“深衣制”，标志着深衣作为“礼服”在服饰上的“礼制”地位最终确立。

比如，《礼记·深衣》记载：“具父母，大父母，衣纯以缋。具父母，衣纯以青。如孤子，衣纯以素，纯袂，缘，纯边，广各寸半。”意思就是如果父母及祖父母都健在，所穿的深衣就用带有五彩花纹的布来镶边。如果只有父母健在，所穿的深衣就用青布来镶边。如果是个孤儿，就用白布来镶边。深衣袖口的镶边，深衣下摆的镶边，深衣裳边的镶边，都是寸半宽。

《礼记・玉藻》记载："衽当旁，袂可以回肘，长中继揜尺，袷二寸，袪尺二寸，缘广寸半。"可见，西汉时期的"深衣制"已经非常完善。

此后，各朝的衣服都深受"深衣制"的影响。比如，魏晋时期的大袖长衫、隋唐时期的宽袍、宋代的襕衫、元代的长袍、明代的补服、清代的旗袍甚至现代的连衣裙，都和深衣"上衣下裳相连"的形制息息相关，可见深衣的影响之深远。

二、衣冠贵整，以见德行

"君子之德，见于仪表。"古人的衣冠是礼仪最直接的体现，衣冠是穿衣和戴帽，衣冠礼仪就是一个人的穿着打扮。古人认为，衣冠是一个人内心的外在表现，代表一个人的文化修养。衣冠得体，既是自尊，也是尊重他人。

一个人的修养、品行往往是深藏于心的，但容貌端正、服饰得体，却是经由外在表现出来的。

（一）衣冠穿戴要端正

先正衣冠，后明事理。古人认为衣冠正则心正，心正则身正，身正则事正。衣冠正，不只是注重外在形象，遵循礼仪守则，更寓意做人表里如一、内外兼修。

衣冠关乎仪容、礼节，端正衣冠既是自律严谨的体现，也是对他人的尊敬，如与人会面，须"正衣冠"而见。

拓展阅读：汉武帝见汲黯

（二）衣冠穿戴要严谨

在衣冠穿戴端正工整的基础上，进一步做到"三紧"，即帽带要紧、腰带要紧、鞋带要紧。

古人认为，衣冠穿戴严紧，人的精神状态才会振作，才能表现对人和事的慎重态度，是君子以仪表庄重获取他人尊敬的方式，这成为仁人贤士格物正己的指南。

知识视窗

君子死而冠不免

《左传・哀公十五年》记载了孔子的学生子路去世之前的一件事，常让后人感慨不已。当时卫国太子蒯聩为了建立自己的势力，想寻求他外甥孔悝的协助，但对方不肯，蒯聩竟然直接挟持了他。子路是孔悝的家臣，孔子的另一名学生子羔也在卫国的朝廷里。眼看内乱要发生，子羔决定逃离卫国，在去陈国的路上碰到了要返回卫国的子路。

子羔警告子路说卫国的情况很危险，不能再回去了。可是，子路却认为自己作为孔悝的家臣，此时不能躲开，于是执意回到了卫国。

回到卫国后的子路，在与蒯聩等人的交涉过程中，发生了武力冲突。子路寡不敌众，连系冠的缨都被砍断了。但在此生命攸关的危急时刻，子路却说："君子死，冠不免。"他忍着剧烈的伤痛重新结好冠，方才死去。这就表明像子路这样讲"礼"的士人，他们把衣冠整齐看得比生命还重要。

君子不惜牺牲生命，以坚守衣冠所象征的威仪、尊严与规矩，衣冠严紧成为古代衡量一个人外在形象与内省自律的重要尺度。

（三）衣冠穿戴要齐整

俗话说："笑破不笑补。"衣冠残破不整是缺乏修养的表现，为服饰穿着的一大禁忌。古人在评价君子风范时，不以锦衣华服为标准。即使衣服破旧，只要缝补整齐，不露肌肤，就是具有礼仪与教养的体现。

三、衣冠贵洁，以表诚敬

着装洁净卫生，是自尊与尊人的表现，体现了一个人对他人的尊重，也象征着自身对高洁品行的追求。

（一）沐浴更衣净为先

在古代社会，沐浴更衣不仅仅具有祛除身体上的污垢、洁身净体的作用，更有净化心灵的寓意，体现对人、对事的尊敬，是一种隆重的礼仪。古人对沐浴的重视程度甚至上升为国家制度——休沐之制。

拓展阅读：古人的休沐制度

（二）衣裳贵洁不贵华

衣服注重整洁，但不必讲求华丽。一个内心高洁的人，即使衣着朴素，也会由内而外散发出良好的修养与高贵的气质。衣冠整洁是一个人精神面貌的直接体现，更是修身律己、洁身自好的重要表现。

四、衣冠贵礼，以示秩序

衣冠穿戴注重与身份、场合相宜，并且要与内在的德性相称，这是礼仪规范与社会有序的重要守则。

（一）穿戴合于身份

商周年间，人们穿着的衣服通常是上衣下裳。贵族在外面多系一片草制或丝绣的斧形服饰，作为身份尊贵的标志。到了春秋时期，上衣下裳被连接起来，垂到踝部，称为深衣。贵族既可在家居时穿深衣，也可在晚朝时穿。庶人一般穿褐（粗麻制成的短衣），但也可以把深衣作为礼服。

秦汉以后，为了维护封建等级秩序，各级官吏与庶民在衣着服饰，从式样、用料到颜色、花纹，都有了明显的不同。如唐宋就把龙袍与黄色当作皇室的专用服色，其他人不能僭越使用。明朝时期规定，官员“一品至四品，绯袍；五品至七品，青袍；八品九品，绿袍”（《明史·舆服志》），而普通百姓不能使用大红和鸦青色，以免与官服相混。

古代衣服的性别区分也很明显。孩子刚开始学说话时，要给男孩佩戴皮制小囊，女孩则佩戴丝织的囊。《礼记·内则》规定“男女不通衣裳”。

（二）穿戴合于场合

“敬”为“礼”的第一要义。古人讲究衣冠穿戴要适于场合，以不同场合的着装来表现对仪式、对他人的恭敬。服饰得体被视为交往有礼、社会有序的规矩；反之，就是失礼、不敬的表现。

古人在祭祀等庄重严肃的场合，要穿专门的祭服或礼服；在正式场合，要穿公服或朝服；在普通场合，一般身着常服；在家穿便服，如有客人来访，则要更换常服。

古人穿衣的颜色也要区分场合。喜庆场合多穿大红、朱红、粉红等颜色，但丧礼等场合要穿白、黑、灰、蓝等素色。

知识视窗

最初的礼服

根据古书记载，大禹平日生活十分节俭，只穿粗布衣衫，但是每遇祭祀活动都会穿得十分华丽。在祭祀这种正式的场合穿特别的衣服，可以算得上是最初的礼服了。

殷商奴隶主贵族在祭祀的时候穿戴的专门的礼冠与服装，称“冕服”。到了西周，这种祭祀穿礼服的习俗已经发展成为完备的制度，以纹饰为等级标志，叫作“章服制度”。

拓展阅读：“上衣下裳”制度的形成

五、服饰礼仪，创新融合

中华优秀服饰文化在世代传承中，与各民族文化不断融合，与世界文明交流互鉴，形成了开放、包容、创新的优良传统。

唐代是中国封建社会发展的顶峰，政治稳定，经济繁荣，对外文化交流频繁。唐代服饰是唐代社会经济文化高度发达的最直接体现，它既保留了汉族传统服饰的特征，又兼收并蓄异域民族服饰艺术的精华，从而形成了姹紫嫣红、绚丽多姿的唐代服饰文化艺术。

唐代服饰艺术多样的款式、艳丽的色泽和精湛的工艺可称得上是中国古代服饰发展过程中最亮丽的一道风景线，不仅为辉煌的唐代文明增添了别样的光彩，并且影响着后世服饰的发展，成为中国古代服饰文化艺术发展过程中的一朵绮丽之花。

唐代服饰文化的繁荣发展，离不开唐人海纳百川、兼收并蓄的豁达气度和宽广胸襟。绚丽多彩的唐代服饰是在融汇众多服饰文化精华的基础上形成的。

（一）与异域服饰融合，重视传统与创新

唐代国力强盛，社会开放，处处呈现生气勃勃的气象，与此相应，唐代服饰也具有雍容大度的特征。在唐代服饰的发展过程中处处体现了唐代本土服饰与异域服饰的融合，出现了胡服、回鹘服、袒领服等引领时尚的服饰，体现了唐代服饰文化开放、多彩的一面。

知识视窗

胡服和回鹘服

隋末唐初，尤其是盛唐的开元、天宝年间，妇女盛行胡服。穿此服者，下穿带竖条的小口裤，尖头绣花鞋或半靿软靴。后又受波斯的袒胸折领（翻领）等服装样式的影响，出现一种袒胸无领、窄袖紧身、长及腰、上窄下宽的瘦长短襦，高头云履，披帛，饰高髻簪花。披帛又称画帛，轻薄的纱罗上印画图纹，长度在二米以上，用时披搭在肩上，并盘绕于两臂之间。唐代规定，士庶女子在室内搭披帛，出嫁则披帔子，披帛和披帔子的界限其实并不明显。天宝年间，妇女还流行穿男装：头戴软脚幞头，身穿圆领或折领的窄袖袍衫，腰系革带，脚着黑皮靴，它首先流行于宫中，后逐渐流行于民间，成为普通妇女的服饰。

盛唐以后，胡服渐渐湮息，宽袖衣衫取代了宫廷中的窄袖服装。

中晚唐至五代，宫廷和贵妇中曾广为流行回鹘（维吾尔族的）服。回鹘服以暖色调为主，尤其喜欢用红色，领、袖均缘阔边。穿此服时，发式一般挽成椎型，时称“回鹘髻”，髻上另戴一顶缀满珠玉的桃形金冠，上缀凤鸟，两鬓插簪钗，耳垂及颈项上佩有精美的首饰，足穿翘头软锦鞋。晚唐贵妇人的典型服饰为：高墙髻，簪花饰钗，上穿宽领对襟的大袖明衣，内束抹胸，绣花的披帛绕臂，下穿长裙，上窄下宽，佩以蔽膝，缠枝花为饰，腰束长带，足着高头如意履。

（二）与国际接轨，与世界同步

从中外服装发展史来看，各民族服饰文化的交流与交融是服饰文化发展的巨大推动

力，自赵武灵王“胡服骑射”至中华人民共和国成立，每个时期的服饰发展都存在不同程度的融合现象，但正是多元化的服饰风格，推动着我国服饰的不断变革和发展。

在我国封建社会，繁盛的唐朝最开放、自信，它在坚持本民族服饰优秀传统的基础之上，不拘一格地吸收外来服饰文化中的精华，使唐代服饰最终发展成为中国古代服装史中最为精彩的篇章。由孙中山先生开创的“国服”——中山装，可以称得上是中西融合的成功范例。与封建服饰褒衣博带的特征相比，中山装借鉴了西方服饰中的积极因素，它采用西式服装结构和裁剪方法，同时整体的风格和气质中又充分体现了中国的民族传统性。我们知道，中西方国家存在两种完全不同的文化背景，东方追求和谐、中庸，西方强调竞争，但是采用西式结构的中山装却流露出东方的典雅美。所以，中山装的设计绝不是将中国传统和西方形式简单拼接，而是巧妙移植西方款式，形成独具特色的全新款式特征。

知识视窗

文化强国的汉服篇章

汉服是以护体衣物为物质形式，以中华优秀传统文化为内核的综合文化符号体系。汉服伴随古老的中华文明而生，历经五千多年风雨，已经融入中华民族的血脉，是民族历史、文化和精神载体，与中华传统饮食、建筑和汉字汉语等共同构筑成恢宏的中华文化大厦，是中华民族伟大复兴的重要依靠，是文化强国建设的重要组成部分。

汉服是中华优秀传统文化形象体系的重要表征，是以中华传统哲学思想为指导和规范的文化生产和消费习俗。其作品是中华传统哲学思想的外化，由中华文化精神、中华制度文明、中华传统服饰形制三个自内而外的部分构成，具有不可替代的思想价值、政治价值、社会价值、艺术价值和经济价值。汉服复兴与国学复兴、中医复兴、传统礼仪节庆复兴共同构成弥补中国优秀传统文化短板的整体复兴。

汉服是中华传统服饰的主干。作为国粹，汉服贯通中国历史各代王朝、地域，是全体华夏儿女共同创造、共同享用的，稳定存在的民族文化体系。自《周礼》规范了完整系统的衣冠礼制后，虽然每个朝代都受“改正朔、易服色”的衣冠服制影响，汉服始终代表清代以前中华民族的国家形象，为古代中国赢得“衣冠上国”“礼仪之邦”“锦绣中华”等诸多美誉。汉服断代沦为中华服饰暗流三百余载，即使枝节在今天依然巧夺天工、价值连城。包括南京云锦木机妆花手工织造技艺、宋锦织造技艺、蚕丝织造技艺、蚕桑习俗等入选联合国教科文组织非遗名录的服饰类项目达 12 项之多，列入国家级的则达 225 项。中央民族工作会议指出，要正确把握中华文化和各民族文化的关系，各民族优秀传统文化都是中华文化的组成部分，中华文化是主干，各民族文化是枝叶，根深干壮才能枝繁叶茂。在中华优秀传统文化浪潮奔涌的时代条件下，作为五千多年中华服饰典范的汉服必然会焕发出迷人的丰采，填补中华民族没有公认的正统服饰的空白。

汉服蕴含着由道法自然、天圆地方、天人合一、阴阳五行、以右为尊等核心概念构筑的中华话语系统，具有浓郁的中国特色。汉服自古礼服褒衣博带，常服短衣宽袖，具有文雅而恢宏、正直而宽厚、仁爱而洒脱的内在品格，显示了鲜明的中国风格。汉服轻形式重精神，轻虚幻重体验，雍容典雅，深邃灵动，体现了中国人追求随心所欲不逾矩、含蓄蕴藉守太和的审美理想，具有独特的中国气派。

汉服的复兴，意味着人民群众更加美好的生活的实现。一是更优物质生活的获得。在向第二个百年目标奋进的进程中，汉服不再是一件御寒裹体的衣服，而是有消费能力选择面料、做工、价格的人体第二款皮肤，是整个社会恩格尔指数下降带来红利的展现。二是更高精神文化生活的享有。诗与远方中的远方不仅是空间距离，也是时间距离。汉服的回归不是穿越，而是在认知、礼仪、节庆等方面与历史的真正打通，是文化生活的丰富，审美素养的提升，精神品格的强化。一套汉服，坐着是一个文化修为的展柜，走着是个人魅力的T台。三是更为明确的中华民族身份的确立。日本、韩国、越南、印度皆以服饰为全球化背景下民族身份建构的重要途经。只有全方位确立中国人的身份，全体国民自信地穿上代表当代中华文化精神的标志性服饰，中华民族的现代化才能在真正意义上完成，中华民族才能平等地并列于世界民族之林。

汉服的复兴，标志中华民族命运共同体的有效构建。汉服中断于满清的暴力胁迫，但汉服逐渐走向消亡的观点并不成立。汉服凝聚着博大精深的文化内涵，寄托着持久浓烈的民族感情，焕发着璀璨夺目的艺术光华，不可能因为朝代的更替而湮灭。从五千多年的中华文明史看，汉服的退隐只是暂时现象。现在的汉服复兴，实质是汉服中断发展后的重启。300多年来，汉服由于改朝换代而被强行中断发展进程，其间充满民族之间血与泪的记忆；由于列强入侵而随中华传统文化一道遭受批判放逐，其间充满内心的决绝和悲怆。汉服在新时代的重启、发展与复兴，尤其是具有代表当代中华民族统一气质的新时代汉服的出现，对于深化有关民族关系的历史事件的认识，抚平民族冲突造成的历史创伤，冰释兄弟民族潜意识中的宿嫌，增进中华各民族的同胞感情，增强国家认同、民族认同、文化认同具有重要意义。

汉服的复兴，昭示了中华民族文化形象的最终完善。服饰及其礼仪制度展示着一个民族的社会、文化、政治情况，是一个民族生活风俗、宗教信仰、审美情趣、道德观念的积淀，代表着一个民族的精神内核。钟敬文先生说过，服装在中国社会中不仅是生活文化的一部分，往往同时还是一种政治符号，其中蕴含着很多象征性和意识形态的理念或其背景。在56个民族中，汉民族是唯一没有代表性服饰的民族，这对于一个拥有悠久历史和高度文明，占14亿人口92%的主体民族来说，对于中华民族来说，都是十分遗憾的。在中华服饰体系中，无论从时间长度、内涵厚度、影响广度上看，汉服最能代表中华服饰，代表中华服饰未来的前进方向。只要汉族没有代表自身身份的服饰，就很难确定整个中华民族的身份服饰；而一旦汉族身份服饰诞生，代表中华民族身份的国服问题就迎刃而解。新时代汉服的面世和推广，将是中国对世界时尚文化的重大贡献，华夏民族的民族形象将在汉服的衣袂飘飘中完美展现在世界各民族眼前，使世界民族之林的风景更加靓丽，这必将受到其他民族的尊重和祝福，成为中华民族文化史上的大事，全球命运共同体建设中的大事。

资料来源：节选自唐建军．文化强国的汉服篇章 [EB/OL]. 纺织服装周刊网 ,2021-11-09.

古为今用

现代汉服继承了传统汉族服装的精华，并结合现代社会生活需要而有所创新和发展，具有鲜明的传统气息和显著的民族特征以及时尚色彩的服装。现代汉服对民族服饰文化的继承程度处于传统汉服和汉元素时装之间，可用于一般性的礼仪场合穿着之用，如传统节日、文化活动、喜庆日、各类社交聚会等，其穿着适用范围比传统规范汉服更广泛，使用频率更高。现代汉服依旧属于汉服的范畴 (即形制正确)，只是在布料、设计等方面有别于传统汉服。

学思践悟

学校组织中华传统经典诵读比赛，要求穿汉服参加，有一位同学穿成了这样（见图 6-32），你能告诉她错在哪里了吗？穿汉服时应该注意什么？穿汉服为什么要分左衽右衽呢？

图 6-32　学生所穿汉服

第七章

住——亭台楼阁

习言习语

保护好古建筑有利于保存名城传统风貌和个性。现在许多城市在开发建设中，毁掉许多古建筑，搬来许多洋建筑，城市逐渐失去个性。在城市建设开发时，应注意吸收传统建筑的语言，这有利于保持城市的个性。

——2002 年习近平为福建人民出版社《福州古厝》一书撰写的序言

中国古代建筑有着悠久的历史和丰富的文化内涵，它是民族文化的结晶，是人类建筑史上一颗璀璨的明珠。它承载了中华民族的建筑艺术和技术、民俗风情、建筑理念和智慧，记录和传承了中国古代建筑的建筑布局、造型品位、结构形式、色彩应用等。本章全面系统地介绍了中国传统建筑的基础知识和文化内涵，解析了各地传统建筑的特色、智慧和精髓，展示了我国传统建筑文化的独特魅力和深厚底蕴，促使大学生传承中华建筑文化，守护精神家园。

第一节 中华建筑，源远流长

引经据典

六王毕，四海一；蜀山兀，阿房出。覆压三百余里，隔离天日。骊山北构而西折，直走咸阳。二川溶溶，流入宫墙。五步一楼，十步一阁；廊腰缦回，檐牙高啄；各抱地势，钩心斗角。盘盘焉，囷囷焉，蜂房水涡，矗不知其几千万落！长桥卧波，未云何龙？复道行空，不霁何虹？高低冥迷，不知西东。歌台暖响，春光融融；舞殿冷袖，风雨凄凄。一日之内，一宫之间，而气候不齐。

——杜牧《阿房宫赋》

拓展阅读：《阿房宫赋》释义

案例导入

观莲拙政园

远香堂面对着一座挺大的黄石假山，山下一泓池水，有锦鳞往来游泳，堂外三面通廊，堂后有宽广的平台，台下就是一大片莲塘，种着天竺种千叶莲花，这是两年以前好不容易从昆山正仪镇引种过来的。拙政园莲塘中自从把原种藕秧种下以后，当年就开了花，真是色香双艳、不同凡卉；第二年花花叶叶，更为繁盛，翠盖红裳，几乎把整个莲塘都遮满了。并蒂莲到处都是，并且一花中有四五蕊，七八蕊，以至十三个蕊的，花瓣多至一千四百余瓣。只为负担太重了，花头往往低垂着，使人不易窥见花蕊，因此苏州培养碗莲的专家卢彬士老先生所作长歌中，曾有“看花不易窥全面，三千莲媛总低头”之句，表示遗憾。其实我们只要走到水边，凑近去细看时，还是可以看到那捧心西子态的。今夏花和叶虽觉少了一些，而水面却暴露了出来，让我们欣赏那水中花影，仿佛姹娅欲笑哩。

远香堂西邻的倚玉轩，与船舫形的香洲遥遥相对，而北面的斜坡上有一个荷风四面亭，三者位在三个角度上，恰恰形成鼎足之势，而三处都可观莲，因为都是面临莲塘的。香洲贴近水边，可以近观，倚玉轩隔一条花街，可以远观；而荷风四面亭翼然高处，可以俯观，好在莲花解意，婉娈可人，不论你走到哪一面，都可以让你尽情观赏的。（节选自周瘦鹃《观莲拙政园》）

思考：

根据上文，你能谈谈你眼中中国古代建筑的独特之处吗？

理论讲坛

中国传统建筑是中国文化遗产中一颗璀璨的明珠。作为优秀传统文化的重要组成部分，我国传统建筑以高超的技术、精湛的工艺和独特的风格，在世界建筑史上独树一帜。它就像一部立体的史书，凝聚着深厚的文化底蕴。

中国传统建筑是中华民族生存智慧、工程技术、审美观念、社会伦理等文明成果的载体。它不仅满足人们对于建筑的功能性需求，客观真实地反映了当时社会的政治、经济、文化和意识形态，包含着源远流长、生生不息的中华文明，同时满足了审美需求，提高了人们的艺术欣赏能力，丰富了人们的精神世界，陶冶了人们的情操。这些古建筑是文化传承的载体，对当下的城市建设有着指导性的意义，更重要的是，可以激发人们的文化自信、民族自信和爱国主义精神。

一、原始社会的建筑

中国传统建筑有着悠久的历史。最早的建筑一般是为了满足人们的居住需求而建造的，人类自诞生以来，趋利避害的本性促使了其始终不断地探索和改善生存、居住环境。

我国最早出现的民居类型有北方的穴居和南方的巢居。人们因地制宜，就地取材，使用天然材料和地形来建造生活场所。早在旧石器时代，中国原始人就已经开始利用天然洞穴作为栖居地。我国许多地区都曾发现过原始人居住的岩洞。新石器时代，黄河中游地区的宗族和部落以黄土层为墙，用木架和草泥建造半穴居住所，进而发展为地面建筑。陕北常见的窑洞，就是沿用至今的穴居形式。根据考古发掘，大约六七千年前，古人们就已经使用工具建造木架房屋，如浙江余姚河姆渡遗址（见图 7-1）；黄河流域、中原地区一代多为穴居，如西安半坡遗址（见图 7-2）。这些聚落区域划分清晰，布局合理，是中国古代建筑的初创阶段。

图 7-1　浙江余姚河姆渡遗址复原图

图 7-2　西安半坡遗址复原图

由于人类智慧的不断提升和生产力的发展，在北方地区，半地穴式建筑（见图 7-3）随之诞生，也就是在平地开掘地表以下的空间，并在此空间上架设屋顶，房屋仅有屋顶高于地表。直壁建筑（墙体一般与地面保持垂直）是半地穴式建筑的进一步发展，夯土墙已高于地面，建筑空间完全露出地面。此后又出现了抬梁式建筑（见图 7-4）、穿斗式建筑等。

图 7-3　半地穴式建筑复原图

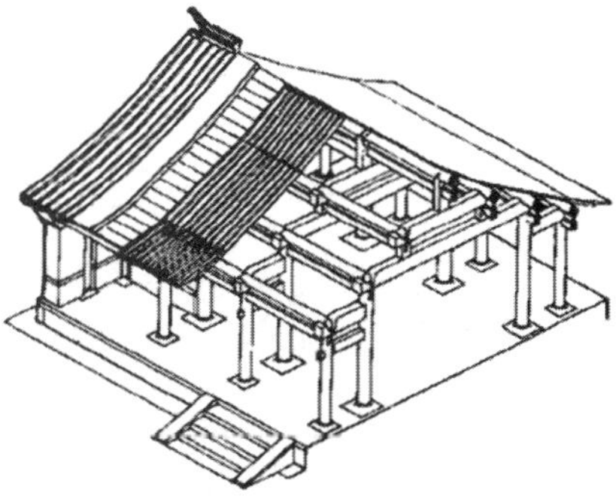
图 7-4　抬梁式构造示意图

由于南北方的气候差异，南方地区的居住方式与北方地区不同。长江流域常常潮湿多雨、遭受水患或有野兽出没，于是位于低洼地带的人们在树上建造了形状酷似鸟巢的房子。传说有巢氏带领大家依树筑巢，躲避洪水猛兽，开创了巢居文明的新时代。

随着人类智慧的提升和技术的纯熟，“巢居”逐渐演化为干栏式建筑（又称干阑式建筑），即在低洼潮湿的地方，住所由许多木柱架空成二层建筑，而非直接落地，用以隔绝地表的恶劣环境。在渝东南及桂北、湘西、鄂西、黔东南地区常见的吊脚楼（见图 7-5）就是典型的干栏式建筑，至今仍然沿用。

后又出现了穿斗式建筑（见图 7-6），即南方建筑的主要形式，基本不使用梁或栿，而是由进深方向每檩立一排柱，并用穿枋组成一榀形构架，非常结实。

图 7-5　吊脚楼

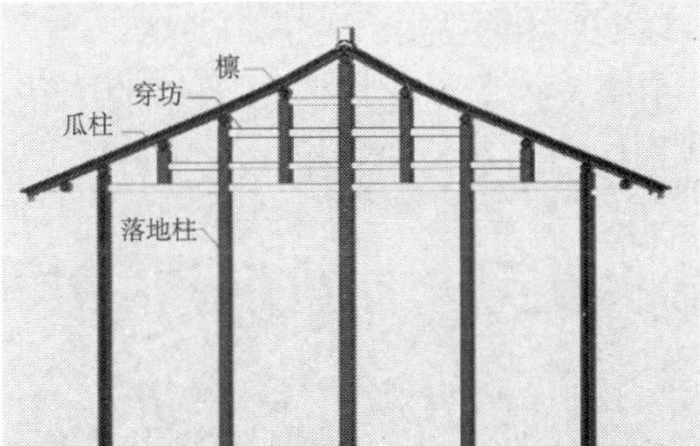

图 7-6　穿斗式屋架结构示意图

二、先秦时期的建筑

公元前 21 世纪，夏朝建立，标志着原始社会的结束。夏、商、周、春秋、战国时期，统治者先后在中国大地上修建了许多都邑，夯土技术也被广泛应用于筑墙造台，如河南偃师二里头早商都城遗址（见图 7-7）。与原始社会相比，这一时期的木构技术有了很大的提升，斧、刀、锯、凿、钻等先进生产工具的出现，也推动了建筑技术的进步。

西周时期大兴土木，兴建了成周（今河南洛阳）、丰京（今陕西西安南）和镐京（今陕西西安北），这些都城皆为夯土构建而成，城墙周围建有护城河和高大的城门。宫殿建在夯土平台之上，木架已经成为主要结构，木构架上用彩绘加以装饰，屋顶开始使用陶瓦，这就意味着中国古代建筑已初具规模。无论是夯土技术、木构技术、建筑的造型和布局，还是建筑材料的应用，色彩和装饰的搭配，都已经有了现代建筑的影子，这标志着中国古代建筑已经初具雏形，为中国历代建筑的发展奠定了坚实的基础。

图 7-7　河南偃师二里头早商都城遗址

战国时期，工商业蓬勃发展。在彼时的社会意识中，商业已经成为社会经济发展中不可或缺的一部分。因此，出现了许多规划整齐、街道纵横的大型工商业城市。《战国策·赵策三》记载，古时“城虽大，无过三百丈者；人虽众，无过三千家者”，而到战国时，却是“千丈之城，万家之邑相望”。城邑规模的扩大、人口的增加，意味着人们居住条件的不断改变和居住环境的逐步成熟。

三、秦汉时期的建筑

在封建社会时期，建筑类型日渐丰富，不再仅仅是为了满足人们的生活需求，而是附加了更多的审美价值。秦汉时期是中国古代建筑史上的第一个高潮，秦始皇建立了第一个中央集权的封建帝国，并开展了规模空前的修建活动，如修筑长城、开辟灵渠、修建咸阳宫（见图 7-8）等，这些传承千年的中华民族陆地工程神话，让后世子孙有机会与历史隔空对话，延续中华民族的璀璨文明。

图 7-8　咸阳宫复原图

知识视窗

咸阳宫简介

咸阳宫，秦国的大朝正宫，是秦朝的政治中心和国家象征。位于今陕西省咸阳市东。秦孝公十二年（前350年），秦国迁都咸阳，营建宫室，至迟到秦昭王时，咸阳宫已建成。

最初，咸阳宫位于秦都咸阳城的北部阶地上，在秦始皇统一六国过程中，不断进行扩建。据记载，咸阳宫“因北陵营殿”，是秦始皇执政听事的主要场所。咸阳宫的“博”和“大”，今天的人们难以想象，它的大致布局为：一号宫所在是初建时的咸阳宫城，它西起塔儿坡，经咸阳塬东北行，至泾、渭交汇处，折向南过渭河，整个范围以咸阳为中心，离宫上百，直径80余千米。咸阳宫城占地面积3.72平方千米。

秦迁都咸阳后，咸阳宫一直是历代国君的大朝之地。秦始皇时在渭水南岸修筑新朝宫——阿房宫，就是想取代渭北的朝宫——“先王之宫廷”，即“咸阳宫”。历代秦王和秦始皇接见各诸侯国使臣、贵宾，举行盛大国宴，与群臣决定国家大事，都在咸阳宫中进行。因此著名古代地理书籍《三辅黄图》称咸阳宫“以则紫宫，象帝居”。

秦末，项羽攻入咸阳，屠城纵火，咸阳宫大半夷为废墟。

汉代是我国社会、经济、文化空前发展的时代，也是汉民族文化形成的重要时期。这一时期，我国的建筑设计逐渐形成了较为完备的体系。首先，在建筑科学上，我国传统建筑的抬梁、穿斗和井干三种主要木框架建筑体系已经出现，并趋于成熟，特别是以抬梁式为主流的形式，使高层建筑的木结构问题也得到了解决，这意味着中国建筑又有了新的突破。其次，装饰工艺也更加先进，例如汉代的雕刻工艺日趋成熟。现代出土的汉代墓葬中大量使用画像砖和画像石，以代替容易朽坏的传统壁画与木雕，和墓中其他建筑构件相配合，达到了和谐统一。

汉代是中国历史上建筑成果的集大成时代，例如未央宫、建章宫、上林苑等，其建筑通常古拙粗犷、结构简单、风格大气、宏伟壮丽。建筑理念受当时统治者和主流思想的影响，整体呈现出尊重自然、顺应自然、天人合一的特点。用材上以木料为主，兼以砖石。这些大规模工程，在构思和实施方面，有着十分复杂艰巨的过程。历史的遗迹，凝结了古代劳动人民无穷的智慧，体现了古代劳动人民的勤劳和坚定意志。

四、盛唐时期的建筑

唐代是中国古代建筑设计的成熟时期，开始采用图纸与模型相结合的设计方法，呈现出现代建筑设计的雏形。初唐时期，全国处于相对统一稳定的局面，这就为社会经济的繁荣发展创造了条件，受益于此，建筑技术也取得了巨大成就。大唐的鼎盛时期，长安城成为当时世界上最大的城市，一条朱雀大街纵横南北，左右两边宽度一百五十米，号称一百零八坊，城市布局和建筑风格呈现出规模宏大、气魄雄浑的特点（见图 7-9）。建筑特点主要体现在以下几个方面：第一，规模宏大，规划整齐。唐朝都城长安在隋代兴建的基础上进行完善和扩充，成为当时世界上最宏大繁荣的城市之一。稳定的周边环境和积极的对外开放政策，使得大唐获得了前所未有发展契机，成为当时世界各国心目中最具雄厚实力的国家，是世界上很多国家学习先进文明的榜样。第二，建筑群愈加成熟。隋唐时期，城市总体规划加强，主体建筑的空间组合更加考究。这种手法也是明清宫殿布局的渊源所在。第三，设计与施工水平提高。当时已经出现了专门从事建筑设计和指挥的人员，他们以此为生，掌握着熟练的设计与专业的施工技术。第四，建筑艺术更加成熟。唐代建筑风格特点是气魄宏伟、严整开朗。现存木建筑反映了唐代建筑艺术加工和结构的统一，斗拱的结构、柱子的形象、梁的加工等都令人感到构件本身受力状态与形象之间内在的联系，达到了力与美的统一。第五，色调简洁明快、朴实无华，给人庄重、大方的印象。

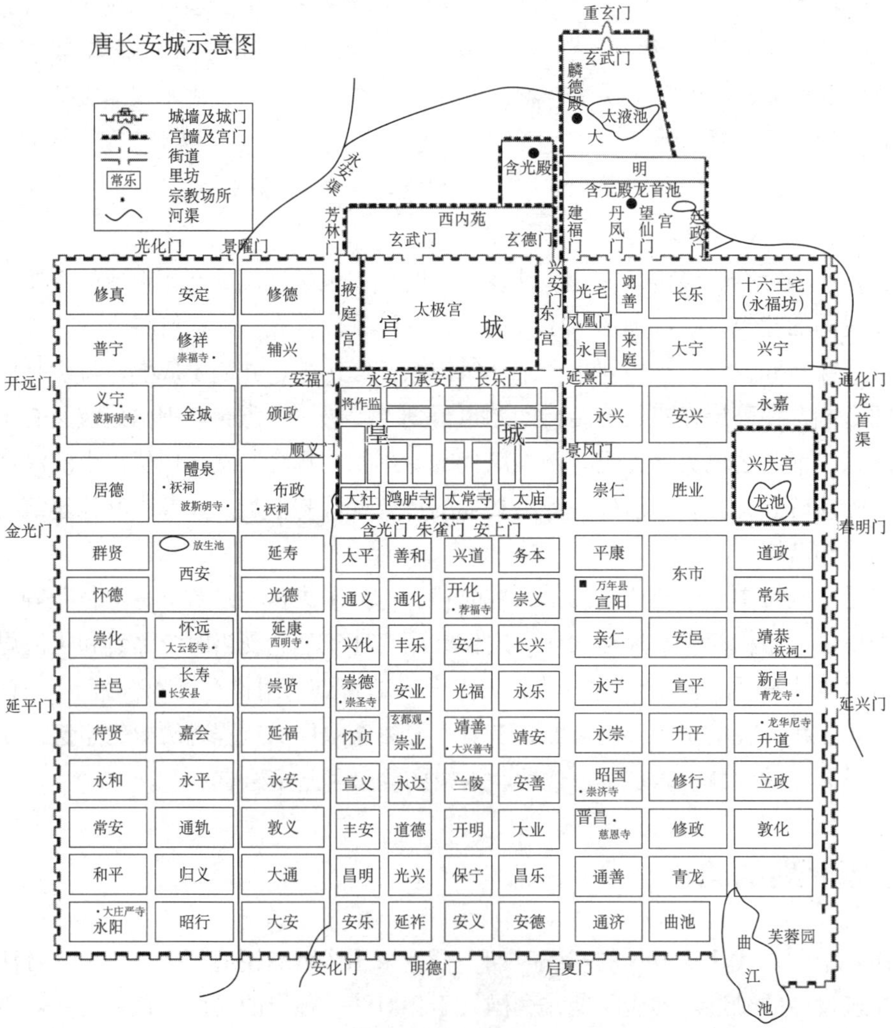

图 7-9　唐长安城布局

五、明清时期的建筑

明、清是中国封建王朝的最后两个朝代，也是中国古代建筑的最后高峰。明清建筑的设计成就不在于对前代建筑设计的变革性发展，而是对中国古代建筑设计的一次全面总结。其中，明清建筑的最大成果在于园林领域。明代的江南私家园林和清代的北方皇家园林都是极具艺术性的古代建筑群，例如颐河园、北海、恭王府，皆是中华文化的无价之宝。

现存并沿用的古城以及南北方民居也基本建于这一时期。北京城、南京城是当时城市建设中最杰出的代表。北京的四合院和江浙一带的民居则是中国民居最成功的典范。坛庙和帝王陵墓都是古代重要的建筑，目前北京依然较完整的保留有明清两代祭祀天地、社稷和帝王祖先的国家最高级别坛庙，例如北京天坛，至今仍以其沟通天地的神妙艺术手法打动人心。

中国建筑文化源远流长，博大精深。从利用自然遮蔽物遮风挡雨，建造简易的人工建筑物，到形成成熟的房屋建筑，在地表之上的高空和地下发展居住空间，经过漫长的演变，中国古代建筑在外观、结构、实用性、色彩装饰和布局设计诸多方面都形成了自己鲜明的民族特色。中国古代建筑设计以其独特的设计体系，在世界建筑设计史上独树一帜。中国现代建筑在继承传统建筑的优点之上，吸收西方建筑的可取之处，不仅融入时代气息，而且使其不断发展变化，向世界展示着自己的灼灼光华。

拓展阅读：北京2022冬奥会比赛场馆巡礼之国家速滑馆

古为今用

秉承对奥林匹克精神的共同追求，2022年北京冬奥会场馆设计既和谐统一，又富有特色，和而不同。国家速滑馆（见图7-10）是2022年北京冬奥会新建的永久性场馆，因为22条旋转的光带环绕在体育馆外立面，从而得名“冰丝带”。“冰丝带”来源于敦煌壁画的飞天，因为画中人物并非身生双翼，而是凭着彩色的飘带，飞腾在空中。此设计既有浓浓的中国记忆，又包含我国渊源悠久的历史和文化。

图7-10　国家速滑馆“冰丝带”

中国传统建筑的艺术魅力，在岁月的长河中历久弥新。当前，一方面要保护和传承好中国传统建筑，从中汲取养分，彰显民族文化的自信；另一方面，要把传统文化元素融入现代建筑设计，将保护历史文化、延续城市文明、彰显中华文化特色作为城市设计工作的重要原则。

学思践悟

中国古代建筑历史悠久，文化底蕴深厚。几千年来，中国古代建筑从产生到逐步发展成熟，它高度的建筑文明、先进的技术工艺给中华民族留下了珍贵而丰富的历史文化遗产。请同学们选择感兴趣的传统建筑，谈谈这些建筑中蕴含的文化内涵。

第二节 民栖广厦，百姓安居

引经据典

八月秋高风怒号，卷我屋上三重茅。茅飞渡江洒江郊，高者挂罥长林梢，下者飘转沉塘坳。

南村群童欺我老无力，忍能对面为盗贼。公然抱茅入竹去，唇焦口燥呼不得，归来倚杖自叹息。

俄顷风定云墨色，秋天漠漠向昏黑。布衾多年冷似铁，娇儿恶卧踏里裂。床头屋漏无干处，雨脚如麻未断绝。自经丧乱少睡眠，长夜沾湿何由彻！

安得广厦千万间，大庇天下寒士俱欢颜！风雨不动安如山。呜呼！何时眼前突兀见此屋，吾庐独破受冻死亦足！

——杜甫《茅屋为秋风所破歌》

拓展阅读：《茅屋为秋风所破歌》释义

案例导入

中国民居的文化内涵

住宅是人类基本生存要件之一，也是人类文化的重要组成部分。在几千年历史进程中，我国各民族创造出了各式各样的住宅建筑形式。这些异彩纷呈的住宅建筑形式虽然有其历史的局限性，但都是中国儿女的智慧结晶，是我国传统文化和人类住宅文化宝库中的珍贵遗产。

我国各地的地理、气候条件差异很大，在这些自然条件各不相同的地区内，人们因地制宜，因材施用，发展出各种适合当地的居住形式。

思考：

根据上文的启示，思考你的家乡有哪些传统民居，它经历了怎样的发展和变迁。

理论讲坛

在国人的传统观念中，“家”界定了自己的生活范围，是传宗接代、发展壮大的基础，是财富地位的象征。所谓“家”，很多时候寄托在民居上。对于家庭观念极强的国人来说，民居是生活的重心，给予人们强烈的归属感，也是人们追求美好生活的精神寄托。我国幅员辽阔、地大物博，地形、气候复杂，民族众多，每个地区的自然环境也独具特色，因此在漫长的历史发展过程中，民居因地制宜，深深地打上了地理环境的烙印。从一个地区的民居建筑中，我们可以看到鲜明的历史文化，感受到当地的社会风俗和生活气息。可以说，民居建筑是一个地区乃至一个民族凝聚的精神财富。

一、北京四合院

四合院，顾名思义，是由四面房屋合围，形成一个“口”字形而得名。典型的四合院（见图 7-11）有北房（正房）、南座（倒座）、东厢房和西厢房四座房屋组合而成，中间是四四方方的中心庭院。

冯雪梅《北京的胡同》中曾这样描述：“北京多的是胡同，在高楼大厦的背后，延伸它悠长的影子。这是一座奇怪的城，一方面，让人感觉都市的现代气息；另一方面，灰砖灰瓦的四合院和墙上的衰草又写着沧桑。”北京的四合院（见图 7-12）是老北京人民藏在最深处的记忆，幽静的四方庭院，淡雅的青砖灰瓦，让北京这座千年古都充满了雅致和古朴。

图 7-11　四合院

图 7-12　北京四合院

在北京城大大小小的胡同中，坐落着许多四合院，它们是老北京人重要的起居场所和生活依托，构成了老北京古色古香的城市风格。

（一）北京四合院的起源和发展

四合院在我国有着悠久的历史，据现有的文物资料分析，早在 3000 多年前，中华的大地上就出现了四合院这种形式的建筑，河南偃师二里头商代遗址展示了现已发现的最早的四合院。陕西岐山凤雏村的早周遗址（见图 7-13）是西周最有代表性的建筑遗址，它是一座严整的四合院式建筑。此后，四合院逐渐成为我国北方最具代表性的传统民居建筑。从四川出土的汉代画像砖可以看得出来，汉代的四合院形制规整，正堂宽敞，建筑四周用房子和廊子合围起来，建筑形制样式十分丰富。

图 7-13　陕西岐山凤雏村早周遗址

知识视窗

河南偃师二里头商代遗址

二里头遗址，全国重点文物保护单位，中华文明探源工程首批重点六大都邑之一。遗址位于洛阳盆地东部的偃师区境内，遗址上最为丰富的文化遗存属二里头文化，其年代约为距今 3800～3500 年，相当于古代文献中的夏、商王朝时期。该遗址南临古洛河、北依邙山、背靠黄河，范围包括二里头、圪垱头和四角楼三个自然村，面积不少于 3 平方千米。作为全国重点文物保护单位，二里头遗址对研究华夏文明的渊源、国家的兴起、城市的起源、王都建设、王宫定制等重大问题具有重要的参考价值，是学术界公认的中国最引人瞩目的古文化遗址之一。

二里头遗址是一座精心规划、庞大有序、史无前例的王朝大都，多项中国古代都邑和政治制度都源于此。1959 年开始发掘，遗存可划分为四个时期。遗址内发现有宫殿、居民区、制陶作坊、铸铜作坊、窖穴、墓葬等遗迹。出土有大量石器、陶器、玉器、铜器、骨角器及蚌器等遗物，其中的青铜爵是目前所知中国最早的青铜容器。二里头遗址的发现揭开了古老“夏都”的神秘面纱，如今二里头遗址是夏朝都城遗存已逐渐成为学界共识。

唐代四合院上承两汉，下启宋元，其格局是前窄后方，分为三合院（三面房屋、一面围墙合围）和四合院两种。敦煌壁画中传统风格的中原建筑（见图 7-14）就是以唐代四合院为蓝本的创作。

新中国成立后，北京传统四合院发生了根本变化。由于土地所有制的变更，很多先前遗留下来的府邸、宅院变为公产，成为国家机关、学校、医院等公共用房。20 世纪 90 年代前后，为了城市的新发展，北京四合院更是遭到了大规模的拆除，原本仅存 400 万平方米的四合院又被拆除了 100 万平方米，现存四合院不足原来的十分之一。

图 7-14　敦煌壁画中的中原建筑

进入新时代后，为贯彻习近平总书记视察北京一系列重要讲话精神，落实好北京市第十二次党代会精神和《北京城市总体规划（2016 年—2035 年）》所确定的建设全国文化中心的相关规定，在城市建设中，明确了推进老城保护措施，至此，北京四合院重新迎来了它的春天。

（二）北京四合院的特点

北京四合院作为北京城的主流传统建筑之一，体现了中国建筑的独具特色和文化内涵，是中国民居建筑史上的瑰宝。它承载着老北京人民的情感与记忆，是寻常百姓市井文化的集中体现。

1. 儒家思想，融入其中

在中国古代 2000 多年的封建社会中，儒家思想渗透到了中国社会的方方面面，而建筑作为“凝固的历史”，把这种思想观念永久地保存下来。

北京四合院的修建过程是极为考究的，它的形制和规模深受儒家思想的影响。住宅布局呈中轴对称，房舍院落整齐划一。儒家学说非常重视“礼”，例如尊卑有等、贵贱有分、长幼有序等思想，这种人伦秩序也体现在内宅的分配制度上。院中位置优越显赫的正房，都要给老一代的老爷、太太居住；东西两侧的卧室按照尊卑之分，在一夫多妻的制度下，东侧为尊，由正室居住，西侧为卑，由偏房居住；东西厢房则由晚辈居住。诗中有云“养在深闺人未识”，指的便是未出阁的女子通常居住在家里最深处的罩房。

2. 构造简单，环境宜居

四合院能够成为北方的首选民居，是因为房屋本身的设计科学合理，环境宜居。王国维的著作《明堂庙寝通考》中详细记载了四合院建筑的传统布局：四合院的木构建筑有着极大的优越性，材料十分简单，不需要钢筋水泥，房屋重量轻，可以有效抗震，设计施工也相对容易，因此是很多寻常百姓的首选。

此外，北京四合院的房屋净高适中，便于保暖，房间距足够宽阔，利于采光，满足了人们对建筑的功能要求。四面房屋由游廊连接，疏朗而不松散；房屋独立分布，互不干扰；院落由房屋合围构成，整齐宽敞；院内自成天地，隐私性好。总体来说，是适宜人类居住的佳所。

3. 色彩运用，独具特色

邓云乡曾这样描述北京四合院的生活意境和韵味：“冬情素淡而和暖，春梦浑沌而明丽，夏景爽洁而幽远，秋心绚烂而雅韵。”北京四合院别具匠心的色彩搭配也体现了极高的艺术价值，它以红色和绿色这两种强烈的色彩搭配为主（见图 7-15），有的还会涂饰明快的彩画，其色彩的搭配和应用非常适宜北方的居住环境。尤其是北方冬季较长，寒冷的日子里花木凋谢，环境色彩单调，此时，绿色和红色就可以较好地调剂单调萧瑟的环境氛围，赋予宅院和城市勃勃生机。

图 7-15　北京四合院的红绿色彩搭配

（三）北京四合院的文化内涵

四合院虽为民居建筑，却蕴含着丰富的文化内涵，是中华传统文化的载体。北京四合院的装修、雕饰、彩绘处处体现着中华民族的民俗风情和传统文化。例如嵌于门簪、门头上的吉辞祥语，附在抱柱上的楹联，以及悬在室内的书画佳作，集贤哲之古训，采古今之名句，氤氲着浓郁的文化气息，如寓意“福寿双全”的蝙蝠、寿字雕刻图案，寓意“福禄”的葫芦纹（见图 7-16），寓意高尚品格的梅兰竹菊，寓意“四季平安”的花瓶月季花图案等。这些雕刻图案是中国传统艺术的瑰宝、民族文化的象征，彰显了房屋主人的道德观、生活态度及精神追求，也表现了劳动人民对幸福、美好、富裕、吉祥的追求。

图 7-16　葫芦纹

二、陕北窑洞

窑洞是我国民居发展历史上一种源远流长的古老的居住形式，广泛分布于山西、陕西、河南、河北、甘肃、宁夏和内蒙古的黄土高原，其中以陕北窑洞最为知名。路遥所著《平凡的世界》就是以陕北窑洞为依托，描绘了 20 世纪七八十年代黄土高原底层人民史诗般的生存图景。陕北窑洞展现了非常独特的民俗文化和民族风情，是中华文明光辉灿烂的历史遗迹，真实地反映了黄土高原上社会、经济、文化的变迁，承载着中国人的乡土情结。

（一）陕北窑洞的起源和发展

窑洞最早出现在黄河中游的黄土高原上，可以追溯到距今约 7000～5000 年的仰韶文化和距今约 6800～6300 年的半坡文化。我们的祖先发现了适宜居住的天然洞穴，它具有避风挡雨、抗寒耐热、防御自卫等功能。生活在黄土高原上的人们发现，黄土土质松软，用简单的石器即可挖掘洞穴。因此，黄河流域的先民们开始在黄土上挖掘建造，开凿出一座座民居建筑。在内蒙古凉城出土的龙山文化洞穴聚落遗址中，一共有 28 个横向洞窟，3 个房间为一组，呈现出“套间”的雏形。从考古发现来看，先秦时期黄河中上游地区的居住方式有地穴式窑洞（见图 7-17）、半地穴式窑洞（见图 7-18）、地面式窑洞等。可见，在原始社会时期，窑洞已经成为黄河流域先民们的主要居住方式。

图 7-17　地穴式窑洞

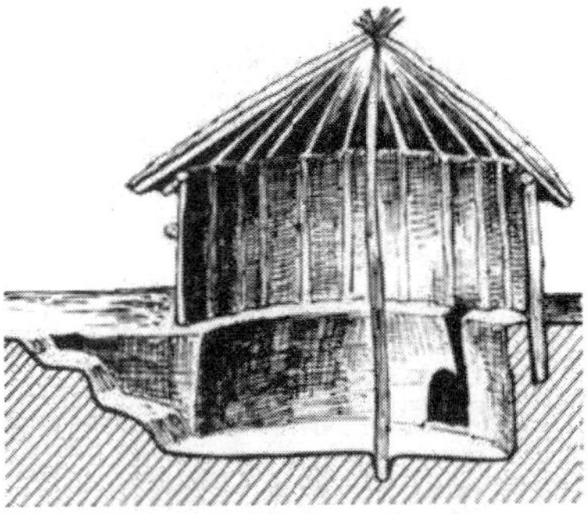

图 7-18　半地穴式窑洞

知识视窗

龙山文化

龙山文化，泛指在大约新石器时代晚期中国黄河中下游地区的一类文化遗存，属铜石并用时代文化。

龙山文化首次发现于山东省济南市历城县龙山镇（今属济南市章丘区）而得名。经放射性碳素断代并校正，年代为公元前 2500 年至公元前 2000 年，分布于黄河中下游的河南、山东、山西、陕西等省。龙山文化时期相当于文献记载的夏代之前或与夏初略有交错。

龙山文化源自大汶口文化，为汉族先民创造的远古文明。1928 年的春天，考古学家吴金鼎在山东省济南市历城县龙山镇发现了举世闻名的城子崖遗址。在此之后，考古学家们先后对城子崖遗址进行多次发掘，获得了一批以精美的磨光黑陶为显著特征的文化遗存。根据这些发现，考古学家把这些以黑陶为主要特征的文化遗存命名为“龙山文化”。

《汉书·地理志》中有这样的记载："其民有先王遗风，好稼穑，务本业，故豳诗言农桑衣食之本甚备。"描述的便是西周时期的黄土高原。人们为了生存，进一步发展农业，同时寻找能给人安全感的住所，窑洞便成了最可靠的选择，也正是这种不断探索的毅力和积极创造的精神才造就了今天的窑洞文化。

经秦汉发展后，常见的窑洞类型为全地穴式窑洞，即为现在的土窑洞。明朝时，开始用石头做窑墙。明末清初，以土窑模型建造石窑洞，也有用彩色瓷砖加窑面进行修饰或分割厅房的新窑洞，这种新式窑洞使人们生活更加舒适便捷。随着生产技术的进步和先进工具的使用，人们逐渐摆脱了天然洞穴的束缚，实现了从天然的穴居到人工自建房屋的根本性转变。陕北窑洞是人类聚落的活化石，又是坐落在黄河中游黄土高原上中华民族的摇篮。

（二）陕北窑洞的特点

窑洞是古代劳动人民智慧的结晶，是黄河流域人民在特定的地理和气候条件下形成的极富生存智慧且独特而鲜明的地域性特色建筑。主要有以下几点特征：

1. 坚固耐用

陕北窑洞一般是依山而建的拱形民居，由于黄土本身具有直立不塌陷的特性，且拱顶的承载能力优于平屋顶，因此洞室一般采用拱顶的修建方式来保证其稳定性。

2. 造价低廉

陕北窑洞通常是在黄土的基础上直接挖掘，以崖为壁，黄土为墙，省去了很多建筑材料的成本。

3. 适应环境

黄河流域的陕北窑洞是在顺应当地的气候条件下修建的，该地区常年大风裹挟着砂土，"平沙莽莽黄入天"，所以当地百姓会选择修建下沉式窑洞（见图 7-19）以应对恶劣的天气。位于河南三门峡市陕州区、山西运城、甘肃庆阳及陕西部分地区的地坑院就是典型的下沉式窑洞。

图 7-19　下沉式窑洞

4. 居住舒适

陕北黄土高原具有土层厚、地下水位低的特点，受外界气温影响较小，因此陕北窑洞保温性能好，具有冬暖夏凉的优点。

5. 生活便利

陕北窑洞通常保持着传统北方庭院的格局，有厨房、粮仓、饮水井、渗井、牲畜棚，满足了基本的生活需求，是一种科学合理的居住方式。

（三）陕北窑洞的文化内涵

陕北窑洞是在以黄土高原为中心地带的地理区域衍化出的居住形式。经过岁月的洗礼和时间的考验，可以看出，窑洞是一种因地制宜的完美建筑形式，是大自然与生活场景的有机结合，是历代劳动人民的勤劳果实和智慧结晶。

几千年来，窑洞不仅为人类提供了安全的住所，庇护着当地百姓，而且在某种意义上也代表着财富和文明。朴实无华的窑洞体现了民间朴素的人文精神，渗透着人们对黄土地的爱与眷恋，是黄土高原上一道靓丽的风景线，凝聚着黄土高原的别样风情。然而，随着环境的变化和时代的发展，在经济快速发展的今天，人们更愿意居住在平整干净的平房或规划整齐的现代化住宅中，因此窑洞的居住作用已慢慢消退。

窑洞是黄土高原的产物，陕北人民在顺应自然气候和地理环境的基础上，在这片沟壑纵横、苍凉又贫瘠的土地上，造就了极具特色的陕北窑洞，这是陕北劳动人民智慧的象征。

陕北窑洞虽然已经逐渐脱离了普通百姓的日常生活，但它仍然是陕北人民的精神信仰。因为陕北窑洞还蕴含着另一种文化意义，即红色圣地。例如位于广阔的黄土高原上的革命老区延安，它是抗日战争和解放战争的根据地，同时也是中国历史上红色革命的圣地。

三、福建土楼

根据《辞海》：相传在 4 世纪初（西晋末年），生活在黄河流域的一部分汉人因战乱南迁渡江，至 9 世纪末（唐朝末年）和 13 世纪初（南宋末年）又有大批汉人南迁粤、闽、赣、川……为了与当地居民加以区别，这些外来移民自称“客家人”。出于自我保护的需要，客家人建造了适于居住、具有防御作用的传统建筑——土楼。这样的建筑，在福建龙岩永定保留了两万多座，是当地客家人传承至今的民居建筑，永定因此被世人誉为“土楼之乡”。永定土楼历史悠久、数量众多、文化内涵丰富，是客家文化的结晶，堪称世界民居建筑之一绝。2008 年，福建土楼被列入世界文化遗产名录，不仅是因为它独一无二的神话般的建筑模式，更重要的是，在建筑背后蕴含着土楼聚落里浓郁的客家文化。

拓展阅读：土楼屹立不倒的秘密

（一）福建土楼的起源和发展

据考证，唐代是土楼的发迹阶段。永定土楼建于 769 年（唐代宗时期），位于福建省西南部的龙岩市永定区的馥馨楼（见图 7-20），距今已有 1200 多年的历史，是福建土楼群中最古老的一座。宋元是福建土楼的形成阶段，早期土楼规模较小，结构较简单，大多没有石砌墙基，装饰也较粗糙，形式基本为正方形、长方形。明成化十四年（1478 年），永定建县，其政治地位得以提高，这就为经济、文化的发展创造了有利条件。当时的客家人重视教育，兴办学馆，劝民入学渐成风气，通过科举入仕不断涌现。这些发迹官宦之家，大兴土木，按中原地区的建筑规制兴建土楼，建筑形式逐渐考究，功能趋向多样化发展。清朝后，土楼开始从方形创造性地发展到圆形，建于清康熙三十二年（1693 年），位于今龙岩市永定区湖坑镇南中村的环极楼，是现存最古老的圆楼之一。此后，在永定东南部，圆楼如雨后春笋般拔地而起，至今保存完好的尚有 360 多座。

民国以后，土楼持续发展。在此期间，永定一些富裕人家的子弟外出求学，也有不少年轻人迫于生计到东南亚谋生，他们逐渐被西方思想所影响，事业有成，回乡建设时，会吸收西方建筑技术与风格，为土楼建筑艺术开辟了新境界，使之成为中西合璧的精品。如被誉为“东方建筑明珠”的振成楼（见图 7-21），不仅古色古香，同时吸收了西方建设理念，建筑精美、富丽堂皇，内部的设计精致多变，是中西结合的典范。

图 7-20　馥馨楼

图 7-21　振成楼

知识视窗

振成楼简介

振成楼位于福建省龙岩市永定区湖坑镇洪坑村中南部，由洪坑村林氏第 21 世林鸿超兄弟等人于 1912 年开始建造，1917 年建成。振成楼俗称八卦楼，以富丽堂皇、内部空间设计精致多变而著称。其局部建筑风格及大门、内墙、祖堂、花墙等所用的颜色，大胆采用了西方建筑美学所强调的多样统一原则，达到了极高的审美境界，堪称中西合璧的生土民居建筑的杰作。该楼坐北朝南，占地约 5000 平方米，由两环同心圆楼组合而成。外环土木结构，高 4 层，直径 57.2 米，内通廊式。分内外两圈，外圈 4 层，每层 48 间，完全按《易经》的“八卦图”布局建造，每卦 6 间。

振成楼被誉为“东方建筑明珠”，亦有“最富丽堂皇的圆楼”“土楼王子”之称。

20 世纪前半叶，战乱频繁，许多村庄和土楼毁于战火。新中国成立后，这些被毁的村庄和楼房，在政府的支持下，按照民办公助的原则进行了有序重建。20 世纪 80 年代以后，随着经济发展、社会进步、观念更新，钢材、水泥等现代建筑材料逐渐取代传统建材，永定城乡已经逐渐被钢筋混凝土、砖木混合结构的楼房所覆盖，同时人们日渐倾向于单门独户居住，除交通极为不便的山区外，土楼的兴建已成历史，逐渐退出了年轻人的日常生活。20 世纪 90 年代开始，永定土楼因其独特的建筑风格和建筑艺术逐渐受到国内外普遍关注，政府和群众守护土楼的意识也逐渐增强，开始采取各种积极措施加以保护，土楼也因此焕发了新的生机。

（二）福建土楼的特点

福建土楼的特点别具一格，主要体现在以下几点：

1. 结构奇特，抗震性强

福建土楼以生土、沙石和木料为主要建筑材料，土墙内埋设大量长木条、竹片作为墙筋，使墙体相互连接，构成一个坚固的整体，所以具有很强的抗震功能。史料记载，建于 1693 年的环极楼，300 多年来经历了数次地震，1918 年的大震，仅在其正门右上方三楼到四楼之间出现了一条 50 多厘米宽的裂缝，70 多年后，这道裂缝竟自然弥合，现仅留下一道一二厘米宽的裂缝，古代劳动人民巧夺天工的技艺值得赞叹。

2. 坚不可摧，抵御外侵

福建土楼的外墙厚一米多，一、二层不开窗，仅有的坚固大门一关，土楼便如同坚不可摧的堡垒。例如永定最古老的馥馨楼，2012 年人们为解决众人从一门出入之不便，决定另开一个小门，请来石匠费尽九牛二虎之力，用钢凿撬挖数日才开通，这种三合土墙的坚韧由此可见一斑。为防火攻，门上设有漏水漏沙装置，紧急时楼内居民还可从地下暗道逃出。另外，土楼也不是只能防守，土楼在每层都设有隐秘的枪口，可以从内向外进行攻击，所以土楼在构造上面是易守难攻的。土楼完备而精致的防御设施，迄今为止仍让人们拍案叫绝。

3. 规模宏大，功能齐全

现存永定客家土楼气势恢宏、雄伟壮观。高 3 层以上的约占 80%。最大的土楼占地面积达 11519 平方米，最高的有 6 层，直径最长的圆楼有 84 米，规模最大的圆楼高 4 层、内外 4 环、400 多个房间。一座土楼可居住几十人甚至数百人，“土楼王”承启楼（见图 7-22）在鼎盛时期居住了 800 多人。正是因为土楼建筑规模宏大，所以福建土楼才能满足四通八达、功

图 7-22　承启楼

能齐全的需求，具有聚族而居、安全防卫、防风抗震、冬暖夏凉、教化育人等多种功能。无论是宗族议事、婚丧喜庆、会客、宴会、演戏还是日常休闲、晾晒农作物，生产生活设施都一应俱全。

知识视窗

承启楼

承启楼位于福建省龙岩市永定区高头镇高北村，距县城47千米，占地面积5376平方米，始建于明崇祯年间。

承启楼有“圆楼之王”的美誉，是永定客家土楼群——高北土楼群的组成部分，规模巨大，造型奇特，古色古香，充满浓郁的乡土气息。“高四层，楼四圈，上上下下四百间；圆中圆，圈套圈，历经沧桑三百年。”1986年，中国邮电部发行了一套“中国民居”邮票，其中面值1元的福建民居就是一座环环相连的土楼，这座土楼就是承启楼。

4. 千姿百态，审美多样

福建土楼并非一成不变，而是形态各异、千姿百态的，极大地满足了当地人民的审美情趣。福建当地的土楼主要有长方形楼、正方形楼、府第式方楼、殿堂式围楼、五角楼、八角楼、吊脚楼等30多种。福建土楼是中国传统建筑的一朵奇葩、中华民族古代建筑文化的活化石，具有无可比拟的美学价值。

5. 依附自然，和谐共处

以福建土楼为代表的土楼建筑文化蕴含着丰富的自然生态思想，堪称天地人和的典范。在土楼的选址上，一般以依山傍水、负阴抱阳为原则，体现了客家人与自然的和谐相处的理念。土楼在选材上也是多用自然材料，比如细沙、石灰、竹片等，粘合砖石时则使用糯米、红糖等材料。因此，可以说土楼建筑文化的生态价值对现代建筑也有一定的启示，表现为与自然和谐相处的生态启迪，促进人与自然的和谐共存。

（三）福建土楼的文化内涵

福建土楼富有不可估量的文化内涵和文化价值，体现在家族观念、建筑风格、勤劳朴素的民风等方面。

1. 强烈的家族观念

客家人具有强烈的家族观念。由于客家人独特的历史渊源，颠沛流离的历史背景给他们带来了深刻的影响，因此客家人极其渴望拥有安定的居住环境。加之客家人与当地居民之间的冲突时有发生，导致他们拥有强烈的宗族意识和凝聚力，以保证自身的安全。除此之外，客家人传统的家族伦理观念根深蒂固，他们在生产和生活过程中形成了休戚与共的精神联系。久而久之，聚族而居就成了客家人的传统习俗，建筑本身也传达着血缘共存的家族观念。

2. 深刻的儒家文化影响

客家人受儒家文化影响深刻。福建土楼的建筑工艺和风格极大地受到儒家文化的影响，具有浓厚的文化性。客家人世代居住在土楼中，对于忠孝仁义等儒家文化赓续传承。例如楼内外以耕读传家、忠孝仁义为主题的楹联（见图 7-23）、题刻或匾额，无不在传播仁、义、礼、智、信、恭、雅等思想，它是继承和发展传统儒家道德思想的物质体现。融于土楼建筑设计的中国传统儒家思想和文化是客家人的精神缩影。同时，客家人对中原文化十分认同，尊卑长幼、礼仪传统、勤劳朴实等优秀的中原文化都通过土楼的建筑格局得以尽情展现。

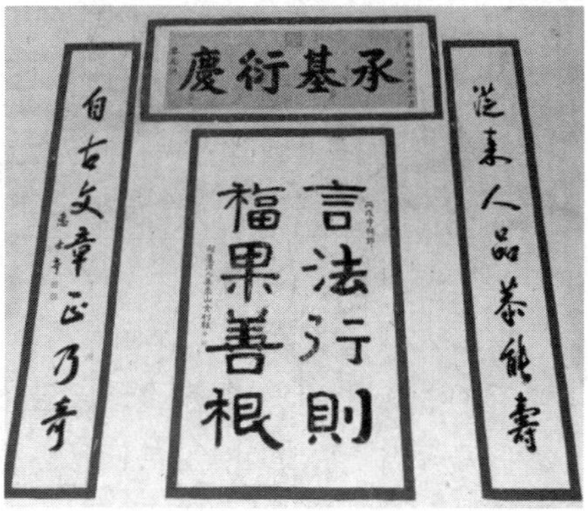

图 7-23　土楼内的楹联

3. 崇文重教的精神

客家人把中原地区崇文重教的精神世代延续了下来，他们以兴学为乐，以读书为本，以知识为荣，这已经成为千百年来客家人一种社会风气。土楼附设的学堂是有力的历史见证，也使得客家人培养出许多优秀的人才。

福建永定土楼的文化价值不可估量，反映了永定客家人的道德观、文化观、家族意识和民系意识等，而且还自然而然地融和了许多中国古典建筑的风韵，它是中国古代建筑的活化石，为已经消逝的文明提供了独特的见证。

古为今用

传统村落是历史留下的鲜活记忆，也是传承中华优秀传统文化的重要载体。2021 年，苏州市公布了首批 38 个苏州市传统村落名录和首批 51 个（组）苏州市村镇传统建筑（组群）名录，使得苏州传统村落再次得到广大群众的密切关注。苏州拥有 2500 多年的历史，文化底蕴深厚，名胜古迹众多，历史遗迹遍布全市。而传统村落穿越历史长河，如同一颗颗璀璨的明珠散落在全市的各个角落。目前，苏州市共有 14 个中国传统村落、59 个江苏省传统村落。在江苏省公布的首批 365 组江苏省传统建筑组群目录中，苏州市以 205 组的传统建筑组群数量位居榜首。如今，苏州市传统村落名录新鲜出炉，这意味着苏州对传统村落的重视又提上了一个新的台阶，这也是苏州市完善传统村落保护体系的重要举措。

对于苏州这样传统村落资源极其丰富的城市来说，将这些村落列入名录固然重要，但更重要的是列入名录之后的一系列保护发展措施。对传统村落的保护与发展，既要留住它们的“根”，在古树、古道、古桥、古宅的保护上下功夫；又要守住它们的“魂”，在不破坏村民原生态生活与保护当地居民现实利益的基础上，让当地优秀的传统文化得以传承与弘扬，留住最美乡愁。

学思践悟

教师带领学生参观周边村落的古宅，并要求学生对古宅保护提出一些可行性建议。请问你有没有什么对策？

第三节　山木之间，雕栏玉砌

引经据典

从明后而嬉游兮，登层台以娱情。见太府之广开兮，观圣德之所营。建高门之嵯峨兮，浮双阙乎太清。立中天之华观兮，连飞阁乎西城。临漳水之长流兮，望园果之滋荣。仰春风之和穆兮，听百鸟之悲鸣。天云垣其既立兮，家愿得而获逞。扬仁化于宇内兮，尽肃恭于上京。惟桓文之为盛兮，岂足方乎圣明！休矣美矣！惠泽远扬。翼佐我皇家兮，宁彼四方。同天地之规量兮，齐日月之晖光。永贵尊而无极兮，等年寿于东王。

——曹植《铜雀台赋》

拓展阅读：《铜雀台赋》释义

案例导入

赏建筑之伟岸，品意境之深幽

唐代，人们在对自然山水进行描写时，逐渐融入了亭台楼阁这一建筑意象。亭台楼阁类建筑，修建时遵循了“天人合一”的人文观念，主张因地制宜，多位于山水之旁、园林之中，建筑与风景实现自然结合。诗人们每每登临其中，徘徊在亭台楼阁之间，欣赏着自然美景，留下诸多留恋山水、忘情自然的佳作。如李世民的《山阁晚秋》、李隆基的《过大哥山池题石壁》、卢照邻的《山庄休沐》、杜审言的《都尉山亭》等，都是诗人们在登临亭台楼阁之后，在心灵与自然的碰撞中所创作出来的佳作。

到了宋代，亭台楼阁建筑迎来新的高峰，开明的政策、发达的经济为文人漫游祖国山河创造了良好的基础。这一时期的诗人崇尚理想人格，喜爱游山玩水，崇尚隐居生活。这样的生活情怀，使他们寄情于山水，即使人生受挫，在登临亭台楼阁之时，也不忘倚栏而歌。

思考：

结合上文和所学知识，挑选一首你熟悉的与“亭台楼阁”相关的古诗文，谈谈作者借此表达了什么情感。

理论讲坛

中国自古地大物博，建筑艺术源远流长。中国古建种类繁多，妙趣横生，宫廷府第建筑、民居建筑、陵墓建筑数不胜数，然而最具典型性、最能反映中国人民闲情雅致的，非园林建筑莫属。园林建筑有着3000多年的悠久历史，是中国建筑的灵魂所在，见证了历史的变迁，记录了时代的风云，讲述着曾经的故事，凝固了岁月的沧桑，是中国古代建筑的重要类型。

中国古典园林的设计与修建特别善于利用具有浓厚民族风格的各种建筑物，如亭、台、楼、阁、廊、榭、轩、舫、馆、桥等，配合着自然的水、石、花、木等元素，是中国人民思想和情趣的寄托。其中的集大成者，要属亭台楼阁，它们空灵通透，韵味深远，是园林建筑的重要组成部分，构成了独具匠心的艺术形象和艺术境界。从“危楼高百尺，手可摘星辰”“密锁重关掩绿苔，廊深阁迥此徘徊”这些寄托于亭台楼阁的古诗词中，便可以感悟出中国古代文人墨客的极致浪漫和丰富情感。

亭台楼阁泛指多种供游赏、休息的建筑物，具体而言，亭是供人憩息的场所，也是园林中重要的点景建筑。台是最古老的园林建筑形式之一，高出地面而建，是一种露天的、表面比较平整的、开放性的建筑。楼是指两层以上的大型建筑物，在建筑组群中常居于次要位置，处于建筑组群的最后一列或左右厢位置。阁，重屋为楼，四敞为阁。阁四面皆有窗，且设有门，四周还都设有挑出的平座，供人环阁漫步、观景。这些建筑通常是园林建筑整体中最具人工特点的构成部分，它不但满足了人们最基本的居住需要，同时也成为风景的一部分，以满足“可望”“可游”“可行”等多种需要。这就与其他建筑有了质的区别，亭台楼阁等园林建筑并不一味追求威严、尊贵、规模，而是更加注重居住的舒适和精神上的愉悦，它们建筑形式自由轻快，同时巧妙地把山石、水面、花木联系为一个整体，很有返璞归真、无拘无束的情趣。

亭台楼阁等古典园林建筑是一种文化的荟萃和传统的积淀，是人们追求自然与精神相统一的寄托。一花一木总关情，它寓寄着浓厚的民族情感，是传统建筑中熏染着的悠悠岁月和闲情雅致。

一、亭台楼阁的起源和发展

文献记载我国早在奴隶社会时期就已经有造园活动，公元前11世纪周文王筑灵台、灵沼、灵囿，可以说是我国最早的皇家园林，但主要是作为狩猎、采樵之用。西汉时期，汉武帝扩充上林苑至三百里，种植名木异卉，畜养奇兽珍禽3000多种。太液池面积十余顷，水中筑起象征蓬莱、方丈、瀛洲的三座神山，景致可谓十分丰富。汉代后期，官僚、贵族、富商经营的私家园林也已经出现。两晋南北朝是中国园林发展史上的一个转折时期。山明水秀的东南地区，自然风景逐渐开发出来。文人士大夫受到政治动乱或出世思想的影响，大都寄情山水，一时之间游山玩水成为当下风尚。唐宋以来，文人诗画更是促进了园林的发展，诗情画意融入园林中，从而形成了写意山水。明清时期，画家参与造园活动，造园的蓝本更为丰富多样，造景的设想更加蕴含雅致的情趣，这使中国的园林艺术有了深刻的美学内涵，从而形成了具有中国民族特色的园林建筑。

（一）亭——亭者，景也

图 7-24 园林建筑——亭

亭（见图 7-24）是一种中国传统建筑，多建于园林，供人休息、避雨、乘凉使用，面积较小，大多只有顶，没有墙。亭的历史十分悠久，但古代最早的亭并不是用于观赏的建筑，而是可以追溯到商周苑囿中出现的供帝王驻足停歇的高台。这种可供帝王停步歇脚的高台可以算是亭的雏形。此时的亭，还具有承担边防要塞驻守的职能。到了秦汉，亭的修建变得普遍，且拥有了更多的用途，例如用以维护地方治安。《汉书》记载：“亭有两卒，一为亭父，掌开闭扫除；一为求盗，掌逐捕盗贼。”魏晋南北朝时期，代替亭制而起的是驿。之后，亭和驿逐渐被废弃。但在民间，这种在交通要道筑亭供旅人歇息以缓解舟车劳顿的习俗却延续了下来。亭也有作为迎宾送客的礼仪场所的用途，一般是五里或十里设置一个，五里为短亭，十里为长亭，因此有歌曲唱道“长亭外，古道边，芳草碧连天”，寓意送别友人。同时，亭作为点景建筑，也开始出现在园林之中。隋唐时期，园苑之中筑亭已很普遍，如杨广在洛阳兴建的西苑中就大兴亭台等景观建筑。唐代宫苑中亭的修建开始蓬勃发展，如位于兴庆宫的沉香亭等。宋代有记载的亭数量更多，建筑也更为精巧，在宋《营造法式》中就详细地描述了多种亭的样式和建造手段。

拓展阅读：中国十大名亭之沉香亭

（二）台——俯瞰山水

“台，观四方而高者也。”高而平的建筑叫台，一般呈方形，是开放型的、露天的、表面比较平整的建筑。台起源于商周，盛行于春秋战国时期，是最古老的园林建筑形式，古代的宫殿建筑多建于台之上。早期的台是一种高耸的夯土建筑，以作登眺之用，其功能主要是祭祀，兼有观景和娱乐功能。

早期的台一般为土筑结构，随着生产力的发展，砖木结构的台开始出现，例如邺城三台：铜雀、金凤、冰井。这些台具有一个共性：威严雄峙，气魄宏伟，视野空间极其壮阔。

知识视窗

邺城三台

邺城三台位于河北省邯郸市临漳县邺城遗址内的三台村，是“建安文学”的发祥地，包括铜雀台、金凤台、冰井台，建筑精美，风格独特。

铜雀台（见图 7-25）为三台之主台，建安十五年（210 年）曹操所建，台高 10 丈，有屋百余间，为曹操与文人骚客宴饮赋诗，与姬妾宫女歌舞欢乐之所，也是兵家战略要地。曹操在其上平定严才叛乱，并接见和宴请了从匈奴归来的著名诗人蔡文姬。曹植也曾于此挥笔立就《登台赋》，至今传为美谈。后赵、北齐时，铜雀台又加以修筑，素有“铜雀飞云”之美称。该台驰名中外，历代名人题咏甚多，其中唐代诗人杜牧在他的《赤壁》中曾写有“东风不与周郎便，铜雀春深锁二乔”的名句。

图 7-25 铜雀台复原图

金凤台，原名金虎台，是三台中最南边的一座，为东汉建安十八年（213 年）曹操所建。据史书记载，台高 8 丈，有屋 135 间。现存的金凤台夯土遗址比较完整，南北长 122 米，东西宽 70 米，高 12 米。台的南侧有清顺治八年（1651 年）修建的文昌阁，阁前镶有金凤台匾额，门前有北朝石刻螭首一对，造型古朴，雕工精细。阁后碑亭内名人题咏碑碣甚多，其中元代“邺镇金凤台洞清观首创之碑”，碑额雕六龙盘结，古雅别致，具有较高的艺术价值。碑亭北边有 53 级石阶，拾级而上，便可达金凤台顶。台顶现有文物陈列室，陈列着邺城及其附近出土的珍贵文物。在石级西侧有一个地洞，是曹操的藏兵洞，可通到磁县的讲武城。

冰井台位于三台最北端，建于建安十九年（214 年），高 8 丈，有房屋 140 间，因上有藏冰的井而得名。井深 15 丈，储藏着大量的冰块、煤炭、粮食、食盐等物，以防不虞。北周时台上建筑被焚，明末时又被漳河水冲毁，现地上遗迹无存。

登台远眺，天地苍茫，河山历历，季节的更替与人世的沧桑尽在眼中、心中。唐代诗人陈子昂登幽州古台后，顿生怀古幽思之情，留下了“前不见古人，后不见来者；念天地之悠悠，独怆然而涕下”的千古绝唱。唐宋以后，随着古典园林的日益成熟，台原本作为园林中的一种独特建筑渐渐丧失其个性，为高楼重阁及亭榭等替代。“观四方而高”的台，多演变为临水厅堂向外空间延伸的平台，原有的高瞻远瞩的意义基本失去。尽管如此，台以其深厚的文化底蕴和丰富的艺术表现力，在中国古典园林中占据了一个独特的位置。

（三）楼——志存高远

“楼者，重屋也。”楼是供人居住的房屋，在园林建筑中多为两层，个别也有三层的。楼在战国时期就出现了，当时主要用于观敌瞭阵，后来发展成为供人居住的住宅，主要用于居住女眷。楼的造型多种多样，但园林中的造型是一层为厅堂式建筑，外部设有立柱，用以支撑上层建筑，并形成一种外廊。

相对于阁而言，楼在建筑组群中常居于次要位置，如王府中的后楼、厢楼等。古代，楼有多种建筑形式和用途，例如用于军事防御、城市防洪的城楼等。城楼在战国时期即已出现，汉代城楼已高达三层，用于装饰的阙楼和用于瞭望的望楼等，也是汉代应用较多的楼形式。

（四）阁——恢宏大气

阁与楼相似，但其作用更适宜远眺。重檐四面开窗，造型较楼更为轻盈，平面为方形或多边形，以步柱通长作楼；上层之高，为下层十分之七；屋顶之构造，有歇山与攒尖二式。阁在园林建筑中居主要位置。

历史上知名的阁比比皆是，“落霞与孤鹜齐飞，秋水共长天一色”，唐代著名诗人王勃的《滕王阁序》流芳百世，也让滕王阁这座建筑在历史的长河里不断闪耀着光芒。坐落在安徽合肥为人世代传颂的逍遥阁，是后世仿汉代建筑风格而造，是逍遥津的最高点，也是最佳观景台，全阁高达 22 米，明三层暗五层，采用多层重檐的仿古建筑结构，暗古铜色廊柱、灰黑色仿古门窗更显历史的厚重，与其“亭台楼阁逍遥津，三国故事传千年”的美誉相互映衬。

楼与阁自古以来就是建筑中的翘楚，是中国建筑的灵魂所在，参差错落，精巧工致，为文人墨客所称颂。

拓展阅读：四大名楼

中国古代“四大名楼”[1]，即湖北武汉黄鹤楼、山西运城鹳雀楼、江西南昌滕王阁、湖南岳阳岳阳楼是楼阁文化的集大成者，其美誉遍布海内外，不仅因为其让人沉醉的自然风光，更重要的是其丰富的人文景观。

二、亭台楼阁的特点

（一）与自然风光相得益彰

我国古典园林的主要功能不在于居住和实用性，而是以自然山水作为景观构图的主题，从而用以怡情的建筑设计，建筑本身通常为了欣赏和点缀风景而修建。园林建筑中的亭台楼阁等建筑是典型的人工因素，它的美主要体现在将人工因素与自然因素相融合，处理得当就可以在自然环境中增添情趣，增添生活气息。亭台楼阁等建筑物只是整体环境中的一个有机的组成部分，它的责任是为了突出自然之美，增添自然环境的情趣。自然山水中，山水为主，建筑是从。总之，亭台楼阁等建筑设计要把建筑作为一种风景要素来考虑，使之和四周的山水、岩石、树木等融为一体，共同构成优美景色。这样才能实现自然美和人工美的高度统一，这也正是园林工匠们在园林艺术上不断追求的境界。

① 楼与阁有许多相似之处，为表述方便，称“四大名楼”。

（二）亭台楼阁背后的细腻情感

园林建筑在空间处理上相对于其他的建筑有着很大差别，通常采用引导、掩藏、曲折、暗示等手法，极大地丰富了空间层次，达到了小中见大的艺术效果。我国古典园林建筑之所以呈现出以上特征，是因为园林通常作为古代文人士大夫阶层修身养性之地，它所洋溢的情感是出世的怅然和寂寥，表达的是顺应自然、超越利害得失的情感和平静坦然的心理感受。这也暗合了道家自然观中的道法自然、“原天地之美而达万物之理”的审美观。可见，园林建筑的修建也是包含情绪和细腻情感的产物。

三、亭台楼阁的文化内涵

在古诗词中甚至在古人之生活中，总离不开亭台楼阁。而这些亭台楼阁也会传颂于世间，无论大小、无论远近、无论样式，都是中华审美的象征之一，也是华夏文明的象征之一。

（一）画中之景，画外之声

园林中的亭台楼阁、山水树木，如果没有文学和绘画中的意境，就意味着与一般土木工程别无二致，或者只能是一般的自然原野山林。只有把文学与绘画的意境，通过园林中的一草一木、一丘一壑融入景中，以形象、景象、画面为依托得以展现，才能实现双方合二为一、情景交融，使园林景象不只是对自然山水的简单复制和堆砌，而是能够成为深刻反映人的精神境界的艺术表现形式。如苏州拙政园中的枇杷园，通过月洞门望去，层次分明，景色优美，复现了“庭院深深深几许”的优美意境。

知识视窗

《蝶恋花·庭院深深深几许》

庭院深深深几许，杨柳堆烟，帘幕无重数。玉勒雕鞍游冶处，楼高不见章台路。
雨横风狂三月暮，门掩黄昏，无计留春住。泪眼问花花不语，乱红飞过秋千去。

《蝶恋花·庭院深深深几许》是宋代文学家欧阳修的词作（一说是南唐词人冯延巳的《鹊踏枝·庭院深深深几许》)。此词描写闺中少妇的伤春之情。上片写少妇深闺寂寞，阻隔重重，想见意中人而不得；下片写美人迟暮，盼意中人回归而不得，幽恨怨愤之情自现。全词写景状物，疏浚委曲，虚实相融，用语自然，辞意深婉，对少妇心理的刻画写意尤为传神。

绘画尤其是山水画，对古典园林的影响最为直接、深刻。可以说中国园林一直是循着绘画的脉络发展起来的。中国古代没有什么造园理论专著，但绘画理论著作十分浩瀚。这些绘画理论对于造园起了很多指导作用。画论所遵循的原则莫过于“外师造化，中得心源”。这同古典园林艺术对自然的概括、抽象而获得“源于自然，高于自然”的创作手法是一样的。造园过程中，无论从立意构思到具体的技法，都能体现出绘画的创造理念和表现技法。

（二）诗中有景，景中有诗

古典园林是一种文化的荟萃，是一种传统的积淀。“天下好山水，必有楼台收。山水与楼台，又须文字留。”因此亭台楼阁常常与诗歌古文相伴，它们与诗歌创作有着密不可分的关系，基于亭台楼阁而创作的诗歌向我们传达着丰富的内涵，是我们了解古代社会状况与百姓生活的重要渠道。亭台楼阁作为诗歌文学的一部分，走过了上千年的发展轨迹，由最初山水诗逐渐丰富题材，进而发展为人们对生活的真实感悟，并展示了当时的社会现状。

唐宋时期，人才辈出，初唐四杰、唐宋八大家等，他们善于将亭台楼阁与自然风景、个人感情相结合，赋予亭台楼阁诗歌生命。通过诗歌，抒发他们对自然山水的喜爱、赞美，寓情于景，感叹岁月蹉跎、咏史怀古，抑或是抒发他们的离愁别恨、相思之苦与个人志向等，将生活情怀寄托于山水，即使人生受挫，在登高望远之后，也不忘倚栏而歌。例如王昌龄《芙蓉楼送辛渐（二首）》、李白《黄鹤楼送孟浩然之广陵》、许浑《谢亭送别》。众多诗作中，诗人都将亭台楼阁作为自己诗歌创作、抒发感情的重要寄托物。因此，亭台楼阁诗歌不仅仅是建筑，更是展现历史现实和个人情感的桥梁。

建筑一直是美取之不竭的灵感源泉，它用宏伟的构造支撑起全新的空间，细节之中藏着许多等待我们发掘的椽瓦之美。在整洁光鲜的城市环境下，人们已不满足于千篇一律的华丽，而是希望能为疲惫的心灵找到精神家园，用以抚慰无法安放的乡愁。当下建筑行业的发展，必须继承和发扬传统文化的精髓，只有从文化的底层逻辑中去挖掘，找出文化成因的关键，并设法运用于当今环境，才能使建筑作为中国传统文化的一部分发扬光大，长盛不衰。

拓展阅读：中国建筑之美

古为今用

4 月 18 日是一个特殊的节日，在国际古迹遗址理事会的倡导下，这一天被联合国教科文组织定为国际古迹遗址日，旨在于全球范围内宣传推广遗产保护理念，提升公众对世界遗产现实价值的认知。而随着时代和技术的发展，越来越多的新型媒体也开始成为传播和科普世界遗产的载体。在 2022 年的这一天，腾讯以视频的形式分别上线了“给孩子们的大师讲堂 · 世界遗产特辑”和“了不起的中国世遗”两大活动，用视频让遗产“活”起来。

中国是世界遗产大国，关注和保护世界遗产是每个中华儿女的使命，而世界遗产如何更好地走向大众也是亟待回答的重要问题。在新时代，随着物质生活水平和科学技术的不断提升，“国宝热”“博物馆热”越发常见，人们对于传统文化的热情与日俱增，通过视频形式进行传统文化的科普和传播也已然成为趋势，这一趋势无论对从业者，还是公众而言都具有独特的意义。像腾讯这样的互联网企业积极参与其中是一种值得点赞的行为，能够为更多的文博从业者和爱好者提供向公众传递、推广中国传统文化的渠道，也为公众走近世界遗产打开一扇更便捷、亲切的门。

学思践悟

根据本节课的内容，选择一首你喜欢的吟咏“亭台楼阁”的诗，谈谈诗歌所蕴含的浓浓情思，以及给人带来了哪些美的享受和思的启迪。

第八章

行——阡陌交通

习言习语

新中国成立以来，几代人逢山开路、遇水架桥，建成了交通大国，正在加快建设交通强国。我们坚持交通先行，建成了全球最大的高速铁路网、高速公路网、世界级港口群，航空航海通达全球，综合交通网突破600万公里。我们坚持创新引领，高铁、大飞机等装备制造实现重大突破，新能源汽车占全球总量一半以上，港珠澳大桥、北京大兴国际机场等超大型交通工程建成投运，交通成为中国现代化的开路先锋。

——2021年10月14日习近平在第二届联合国全球可持续交通大会开幕式上的主旨讲话（节选）

交通是经济的脉络和文明的纽带。纵观世界历史，从古丝绸之路的驼铃帆影，到航海时代的劈波斩浪，再到现代交通网络的四通八达，交通推动经济融通、人文交流，使世界成了紧密相连的“地球村”。中华文明源远流长，我们祖先即使在原始森林的大雾迷茫之中，也仍然不断努力地开辟通向广阔天地的途径，那就是路，那就是通往文明的道路，那就是通往进步的道路。交通行为，作为基本物质生活形式“衣食住行”中“行”，也使得人们在回顾社会历史的进程时不能不予以重视。世界上任何一个民族的文明发展，都毫无例外地以开辟道路为起点，中华民族浩瀚的史籍中，也处处闪耀着道路交通的光辉。

本章通过对中国交通历史的逐层展开，讲解我国古代交通工具的进化，感受交通工具变化带给人们的便利，领略古代交通进步带来的文化传播和经济发展。

第一节　陆路乘车，水行乘船

引经据典

百官乘车之制：洪武元年令，凡车不得雕饰龙凤文。职官一品至三品，用间金饰银螭绣带，青缦。四品五品，素狮头绣带，青缦。六品至九品，用素云头青带，青缦。轿同车制。

——《明史·舆服志》

拓展阅读：《明史·舆服志》释义

案例导入

房兵曹胡马

［唐］杜甫

胡马大宛名，锋棱瘦骨成。
竹批双耳峻，风入四蹄轻。
所向无空阔，真堪托死生。
骁腾有如此，万里可横行。

在我国悠久的历史上，马是古代的一种最常用的交通工具，在人类生活、生产中都起到了重要作用。这首诗借咏物言志，于咏马之中表现出诗人的情与志。"诗圣"杜甫极口赞誉这匹宝马良驹能穿空阔、度险峻、越障碍甚至足以托付生命！借写胡马的品格，表达了对朋友的期望，更表达了诗人积极进取、建功立业的抱负。

思考：

你还知道哪些描述中国古代交通工具的诗词吗？

理论讲坛

我国古代交通建设的进步和文化传播的发展，对于我国历史有重要的意义，对于人类文明史也有重要的意义。交通工具的演变就是我国历史发展的重要组成部分之一。随着时代的变化和科学技术的进步，我们周围的交通工具越来越多，给人们的生活带来了极大的便利。陆地上的汽车、高铁，海洋里的轮船，天空中的飞机，大大缩短了人们沟通、交流的距离；火箭和宇宙飞船的发明，使人类探索另一个星球的理想成为现实。中国古代的交通工具主要有马、船、骡车、驴车、牛车、马车、轿子等，主要是依靠人力、动物驱动的交通工具，有陆路的也有水路的。

一、陆路交通工具

（一）马

马是古代一种重要的交通工具。在人类文明史上，马的驯养具有重大的社会和经济意义，对通信、交通、粮食生产以及战争都起着直接的推动作用。特别是对战争的影响更加深远。在古代，马是重要的交通工具，也是建功立业的战具。秦始皇统一六国，马之功居其半；贞观之治，六骏有其功（见图 8-1）。

图 8-1　唐太宗昭陵六骏图

中国古代人究竟何时开始驯养马匹？在相当于殷商晚期的陕西西安老牛坡遗址和属于商末周初的山东滕州前掌大遗址中都发现了车马坑。由此可以证明，至少在距今约 3400 年前，中原地区的古人已经开始驯养家马，并能够驾驭它们来牵引车辆。西周到春秋时期，使用马匹进行长途运输在中原地区已极为常见。在中国最早的诗歌总集——《诗经》中，就有许多关于马的诗句。春秋中晚期，随着生产力的发展，马的作用已十分凸显，生活在中原地区的中国先民对马匹的饲养技术非常重视并善于总结。当时人们已经将马分为六类，即种马（繁殖用）、戎马（军用）、齐马（仪仗用）、道马（驿用）、田马（狩猎用）、驽马（杂役用）。这说明马作为拉车和骑乘之畜开始为我国古人所普遍使用。自春秋以来，中国历朝历代的开国帝王都是从马背上赢得江山的。在古代战争中，骑兵拥有无法比拟的冲击力和行军能力，骑兵就是王道。骑兵强，军队就强，国家就强。清朝统治者为了保持满族尚武的传统，对于官员坐轿严格限制，尤其要求武臣必须骑马。

马在中华民族的文化中地位极高，具有一系列的象征和寓意。龙马精神是指中华民族自古以来所崇尚的奋斗不止、自强不息的进取、向上的民族精神。我国是世界上养马历史最悠久的国家之一，也是马文化比较发达的国家之一。古代战乱年代，一位出色的诸侯必须拥有一匹出色的战马。《古今注》记载秦始皇有七匹名马：一曰追风，二曰白兔，三曰蹑景，四曰追电，五曰飞翮，六曰铜爵，七曰晨凫。项羽的乌骓应该是我国最优良的军用马种；据史料记载，刘备的“的卢”与吕布的“赤兔”、曹操的“绝影”同为三国名马。

在我国悠久的历史上，马在人类生活、生产中起到了重要作用，以至于将评价功绩比喻为“汗马功劳”。马在古代也有许多佳名美誉：千里马、天马、汗血宝马、骏马、老骥、白驹等。马在古代是常用的交通工具，这一点我们可以在很多古诗中找到佐证：“白马饰金羁，连翩西北驰”（三国魏曹植《白马篇》）；“蹀足绊中愤，摇头枥上嘶”（南朝梁萧纲《系马诗》）；“凛凛边风急，萧萧征马烦”（唐虞世南《出塞》）；“草枯鹰眼疾，雪尽马蹄轻”（唐王维《观猎》）；“马蹄踏水乱明霞，醉袖迎风受落花”（元刘因《山家》）。

随着养马业的发展，历朝历代积累了丰富的养马经验。在春秋战国时期有很多相马家，各家判断良马的角度不同，形成各种流派。世人敬仰选马技术超群的人，而喻为伯乐。伯乐著的《相马经》，是世界上最早的相马著作。

知识视窗

伯乐与千里马

伯乐本名孙阳，他是春秋时代的人。由于他对马的研究非常出色，人们便忘记了他本来的名字，干脆称他为伯乐，延续到现在。

一次，伯乐受楚王的委托，购买能日行千里的骏马。伯乐向楚王说明，千里马少有，找起来不容易，需要到各地巡访，请楚王不必着急，他尽力将事做好。伯乐跑了好几个国家，连素以盛产名马闻名的燕赵一带，都仔细寻访，辛苦备至，还是没发现中意的良马。一天，伯乐从齐国返回，在路上，看到一匹马拉着盐车，很吃力地在陡坡上行进。马累得呼呼喘气，每迈一步都十分艰难。伯乐对马向来亲近，不由走到跟前。马见伯乐走近，突然昂起头来瞪大眼睛，大声嘶鸣，好像要对伯乐倾诉什么。伯乐立即从声音中判断出，这是一匹难得的骏马。

伯乐对驾车的人说：“这匹马在疆场上驰骋，任何马都比不过它，但用来拉车，它却不如普通的马。你还是把它卖给我吧。”驾车人认为伯乐是个大傻瓜，他觉得这匹马太普通了，拉车没气力，吃得太多，骨瘦如柴，毫不犹豫地同意了。伯乐牵走千里马，直奔楚国。伯乐牵马来到楚王宫，拍拍马的脖颈说：“我给你找到了好主人。”千里马像明白伯乐的意思，抬起前蹄把地面震得咯咯作响，引颈长嘶，声音洪亮，如大钟石磬，直上云霄。楚王听到马嘶声，走出宫外。伯乐指着马说：“大王，我把千里马给您带来了，请仔细观看。”

楚王一见伯乐牵的马瘦得不成样子，认为伯乐愚弄他，有点不高兴，说：“我相信你会看马，才让你买马，可你买的是什么马呀，这马连走路都很困难，能上战场吗？”伯乐说：“这确实是匹千里马，不过拉了一段车，又喂养不精心，所以看起来很瘦。只要精心喂养，不出半个月，一定会恢复体力。”楚王一听，有点将信将疑，便命马夫尽心尽力把马喂好，果然，马变得精壮神骏。楚王跨马扬鞭，但觉两耳生风，喘息的功夫，已跑出百里之外。后来千里马为楚王驰骋沙场，立下不少功劳。楚王对伯乐更加敬重。

（二）车

车是古代最重要的运输工具，中国又是世界上最早使用车子的国家之一。传说中国古代车的发明者是奚仲。据《左传》记载，在夏朝初大禹时代，奚仲制造了世界第一辆独辕车，设有车架、车轴、车厢，为保持平衡，采用左、右两个轮子。车最早是由人力来推的。当人们已经能够驯服牲畜后，又用牲畜来牵引。夏代又发明了畜力车。据专家研究，夏代的车，早先仅有少量专供奴隶主贵族乘坐，由奴隶拉车。由于造车技艺的提高和畜力的应用，车辆开始用于物品交换运输和狩猎运输，并随着狩猎技术的纯熟逐渐用于战争。畜力车最常用的牲畜便是马。在漫长的历史过程中，马车逐渐成为陆地上使用最多的交通工具。

在战争中，马车还成为一种强有力的武器，以其快速、冲击力强而成为诸兵种中的王牌之师。古代人出行时要么依靠马要么依靠马车。与之类似，一些聪明人开始驯化骡、牛、驴等畜力，以作为代步的工具。此后马车就逐渐成为战争的攻坚锐器，牛车也成为军事后勤保障的重要交通工具。

秦始皇统一六国之后，推行“车同轨”的政策，使车辆的制作工艺得到空前发展。据史籍记载，秦始皇出巡的御用车有 81 辆，整个车队更是“千乘万骑”，规模浩大。而且秦代的车辆名目繁多，功能各异。秦始皇乘坐的“金根车”，是用白银装饰的豪华车。当时黄金已经普遍使用，而白银则是新发现的金属，比黄金更为名贵，号称“白金”。1980 年 12 月，西安市临潼区秦始皇兵马俑坑出土两套秦代彩绘铜车马模型（见图 8-2），被视为研究秦代交通工具的稀世珍宝，现珍藏于“秦始皇兵马俑博物馆”。秦始皇巡游乘坐“辒辌车”。“辒辌车”是一种驷制安车，其车厢两侧设有可以开合的推窗，前壁设有可以关闭的支窗，后壁设有可供上下的门户，通风性能较好，乘坐感觉凉爽，因此有“辒辌车”之称。秦代战车，分为“戎路（旄车）”“轻车（驰车）”“阙车”“苹车（屏车）”“广车”五种类型，号称“五戎”。所谓“戎路”就是装饰有旌旗的指挥车；所谓“轻车”就是用于发动攻击的冲锋车；所谓“阙车”就是用于警戒的巡逻车；所谓“苹车”就是设有苇草或皮革防护的“装甲车”；所谓“广车”就是用于保护军营的守备车。

图 8-2　秦始皇陵彩绘铜车马模型

汉代是“双辕车”开始取代“独辕车”的变革时期。西汉双辕车逐渐兴盛。双辕车因乘坐者的地位高低和用途不同，可细分为若干种类。皇帝乘坐“辂车”和“金根车”。据《后汉书·舆服志》描写，金根车上有“鸾鸟立衡”“羽盖华蚤”。太子与诸侯王乘坐的车辆叫“青盖车”。贵族妇女乘坐“辎车”，即车厢和一间小屋子类似。“轩车”是高级官吏乘坐的车辆。此外还有用于官场仪仗的“斧车”“鼓车”“金钲车”，民间的“栈车”“载瓮车”。西汉中后期，双辕车开始广泛流行于大街小巷中，无论是贵族还是平民，都享受到了交通工具进步带来的生活方式的便利。尤其重要的是，汉代的机械制作水平有了很大提高，出现了记里鼓车和指南车。

知识视窗

记里鼓车和指南车

闻名遐迩的记里鼓车是东汉著名科学家张衡发明的。记里鼓车中有一套减速齿轮系统，这套系统中的最后一轴正好在车行一里时才回转一周，并能够通过拨子（凸轮）带动车上的小木人击鼓，从而报告车行里程。每当车行一里或十里时，小木人就会自动击鼓一下，由击鼓的次数就可以了解车辆行走了多少路程。三国时期卓越的机械发明家马钧发明了指示方向的指南车，又叫作“司南车”。马钧发明的指南车是一种由车子和一个小木人构成的指示方向的机械，车中装有可自动离合的齿轮传动装置，并与小木人相连，小木人有一只手指向前方。无论车辆向哪个方向行驶，在自动离合齿轮装置的作用下，小木人的手都指向南方。比起张衡的记里鼓车，指南车的齿轮系统比较简单，但它能自动离合，因此在技巧上又超过了记里鼓车。指南车是传动机构齿轮系统发展到一定程度的产物，也是轮轴机械技术发展的标志。这两种车是我国古代的两项重大发明，是我国古代车辆机械方面取得的重要成就。

东汉时还出现了独轮车，这是一种既经济又实用的交通运输工具，在交通史上是一项重要的发明。西汉初年，汉高祖刘邦明确规定“贾人不得衣丝乘车”。于是牛车成为商人可以选择的合法交通工具。汉代的牛车，已经是双辕形制，车轮较小，重心较低，车厢为长方形，车体大于马车，因此被称为“大车”。东汉时期达官贵人钟情于牛车，于是牛车身价倍增。

到了唐、宋、元、明、清等朝代，马车的装饰会因使用人审美或实际需要而有所差异，如明朝人在车厢左右或前后设计了门，使得乘客上车的方式更加便捷，同时让整个车厢更加通风，成为长途商旅的必备“商务用车”。

（三）轿子

“轿子”之名，据说最早始于宋。轿子，也称轿、舆、肩舆、抬椅、滑竿等，是一种靠人或畜扛、载而行，供人乘坐的交通工具。但就其结构而言，轿子实际上是安装在两根杠上的，可移动的床、座椅、坐兜或睡椅，有篷或无篷。和马车等其他旧时交通工具比，轿子的速度较慢，但更为平稳舒适。轿子也有利于穿行狭窄曲折的街道。另外，由于雇佣人力来运输，也可以显示乘轿人的社会地位。这种交通工具曾在东西方各国广泛流行。我国是最早使用轿的国家。轿子在我国大约有 4000 多年的历史。

据史书记载，轿子的原始雏形产生于公元前 21 世纪的夏代初期。《尚书·益稷》中记述大禹治水时有一句话："予乘四载，随山刊木。"这是大禹自述其治水过程时讲的。司马迁在《史记·五帝纪》中对"四载"的解释是："陆行乘车，水行乘舟，山行乘檋，泥行乘橇。"这个"檋"就是指最原始的轿子。檋具体的样子，据古文献记载："山行即桥"（《史记·河渠书》），这是由于檋是过山之用，负在一前一后两个人肩上，远望过去"状如桥中空离地也"（《癸巳类稿·轿释名》）。"轿""桥"二字古时互通，由此可见，最初的轿子是专门用于人们在山路上行驶的交通工具。

知识视窗

三乘木质肩舆

1978 年，在河南固始侯古堆春秋战国时期的古墓陪葬坑中，出土了三乘木质肩舆，有屋顶式和伞顶式两种制式。其中一件经复原后还可以看出原来面貌：它由底座独辕车、边框、立柱、栏杆、顶盖轿杆和抬杠几部分组成。底座呈长方形，顶盖如同四面起坡的房顶形式，轿身原本应该还围有帷幔；轿前开有小门，供乘者出入；轿杆捆绑在底部边框上，这与后来的轿杆固定在轿身中部的制式不同。这是目前已发现存世最早的轿子的实物。从它比较完备的结构来看，当时制造轿子的技术已经十分成熟。这说明在它之前，必然还应有一段发展完善的过程。由此可以推断，轿子起源于夏代初期的说法是比较可信的。直到西汉时期，淮南王刘安在给武帝上书中仍称："人越地，舆轿而隃（逾）岭。"这也是"轿"首见于史书。

还有一种起源较早的轿子类型，叫"步辇"。"辇"本是木轮手推车，商周时期是专门用来运载兵器的。从秦汉开始，辇去掉车轮用人抬行，称为"步辇"，后成为君王、后妃乘坐的一种尊贵的交通工具的专用名称。隋唐时期的贵族，喜欢坐辇或舆。不安装轮子，而使用人力抬，这种辇车或舆车，被称为"步辇"或"肩舆"。到了中唐以后，辇和舆逐渐从宫廷普及到了民间，尤为文人雅士所喜爱，出行多乘辇和舆。这种辇和舆，便是后来轿子的前身。在宋代，最为普及的交通工具就是轿子。在著名的《清明上河图》中，繁华的北宋京城汴梁大街上，轿子出游极为常见（见图 8-3）。这些轿子尽管同汉唐时期的轿子差异不大，还是由两人抬杠，但选材精

图 8-3 《清明上河图》中的轿子

良，以硬木为主，上雕花纹飞龙，造型美观，样子和近代见到的几乎一样。现代人所熟悉的轿子多系明清以来沿袭使用的暖轿，又称帷轿。木制长方形框架，于中部固定在两根具有韧性的细圆木轿杆上。轿底用木板封闭，上放可坐单人或双人的靠背坐厢。轿顶及左、右、后三侧以帷帐封好，前设可掀动的轿帘，两侧轿帷多留小窗，另备窗帘。

在古代中国，轿成了人们身份和地位的象征，甚至出现了关于轿子的等级制度。轿子由于其适合山地平原以及其舒适性，不可避免地成为古代达官显贵的出行首选。历代统治阶级都曾制定过轿子的形制等级。皇帝是金顶黄轿，皇后是凤轿。百官按品级乘轿，轿的规格、质地、颜色、图案、装饰以及抬轿人数等都有严格规定。例如宋太宗规定："非品官不得乘暖轿。"明景泰四年（1453 年）规定，在京三品以上得乘轿。《清史稿·舆服志》载："汉官三品以上、京堂，舆顶用银，盖帏用皂。在京舆夫四人，出京八人。四品以下文职，舆夫二人，舆顶用锡。直省督、抚，舆夫八人。司道以下，教职以上，舆夫四人，杂职乘马。"同时还规定，如果有人违反规定，看见者必须立即报告。

近现代，轿子先是被人力车，后被汽车逐步取代。在当代，除了少数险峻无道路的山地还在用抬椅、滑竿等运输外，轿子一般只用于旅游娱乐，以及婚礼、葬礼、庙会等传统仪式。

拓展阅读：清代京城的轿子

二、水路交通工具

（一）原始的舟筏

舟筏至少在石器时代就被人类用作运输狩猎以及捕鱼的常用工具了。考古学家在河姆渡遗址发现了古代木筏，人们将树干、竹竿、芦苇等捆扎成筏，或用兽皮做成皮筏在水上浮行。

继"编木为筏"之后，又有"刳木为舟"。所谓"刳木为舟"，就是制作独木舟最简单的方法：选一棵粗大挺直的树干，用石斧或石刀砍、削一个长槽，然后用火烧掉木屑，再砍、再削、再烧，如此反复多次，独木终被"刳"成带槽的舟。独木舟的优点就在于一个"独"字，浑然一体，严整无缝，不易漏水，不会松散，而且制作工艺简单，所以沿用的历史很长。直至今日，在我国西南少数民族地区，独木舟还被用作渡河工具。筏和独木舟的相继出现，是人类开拓水域交通迈出的第一步。有了它们，人类的活动范围便从陆地扩大到水上，人类从此可以进行水上捕捞和迁徙航行，使地域上的阻隔失去了原有的威力。

（二）船

船是古代主要的水路交通工具。随着人类文明的不断进步和生产力的不断发展，水上运输活动日益频繁，对船只提出的载重要求也相应提高。此时，筏和独木舟这两种原始的交通工具已经无法满足人们的日常需要，人们在努力寻求变革水上交通工具的办法。为了增大容量，人们在独木舟的基础上加装木板，以扩大独木舟的装载量。这种改进的独木舟在其周围加上木板，原来的独木舟就变成船底了，圆底独木舟逐渐变成了船底的中间部分，完全不同于独木舟和筏的新船——木板船就诞生了。从独木舟到木板船是我国古代造船史上的一次大飞跃。到此，人类不再受自然界所提供的木材形状和体积大小的限制，而能够根据自己的意愿，对材料进行加工。在这一基础上，此后的各种弘舸巨舰、楼船方舟也陆续出现，从而给古代漕运、海上交通、水战带来了众多辉煌壮观的场面。

随着大国争霸，战争频繁，船发展成为战争的工具，造船业及航海业迅速发展。公元前221年，秦始皇建立了我国第一个统一的多民族的中央集权的封建制国家。那个时期我国国土扩增延伸至海域，由渤海、黄海、东海、南海自北而南环绕，为航海业的发展提供了至关重要的自然条件。秦国在造船业上继承和发展了原来六国中一些国家发达的造船技术，建造了许多轻舟巨舸，使当时的船舶航行已经能够通江达海。汉代楼船高十余丈，依甲板次第而上建有三个楼层：第一层称作“庐”；第二层名“飞庐”；第三层叫“爵（雀）室”，即像鸟雀在空中俯瞰示警。这三层，每层结构都有防御敌方射来的弓箭矢石的女墙（即矮墙），女墙上设置用来发射弓弩攻击敌方的窗孔。为了防止敌人用火攻，船体全部用皮革蒙上。楼船这个庞然大物上还遍插旗幡、刀枪林立，以壮声势。楼船上设备齐全，已使用纤绳、橹、帆、楫等。汉武帝依靠其强大的水师完成了对东瓯（今浙江省东南部）、闽越（福建部分地区）、南越（广东、广西部分地区）等地方封建割据政权的统一，巩固了海疆，为东南与南方沿海航路的畅通打下了坚实的基础，继而开辟了海上丝绸之路。

宋元两代，因海外贸易不断扩大，海上和内河运输规模远超前代。造船业十分发达，浙江、福建、广东成为打造海船的中心。宋代的造船、修船已经开始使用船坞，并创造了运用滑道下水的方法。许多港口都设置了市舶司以管理海外贸易，其中明州、广州、泉州、杭州尤为显要，是清代以前最著名的几大港口。据载，当时已有载重万石以上的货船。在《清明上河图》中，就画有不同类型的客、货船二十余艘（见图8-4）。它从一个侧面反映了我国宋代内河船的建造水平。

图8-4 《清明上河图》中的货船

到了明代，中国出现了郑和宝船。郑和宝船是当时世界上最大的木帆船。船有四层，船上九桅可挂十二张帆，锚重有几千斤，要动用二三百人才能启航。郑和宝船是一种大型海船。有关郑和宝船尺度，明代罗懋登所著《西洋记》中详细地记载了郑和船队中各种船型的尺度，其中，宝船“长四十四丈，阔一十八丈”。能够如此大规

拓展阅读：郑和宝船到底长啥样

模地造船，可见明代造船实力之雄厚、技术之高超，非前代所能比拟。

正是因为有这样巨大而性能优良的船舶，再加上高超的航行技术，才使郑和“舟行巨浪若游龙”，每次都能安全返航。自明代起，浙、闽、粤沿海的小型海船多采用鸟船船型，以求速度快。

流动是人类的天性，迁移是早期人类赖以生存繁衍、逃避天灾人祸的有效途径。在长期的迁移中，人类先是利用天然的交通工具，进而发明和运用人造的交通工具和运输手段，“编木为筏，刳木为舟”。古代的中国文化，能够由中原扩展到全国，由华夏辐射周边，靠的就是交通工具。随着交通的发展，人活动的半径越来越大，信息的传播也就越来越广。从古代到现代，从海洋到天空，正因为有了这些丰富多样的交通工具，中国人的足迹才得以延伸向远方。直至今日，中国人一直用他们的聪明才智对人类的交通方式进行着深度变革。

古为今用

如今，共享单车大流行，其实在中国古代，类似共享单车这种租赁模式的出行工具并不鲜见，比如车、辇、轿、船乃至驴、马、牛等牲畜，都曾是含有“共享”意义的出行工具。

宋代时，像今天这样以“民用”“代步”为特征的共享模式已开始出现，如南宋都城临安便出现了专供市民阶层租用的“共享车”。据《马可·波罗游记》，马可·波罗到达13世纪末的杭州时，看到“街车”往来驰骋。这种街车并不是使用者个人所有，而是车行的，“那些喜欢游乐的男女常常雇它代步”。这是一种长方形的马车，顶上有盖，四周挂有绸幔，能容六人乘坐。其使用与现代共享单车类似，一般采取时段制或“日租”，因为“日租”付的是一天的费用，所以不少人直到晚上才会坐车回家。

舟船作为共享交通工具，以景区湖面或渡口最为多见，南方水乡则更为普遍。唐代时，租船游西湖便已十分兴盛，唐代诗人白居易就曾租船夜游西湖并留下《湖上夜饮》一诗：“郭外迎人月，湖边醒酒风。谁留使君饮？红烛在舟中。”

相对于车、轿、船来说，古人租借“共享”牲畜更早。由于比车、轿等成本低、花费少，从专门畜养驴马这类有运输能力的地方租借牲口，在古代极为普遍。骑驴、骑马出行就如现在骑单车出行一样。如东汉开国皇帝刘秀，当年读书时便与同学凑钱买驴出租。唐朝时民间就有专门养驴出租的，因为驴比马廉价。俗谓之“驿驴”，往来甚速，有同驿骑。

与车、轿、船不同，共享畜力很容易弄丢或是弄混，怎么办？古人早就想到了如今共享单车登记注册的办法，实行“簿籍制度”，同时“烙印”。这一办法率先从驿传马中开始，不论是官养马还是私养马，只要供租用的都得注册登记。而在牲畜的身上烙上印记，既可防盗，还便于找回，这与现代不同公司的共享单车使用不同颜色和标记是一个道理。

学思践悟

70多年漫长岁月，见证了交通的日新月异，也见证了新中国的发展。

中华人民共和国成立初期，物质条件极度匮乏，人们出行基本依靠步行。当时的交通工具是由牲畜拉的车，类如骡车、马车、牛车。

20 世纪 50 年代，自行车开始走进百姓家庭。

20 世纪六七十年代，人力踏车满街跑，自行车遍布大街小巷，成为主要代步工具。

20 世纪 80 年代，摩托车开始进入人们的视野。乘坐绿皮火车成为人们长途出行的普遍选择。

20 世纪 90 年代，公交车、出租车开始扩大普及。交通已经相对算比较先进了，这也同样说明中国的交通发展前途是无限的。

21 世纪以来，私家车逐年增多，老百姓的生活“安上了车轮”。中国的私家车保有量快速发展。

2007 年，首列和谐号动车组正式运营。“千里江陵一日还”成为现实。

2017 年，新一代国产大飞机 C919 首飞成功。

2018 年，全国汽车总量约 3.1 亿辆，有 230 座机场和 350 多万个航班。中国高速公路、高速铁路里程均居世界首位，航空运输总周转量居世界第二。

从自行车王国到世界级交通网络，70 年，记录中国速度，彰显中国实力！

请你结合现代交通工具的变迁，谈一谈交通工具给人们生活带来的变化。

第二节　千古有道，强国之基

引经据典

凡国野之道，十里有庐，庐有饮食；三十里有宿，宿有路室，路室有委；五十里有市，市有候馆，候馆有积。凡委积之事，巡而比之，以时颁之。

——《周礼·地官·遗人》

拓展阅读：《周礼·地官·遗人》释义

案例导入

唐律疏议

诸于城内街巷及人众中，无故走车马者，笞五十；以故杀伤人者，减斗殴伤一等。杀伤畜产者，偿所减价。若有公私要速而走者，不坐；以故杀伤人者，以过失论。其因惊骇，不可禁止，而杀伤人者，减过失二等。

思考：

结合上文，你知道哪些与现代规定一致的古代交通规则？

理论讲坛

自国家诞生之时起，交通就是社会文明建设的重要基础设施，是国家版图绘制的最有力线条。交通网与国家的政治、经济、文化版图同构匹配。秦国在战国时期就在秦岭上修建栈道，作为攻打巴蜀的进军线路和补给粮道。商周秦汉的高级别墓葬中，时常会发现车马随葬，表明了那些时代对交通的高度重视。可以说，大一统的国家版图，必须有大一统的交通体系作为支撑。交通网有利于提高国家政治版图的整合度，加强国家统治权的传递力度。道路延伸到哪里，国土开发才能顺畅地拓展到哪里。中国古代悠久的历史跨度上，统治者非常注重交通运输制度的建立。在此我们选择秦汉、隋唐、元明清三个重要的阶段及节点，以此来分析中国交通变化与发展对国家强盛与社会发展的伟大贡献。

一、秦汉为政，尤重交通

秦始皇统一六国后，大一统政权的出现为中国历史开创了一个前所未有的局面。中国的交通，也随着历史的进步，走进一个新的时代。秦帝国对交通建设有明确而系统的国家总体规划。有一个全国最大的交通中心，交通建设网有一个辐射的焦点，这时的交通组织也都系统地普及于全国各地。秦始皇制定“车同轨”法令，按标准统一规划与修建全国性“驰道”。秦帝国以都城咸阳为原点，在全国修建9条驰道，向外扩建交通路网，建成了连通秦朝各个区域的交通路网，并建立了众多邮驿，构成了便捷高效的邮驿网络。公元前221年，也就是秦始皇统一六国的当年，就命大将蒙恬率军30余万北上驱除匈奴，修筑万里长城；同时开通长达1800（秦）里的边防交通线，史称“直道”。秦始皇三十三年（前214年），蒙恬将军利用“直道”初通之后的交通便捷“斥逐匈奴”，秦军不仅一举收复鄂尔多斯高原，而且跨越黄河，设置了牢固的边防线，使匈奴骑兵再不敢南下侵扰。为了统一南方地区、解决军粮的运输问题，秦帝国开凿了著名的人工水道——灵渠，沟通了长江与珠江两大水系，成为2000多年前大西南开发的重要通道。之后，秦军终于全部攻下了岭南，设置了桂林、南海、象郡。灵渠对于当时中原与岭南地区的经济、文化交流，交通水利事业起到了极为重要的作用，对维护中国的统一、巩固祖国的边防，作出了不可磨灭的贡献。总之，秦帝国的交通系统是政府依靠大一统的国家力量向前推进得到的。

知识视窗

车同轨

在秦始皇没有成功地统一六国之前，每个国家的战车都是不一样的。战车在当时有非常重要的作用，能够将兵力和武器迅速地运送到战场，帮助自己占据足够的优势。六国为了防止别国的战车进入自己的国家，所以每一个国家的战车，车轮的间距是不一样的，每一个国家形成的车轨间距也是不一样的。秦始皇统一六国后，制定“车同轨”全国律法，车轮轨距统一改为六尺，全国各地的道路都会被压成宽度一样的坚硬车道，不仅能够减少货物和人员的运输成本，而且有利于军队和物资快速部署到全国郡县，所以“车同轨”是秦国统一后的重要国家战略举措之一。

汉代帝王也同样将交通建设看作执政的主要条件。汉武帝时开通通往“南夷”地区的道路，平治雁门地区交通险阻，建设回中道路。交通建设的成功对于汉王朝开疆拓土的事业有显著的意义。汉代在交通大一统的背景下，陆路、水路交通方面都取得了极大的突破。陆路方面，张骞通西域，沟通西域各国及中亚各国的关系，逐渐形成从首都长安西向，经过甘肃、新疆，直到中亚、西亚的国际交通干线，史称“通西域诸道”。西部交通大门随之打开。西行之路的开辟，使得汉朝成功达到了“断匈奴右臂”的军事目的。汉武帝大修马政，使军队的交通能力切实提高，后方的军需供应也得到保障，于是继而出师匈奴，改变了北边经常受到侵扰的局面。水路交通方面，汉武帝极力开辟海上交通，致力于加强海上各国往来。在汉武帝的努力下，汉朝开辟了经南海，通过马六甲海峡到印度洋，通向印度和斯里兰卡的海上丝绸之路。就是在这个历史时期，远在西方的罗马也通过南海交通，和中国开始了往来。交通建设的成就，使大一统帝国统治的广度和强度都达到空前的水平。

二、运河开道，法治交通

大运河的开浚和应用使隋唐交通步入一个新的时代。隋炀帝开通大运河，开创了人工开河的新纪录，更推进了东南各地在全国交通上的新地位，这一点在我国交通史上是具有划时代意义的。大运河北起北京，南达杭州，故又名京杭运河。流经北京、河北、天津、山东、江苏、浙江六个省市，沟通了海河、黄河、淮河、长江、钱塘江五大水系，全长 1700 多千米。隋唐时期，京杭大运河成为南北的交通大动脉，有利于商品流通，也促进了像扬州等运河沿岸城市的兴起与繁荣；在中华民族的发展史上，为发展南北交通，沟通南北之间经济、文化等方面的联系作出了巨大的贡献；自通航之时起，对于国家政治整合、政权巩固、经济资源调配、各民族文化融汇等，都起到不可估量的作用。

618 年，隋朝灭亡，唐朝建立。唐朝比较重视法制，关于交通管理的立法也比较完备。据《唐律疏议》记载，已经有右侧通行、道路规避、禁止超载、道路限行、道路治安等方面规定。都城长安是国内的中心，其交通网络不仅连通了国内的各个地区，而且还向欧亚大陆深入，连通了国际陆路，成为当时最重要的交通枢纽。在唐代，通往周边民族地区和域外的主要干道有七条：营州入安东道、登州海行入高丽渤海道、夏州塞外通大同云中道、中州受降城入回鹘道、安西人西域道、安南通天竺道、广州通海夷道。这七条道路西可通往西域，穿越帕米尔高原和天山的各个山口，到达中亚、南亚与西亚，甚至远至欧洲。这些可与周边民族及远域实现交通的干道，不仅有利于政治外交往来与军事上的调兵运输，更便利了经济贸易交流和商旅通行。从唐太宗贞观四年（630 年）到唐昭宗乾宁元年（894 年）的 265 年之间，日本先后 19 次派遣唐使团到中国倾力学习唐朝文化，甘心接受“番国”待遇。唐王朝时期，海上丝绸之路继续延伸到西亚，以及北非、东非、西欧，阿拉伯帝国先后 39 次遣使入唐，大量阿拉伯商人及伊斯兰教教士也纷纷来到中国，中国“唐人”的盛名，由此远播海外。正是由于发达的交通网络，才促进了贸易和文化的交流，唐朝成为当时世界各国经济文化交流的中心，唐都长安成为一座国际性的大都市，由此开启了大唐盛世。

知识视窗

大唐盛世

大唐盛世是中华民族悠久历史中最为辉煌的篇章，起于 7 世纪上半期，终于 8 世纪中叶。大唐政治开明，思想解放，人才济济，疆域辽阔，国防巩固，民族和睦，在当时世界上是无比繁荣昌盛的形象。直到今天，海外华人仍被称为“唐人”。

盛唐时期的中国，国富民强，是中国古代史上最光辉灿烂的时期。盛唐时期的中国，通过由国都长安直抵地中海沿岸的丝绸之路，将古老而灿烂的中华文明传播四海，世界各国的国君、使臣、客商、僧侣、学生、工匠、医生、胡姬纷至沓来。他们一旦进入大唐帝国的领土，看到那些车水马龙的繁华都市，无不由衷地惊叹。当时的美洲和非洲基本上还是属于“沉睡的大陆”（北非例外）；欧洲正处于法兰克王国的草创时期，蛮族入侵导致罗马帝国衰亡的创伤还无法修复，而亚洲被视为富庶的东方。唐朝著名大诗人杜甫在诗歌《忆昔》中描绘了开元盛世景象：“忆昔开元全盛日，小邑犹藏万家室。稻米流脂粟米白，公私仓廪俱丰实。九州道路无豺虎，远行不劳吉日出。齐纨鲁缟车班班，男耕女桑不相失。”从诗歌中可以一窥开元时期的富足和兴盛景象。

三、海运外交，远续航线

元代交通的特色在于海运的发达。但元代以前的海运是自发性的，没有整体的计划。从元代开始，海运关系着国家根本。元代的造船技术在原有基础上又有发展，已掌握建楼船的技术，当时最大的船可装载粮食八九千石。因此，元朝大量制造货船进行粮食运输。这样一来，元代的海上交通便成为新时代的开端。当时海上贸易的主要港口有广州、泉州、杭州、明州、扬州，特别是泉州港，成为当时世界上最大、最著名的海港。交通路线北到朝鲜、日本，南到阿拉伯地区和东非，交易物品有丝绸、瓷器。频繁的海外交往使科学技术和艺术的交流发展起来，四大发明也在这一时期经阿拉伯传到欧洲。

明朝十分重视边境地区的稳定和交通状况，因此大力修建边境地区的道路，调遣人力疏通运河，极大地促进了交通运输业和商业的发展。在明朝的整个统治时期，交通运输业一直稳定发展。明代中期，官府对西北地区的道路和桥梁进行了重新规划，增加和修缮了多条道路。中后期，明朝和蒙古的茶马开始互相开放市场，有力促进了边境贸易的发展。明朝时期修建了长城，有力维护了边境地区的安全和稳定。

清朝将都城定为北京，并建立了以北京为中心的交通运输网络，能够通向各个省会和边疆地区。清朝初期实行了严格的海禁制度，直至道光年间才恢复了海洋运输，但也仅仅是将海运视为暂时的替代方法。但在洋务运动时期，引进了大量西方先进的科学技术，兴办了大量民用企业用于制造轮船、铁路、火车等交通工具。虽然洋务运动最终以北洋水师全军覆没的结局宣告失败，但它却使得中国的交通逐步走向科学化、高效化。

综上所述，古代交通运输发展的驱动力实际上是当时的政治、军事和经济事务需求。交通的进步，使得行政效率得到保证。中央政府的政令，可以借助交通系统的作用，迅速及时地传达到基层，因而大多能够有效地落实。每当遇到政务军务紧急的时候，还往往通过驿传系统提高信息传递的速度。正是以此为基础，大一统的政治体制能够成立并且得以维持。

交通强国是世界强国的显著表征。强盛之国必有超凡的交通基础设施与通达能力。古罗马人改变了世界，他们修公路挖沟渠，“脚踏实地”征服世界，造就“条条大路通罗马”的强盛。道路通，财富通；道路通，百业兴。进言之，道路通则人脉通、情感通、政令通。交通跨越时空，交通消弭隔阂。为了便于对全国各地的统治，政府修筑通达四方的交通体系；交通体系的构建营造了便利的贸易环境，促成了更强有力的中央政府。交通体系的发展是一个时代人民生活水平的象征，更是一个国家综合国力的体现。中国历史上各朝代的交通运输在管理实践中逐渐演化生成了独特的交通制度文化，由简单走向逐渐成熟和系统化，从古代走向现代，并在世界上产生了一定的影响。中国历史上的交通运输的管理实践及其制度文化，对于认识当今的交通发展仍然具有一定程度的启示意义。

古为今用

红灯停绿灯行，黄灯请您等一等，行人靠右行，超载超速要扣分罚款……这些都是现代的交通规则。可是这些交通规则并不是现代的专利，古代也有交通规则，虽然没有现在的如此完善，但很多却都是古人的创举。

古代交通工具十分混杂，包括人、车、马和其他牲畜等，大型城市人口多达百万以上，拥挤不堪，所以也是非常需要交通规则的。

先秦时期，采取的是男右女左，即男女走的路不同。《礼记·王制》中记载：“道路，男子由右，妇人由左，车从中央。”

唐代制定的《仪制令》规定：“贱避贵，少避长，轻避重，去避来。”宋代，《仪制令》被刻在石碑或木板上，并立于道路中间，以提醒来往车辆和行人。

虽然用现代观念来看，《仪制令》中的规则比较落后，甚至封建古板，但在当时古代的繁忙交通中，《仪制令》却发挥了不小的作用。它体现了尊老敬长、先后有序、讲究礼让的古代传统文化价值观。《仪制令》被认为是中国千年历史中最早的和最完善的一部交通道路法规，一直运用到了之后的封建历史当中。《仪制令》中极为有效的交通安全管制措施和理念以及蕴含的“礼让”精神仍值得当代学习。

拓展阅读：仪制令

学思践悟

第一届“一带一路”国际合作高峰论坛于 2017 年 5 月 14 日至 15 日在北京举行，中国国家主席习近平出席开幕式并发表主旨演讲时表示，“道路通，百业兴”。我们和相关国家一道，共同加速推进雅万高铁、中老铁路、亚吉铁路、匈塞铁路等项目，建设瓜达尔港、比雷埃夫斯港等港口，规划实施一大批互联互通项目。目前，以中巴、中蒙俄、新亚欧大陆桥等经济走廊为引领，以陆海空通道和信息高速路为骨架，以铁路、港口、管网等重大工程为依托，一个复合型的基础设施网络正在形成。中国同“一带一路”参与国大力推动贸易和投资便利化，不断改善营商环境。

请根据上文谈一谈“一带一路”给参与国带来了哪些积极影响。

第九章 用——金玉陶瓷

用

习言习语

要把凝结着中华民族传统文化的文物保护好、管理好，同时加强研究和利用，让历史说话，让文物说话，在传承祖先的成就和光荣、增强民族自尊和自信的同时，谨记历史的挫折和教训，以少走弯路、更好前进。

——2015 年 2 月 15 日习近平在西安市博物院考察调研时指出

器物一词，按照《现代汉语词典》的解释，是各种用具的统称。器物既是文化艺术的重要载体，也是社会变迁和历史事迹的诉说者。中国器物历史悠久，源远流长，灿烂辉煌。它是中国传统艺术的一个重要组成部分，又是中国传统文化的物化表现形式。中国古代的器物，虽然用材各不相同，造型千姿百态，但其造物的初衷和目的，都是为了实用。不同时期的劳动人民在漫长的历史岁月里，适应着不同时期的物质和环境的条件，创造了各式各样的能够满足自己社会生活需要的物品。其中经典的和具有代表性的作品，通过各种途径（传世的、出土的）流传下来，与各个时代的历史文献互为补充，构成了丰富多彩的中国人的造物文化的历史，是中华民族优秀文化的重要组成部分。

第一节　器物之源，镌刻文明

引经据典

君子用人如器，各取所长。

——《资治通鉴·唐纪》

拓展阅读：《资治通鉴·唐纪》释义

案例导入

新石器时代的彩陶文明

裴李岗的陶器（见图 9-1），是目前河南境内发现最早的陶器之一。从制作工艺和器物造型来看，裴李岗陶器已经是一种比较成熟的陶器。裴李岗时期的陶器以泥质红陶为主，也有掺砂粒的夹砂陶。陶土经过选择和淘洗，泥质细腻。陶器大多采用泥条盘筑法制成，也有的直接用手捏塑而成。器物表面经过打磨，多为素面，少量有篦点纹、篦纹、指甲印纹、划纹、乳钉纹和绳纹装饰。器型主要有鼎、罐、壶、三足钵、碗、勺等生活用具。中国彩陶发现地非常多，典型的有黄河上游的仰韶文化遗址、黄河下游的大汶口文化遗址、长江中游的大溪文化遗址、东北的红山文化遗址等。在这些遗址中出土了数以万计的彩陶文物，不但器型丰富、品类众多，而且纹饰华美、独具特色。在漫长的历史长河中，我们的祖先在彩陶身上灌注了自己对世界的认识、理解，渗透了数辈人的心血。无论从形式上还是表现内容上，中国先民都把彩陶作为一个时代最典型的“建筑”，去构思、完善、丰富，使其集物质实用性、精神象征性和艺术欣赏性于一体。

图 9-1　裴李岗陶器

拓展阅读：裴李岗文化

思考：

新石器时代彩陶文明的发展，有什么历史意义？

理论讲坛

在中国广袤的土地上，东西南北，四季分明，物产丰富。在人类社会的初期，我们的祖先为了自身的生存，在与自然界打交道的时候，积累了丰富的经验和智慧。在这样的经验和智慧中，包含着丰富的关于自然界和宇宙的知识，尤其是在对自然事物的物理的认识方面，有着独到和深入的见解，为后来的造物艺术之发展，打下了良好的知识基础。中国器物以丰富多样的材质、品类，卓越的功能，生动优美的造型形象，绚丽多彩的装饰，灿烂辉煌的色彩和精湛的制作工艺，在世界文化中占有非常重要的地位。

一、器物与器物文化

器物，泛指各种形体的东西，通俗地说是各种器具的称呼。《周礼·秋官·大行人》："又其外方五百里，谓之男服，三岁一见，其贡器物。"郑玄注："器物，尊彝之属。"器物从其功能上来看，可以分为功能性器物、精神性器物、身份标志性器物、仪式性器物、混合型器物等。器物的基本功能就是实用性，也就是日常生活所需要的生活辅助器具，是日常生活的反映。在长期历史发展过程中，器物的功能慢慢演化，出现了陈设器和礼器。

器物的各种功能构成器物文化。器物文化是指从器物纹饰、器型、款识、材质、色彩等方面体现的文化内涵。尤其是礼器，是中国古代社会器物的特殊代表，《礼记·礼器》中有"礼器，是故大奋大备盛德"。礼器是先民对祖先敬奉的代表，《礼记·曲礼》中有"君子将营宫室，宗庙为先，厩库为次，居室为后"。在这种理念下，礼器就成为器物的重要组成部分，也是中国传统文化的代表和象征。

二、中国器物文化的产生与发展

器物是文化的载体，一个时代的器物能够反映那个时代的文化面貌。同种器物不同时代的变迁也能反映文化的变迁。考古发掘资料证明，人类早期的文明创造是从造物制器开始的。远古时代的先民们，为了在大自然中生存，以狩猎、采集、耕作的方式获得食物，必然需要相应的工具和贮存用器，制作这些器物的劳作，是人类最初创造活动的开始。在几千年的历史发展过程中，中国保留了大量精美和类型不同的器物，包括陶瓷器物、金银器、玉器等不同类型。

（一）夏商器物

夏朝是史书中记载的第一个世袭制王朝，年代约在新石器时代晚期，青铜时代初期。夏朝延续四百余年，后被商所灭。商朝处于奴隶制鼎盛时期，是中国第一个保留文字记载的王朝，在文化、青铜冶炼等方面均达到了较高水平。

夏商器物特征与当时人们的图腾崇拜有密不可分的关系，器物造型、纹饰多有一定的政治色彩，有种狞厉威严之美。

青铜器方面，夏朝已有能力铸造较为复杂的器型，并且掌握了镶嵌宝石的技术，但器物还稍显单薄和粗糙。商朝晚期，分铸法发展成熟，可铸造出极其复杂的器型，器物种类也大大增加。如四羊方尊（见图 9-2）采用了圆雕与浮雕相结合的装饰手法，将四羊与器身巧妙地结合为一体，使原本造型死板的器物，变得十分生动，并擅于把握平面纹饰与立体雕塑之间的处理，达到了技术与艺术的完美结合。

图 9-2 ［商］四羊方尊

夏朝礼仪用玉数量多而器型大，装饰用玉数量少而器型小，整体造型趋于扁平，较少琢刻纹饰。相反，商朝玉器纹饰较为精美，大量运用双勾线法（减地起阳线纹），玉器种类繁多，有不少装饰用玉存世（见图 9-3）。

图 9-3 ［商］玉刀

陶瓷器方面，夏商陶器以灰陶为主，商朝陶器的主要器型有罐、甑、鬲、觚、爵、簋、盆、瓮等。纹饰比较简单，多为绳纹，也有素面磨光后拍印双钩纹、圆圈纹、云雷纹等。夏商之际，陶开始向瓷过渡，原始瓷器逐渐增多。

（二）西周器物

西周是青铜器发展的重要阶段，器型多样、纹饰规整，器物铭文字数逐渐增加，出现了长篇铭文。这一时期，青铜器铸造已颇为规范，铜矿采冶环节明确，分为探矿、开采、选矿、冶炼等多个步骤。

西周玉器在前朝基础上，开创了“双钩一面坡”的镂刻技艺。西周原始瓷器出土数量较前朝有所增加，多为生活用器，如豆[①]、罐等。此时原始瓷器仍质地粗糙，制作工艺简单。瓷釉为石灰釉，釉色以青绿色为主，淡黄、褐和紫褐色为辅（见图 9-4）。

图 9-4 ［西周］原始瓷青釉划花双系罐

（三）春秋器物

春秋时期，人们思想逐渐开放，学术百家争鸣，科技发展迅速，类似镶嵌、错金银、错红铜的装饰工艺快速发展起来，开始运用在大件的青铜器上，纹饰颜色也由单调的青铜色向金银富贵的色调发展。中期后，青铜器铸造工艺显著改进，失蜡法的出现使得人们可

① “豆”指的是古代的一种下有高足的器物。“豆”字始见于商代甲骨文及金文，是一个象形字，上面一横，象形为盘或盖，而横下的结构，则是盘下的高足，而最下面一横就是器物的底座了。

以铸造极其繁复的器物，甚至镂空器物。

古人用金造物要比用银早一些，原因是金块可以直接从自然中获取，而银则需要从矿石中提取淬炼。春秋时期，由于金银器的色泽华丽美观，且物理性质稳定，铸造的技术越来越成熟，贵族们开始喜爱使用金银器，大量开采加工锻造，所以金银器开始广泛使用，数量也逐渐增多。型制小的金银饰品数量繁多，主要包括带扣、环、牌饰、带钩等装饰类，还有剑柄、刀首等兵器配件。金银器到了春秋时期已经由前代装饰性为主体向具有实用的性能转变，金银为材质的独立器件开始大量出现，器物种类用途广泛，工艺和器型也都有新的发展。

春秋玉器功能从礼教转向装饰，儒家将道德赋予玉器，玉成为道德修养的标志，所以君子必须佩玉，尤以和田玉为最，进入以和田玉为主流的时代。不同的玉材用途也不一样，和田玉多为礼玉，水晶、玛瑙、松石等一般宝玉石多用作普通饰玉。玉器纹饰排列趋于图案化，神秘抽象，多见云纹、谷纹、涡纹、乳钉纹等。图 9-5 为春秋时期龙首纹玉玦。

图 9-5 ［春秋］龙首纹玉玦

春秋时期原始瓷器数量增多，质量也有所提高。主要产地仍在江南地区，原料加工更为精细，多数器物用轮制成型，器型规整匀称，胎壁变薄。釉分青绿色、黄绿色和灰绿色，纹饰主要有方格纹和织物纹。春秋晚期至战国初期，原始瓷器发展鼎盛，江南地区原始瓷器数量，约占同期瓷器总数一半左右，这可能也与江南地区盛产瓷土有关。

（四）战国与秦朝器物

战国时期，受儒家影响，玉器为君子必配之物，加之铁质琢玉工具的发展，此时玉器纹饰精美细致，线条刚劲有力。这一时期，组玉佩最具特色，量大而精美，是玉佩发展的高峰时期。形制上讲究平衡对称，带有律动感。标准的组玉佩中央有一大玉璧，上下各有一玉璜。上璜两端缀有玉珠，上部有一玉环。下璜两端缀有玉牙，两牙之间饰玉冲，佩戴者行走时冲牙相触，发出悦耳的声音，以驱除杂念。社会地位越高的人佩戴的组玉佩越多、质地越好、工艺越精良。图 9-6 为秦朝黄玉虎纹玉璜。

图 9-6 ［秦］黄玉虎纹玉璜

秦朝立国只短短十几年，其文化基于战国时期的秦国文化，但秦国缺乏优良的琢玉技艺，因此影响到秦朝的玉器成就。秦朝玉器数量不多，工艺也不算精美，雕刻技法多采用阴刻。常在弧线弯曲处运用几何方形，布局紧密。纹饰以龙纹、蟠螭纹、凤纹、云纹和勾连云纹为主。秦尚黑，所以偏好深色或青色玉材。

（五）汉朝器物

汉朝文化统一，科技发达，器物数量多样，造型美观实用，科学合理，器物风格夸张而奔放，一显盛世姿态。汉朝青铜器形成新的风格，常用来铸造日用器皿，这些器物比先秦时期更具艺术性和设计感。铜灯和豆式熏炉非常盛行，此外还有鼎、壶、钫、尊、熨斗、带钩、铜镜等。

在我国金银器史上，汉代是一个承上启下的时期。强大的统一帝国，宽广的国家版图，发展迅速的社会经济，自由的人民思想与频繁交流的民族贸易，都为这一时期金银器的发展提供了有利的社会环境和发展条件。汉代继承前代金银器的工艺和技术，又不断地将周边民族的制造工艺吸收进来，并能够融会贯通，表达出独具汉代特色的思想观念与精神世界。汉朝金银器远超前代，生活器皿较少，多为精致豪华的装饰品。此时的银器也有了较为广泛的使用，饮食器、服饰、车马具等，数量明显较前代有所增加。

汉朝礼玉较先秦有所减少，佩玉在种类上更趋于简化，但丧葬玉则显著增加。此时，制玉技术也有所改进，高浮雕、圆雕和透雕玉器增多，器物表面还增加不少细刻线纹，有些器物表面已经可以打磨得相对圆滑。纹饰风格由抽象转为写实，具有真实感和生命力。汉朝玉器的玉料大部分为新疆输入的软玉，多用绿色或黄褐色的玉料，但白玉的用量也大大增加。图 9-7 为汉代鎏金嵌玉饰。

图 9-7 ［汉］鎏金嵌玉饰

汉朝陶瓷主要作为饮食器、贮藏器等生活用具和随葬明器，大体分为灰陶、硬陶、釉陶和青瓷四大类。低温铅釉陶可以说是汉朝陶器的最高成就，这种陶器最早出现于西汉陕西关中地区，盛行于东汉。釉面光亮，呈现绿、黄深浅不同的色调。由于烧成温度低，胎体不结实，釉中铅含量高，所以大多作为明器。汉朝也是原始青瓷向成熟青瓷的过渡期，胎体致密，透光性强，气孔及吸水率较原始瓷明显下降。器物表面广泛施釉，釉层明显加厚，更有光泽。

汉朝瓦当也是不得不提的陶器种类。相较秦朝，汉朝瓦当的纹饰更为精进，以青龙、白虎、朱雀、玄武四神纹最具有汉朝特色，此外还有兔、鹿、牛、马等纹样。而文字瓦当的数量最大，特点是器物中心多为乳钉纹与联珠纹，并有明确的分区划界。汉朝瓦当因其优秀的品质，与秦朝陶砖合称为“秦砖汉瓦”。

知识视窗

汉朝瓦当

汉代（前 206 年—220 年）是瓦当工艺发展的鼎盛时期。这一时期的瓦当做工精细，新出现了装饰有篆体文字的瓦当。这些文字瓦当多为小篆书体，排列组织和谐匀称，布局讲究，显示出汉代质朴浑厚的艺术风格。文辞多为一些祈福的吉语，其艺术观赏性可与精致的印章相媲美。

瓦当的造型千姿百态，它不但是绘画、工艺和雕刻相结合的艺术，也是实用性与美学相结合的产物，在古建筑上起着锦上添花的作用。瓦当不仅给人以美的艺术享受，同时也是考古学进行年代判断的重要实物资料。此外，瓦当还是研究中国书法、篆刻、绘画等方面的宝贵资料，对研究中国古代各个时期的政治、经济、文化等具有一定的参考价值。

西京长安城经过几代君主的辛苦经营，涌现出为数众多的皇宫大殿，这些建筑气势恢宏，豪华奢侈，壮丽霸气。另外，当时不仅注重长安都城的建设，帝王、皇族、贵族等的宫苑建设也十分壮丽豪奢。这些宏伟建筑的发展极大地促进了瓦当的进一步发展。除了这些皇宫大殿大规模地使用瓦当外，京城附近粮仓、官署、守卫营房、阁、圈、厩、桥、库，还有有钱人家的豪宅和墓冢等都大量使用瓦当。图 9-8 为汉代“长乐未央”瓦当。

图 9-8 ［汉］“长乐未央”瓦当

汉朝国力强盛、文化统一、科技发达，民族自信度极高，反映在器物上即是灵动奔放、丰富博大，同一品种器物纹饰上既可奢华又可平朴，既可密满又可疏朗，造型上既可硕壮又可纤巧，林林总总，变化万千。但总的来说，汉朝器物多充满运动感和蓬勃向上之意，灵动而多彩。

（六）唐朝器物

我国古代金银器，发展至唐代才兴盛起来。金银器的兴盛发展，与外来文化的影响有极为密切的关系。丝路的畅通为文化的传播和发展提供了难得的机遇，并在开放自由的唐代达到鼎盛。精益求精、摆脱窠臼、自由创作的器物大量出现，充分反映了大唐盛世的极度繁荣。

知识视窗

丝绸之路

中国与西方的文化交流源远流长。公元前 2 世纪晚期，西汉张骞凿空西域，举世闻名的丝绸之路开通，中西方之间的文化交流进入新纪元。丝绸之路是当时世界上东西方之间最重要的贸易和文化交流通道。汉朝以降，丝绸之路的内涵不断拓展，形成了以绿洲、草原和海上干线为主的复杂的网状交通系统，并在唐代达到鼎盛。这一系统将当时的中国、印度、波斯、希腊、罗马、埃及以及东亚各文明古国连接起来，成为世界各古代文明互相汲取文化营养的主动脉。各国使团、商旅、僧众、艺人、普通民众等往来于丝路沿线，有力地促进了各国之间的政治、经济和文化交流。通过物品交换、人群交往以及文化交流，创造出更加灿烂的文明。

大唐帝国以开放和包容的姿态迎接八方来客，异域文化在唐代得到充分的尊重和认可，而社会内部的繁荣稳定以及水陆交通的便利，使得外来文化得以迅速渗透到各地，人们的精神面貌和生活呈现出特有的开放和自由度。在经历了最初崇尚外来事物的冲动激情后，唐人开始对外来文化进行切合实际的吸收与借鉴，日益精巧化、多样化、无固定模式、自由随意创作的器物大量出现。崭新的器物群体展示着大唐盛世的风貌，多元的、兼容并蓄的大唐文化呈现出全面的极度繁荣。这种繁荣在唐代金银器、唐三彩、绘画等领域得到淋漓尽致的体现。

唐代金银器是受外来文化影响最多的器类，它吸收和借鉴了来自萨珊、粟特等西域国家的金银器特色，并与中国传统器物的器型与装饰图案融为一体，将实用价值与艺术追求，以及科技进步完美结合，形成雍容华贵的大唐风格。唐代金银器代表了当时金属工艺的最高水平。它们在形制、纹样和工艺技术上显示出的丰富内容，是其他质料的器物无法比拟的。金银器的形制多种多样，超过其他所有质料器物的种类类型，与人们的起居生活、风俗习惯关系密切。金银器上的纹样，几乎包括唐代流行的装饰花纹的全部，表现出人们的思想观念和审美情趣。金银器精良的质地和精湛的制作技术，反映了唐代金银采矿、冶炼和制作工艺的卓越成就。图 9-9 为唐代狮纹金花银盘。

图 9-9 ［唐］狮纹金花银盘

唐朝琢玉工艺精湛，再次呈现出新的高峰。玉器材料以和田玉为主，还有部分玛瑙和水晶等其他宝玉石材料。唐朝丧葬用玉基本消失，玉册（亦作“玉策”，帝王祭祀所用的玉质册书）是目前所知的唐朝礼仪用玉。

唐朝玉器纹样中多采用花卉纹，同时也比较流行如意云纹，常饰于人物、花鸟旁。唐朝陶器以唐三彩最负盛名，虽称三彩，但并不只有三种釉色，常见釉色有黄、绿、蓝、黑、白等色。

经过隋朝的发展，陶瓷业在唐朝达到崭新的高度，其中以越窑为代表的南方青瓷名盛一时。以邢窑和巩县窑为代表的北方白瓷与之平分秋色，形成“南青北白”的局面。

南方青瓷以越窑为代表，胎骨较薄，釉色为青黄或青绿，多作茶具。越窑瓷器釉质温润如玉，釉色苍翠可人，造型丰富多样。装饰方法有刻花、划花、印花和堆贴等。初唐器物多素面无纹，晚唐纹饰增多，题材广泛。

唐朝是我国最强盛的朝代之一，在政治、经济、文化、外交等方面都有很高成就，与当时阿拉伯帝国并列为世界强国，声誉远播海外，与亚欧国家均有往来。唐朝器物风格较有辨识度，多宏硕壮健，以圆、大、满为美。

（七）宋辽夏金器物

宋辽夏金时期，商品经济繁盛，器物制造逐渐面向世俗，同时市民阶层对文化的需求随之增长，杂剧、风俗画等文化产品受到极大追捧。宋辽夏金这四个王朝或交替或对峙，其器物、文化风俗难免相互影响、相互融合，也是一种多元交流。

入宋以后，金银器日益商品化，它们已不再是王公贵族独享的奢华，而逐渐进入酒楼以及殷实百姓的家中。时代风气的变化对金银器的制作产生了深远影响。宋代金银器的造型极富变化，盏、杯、碟、盘、瓶、盒等常用器物都各有不同的样式，不少器皿直接模仿自然界中花果草木的形态，清新素雅、匠心独运。1993 年，四川彭州西大街在进行商业区改造时，意外出土了迄今为止全国发现的最大规模金银器窖藏，被誉为“天下金银第一窖”，藏品中共有金银制品 351 件。根据器皿的形制与年款，可以推断这批文物大多是在南宋绍熙年间打造的，其技艺之精湛、纹饰之细腻，在国内已出土的金银制品中十分罕见。值得一提的是，宋代金银器中并非没有繁复华丽的器物，但总体呈现出简约平易的特征，许多器物素面无纹，金银成色也略逊一筹。宋朝金银器在纹饰上以花卉纹居多，动物纹逐渐减少，也有象征吉祥的鱼藻、牡丹、童子戏球等图案。

早在春秋时期，玉器就与君子品德建立了种种联系，宋人尚文，自然钟爱玉器。上至帝王、下至士子，都将赏玉、玩玉定义为一种“时尚活动”。同时，宋朝金石学昌盛，仿古做旧蔚然成风。汴京、临安都曾是买卖真假古玉的中心。

出于多种原因，宋朝玉器常常翻新旧玉，体型普遍较小，但琢玉工艺十分精湛，隐起和镂空技艺比唐朝大有进步。少量玉器刻有铭文，字迹能小于芝麻，细于发丝，且字体遒劲有力。

辽朝金银器风格与宋朝相似，多为饰品和容器。辽朝由游牧民族建立，故而有大量金银质马具，表现出其文化独特性。器物成型多依靠钣金，有时也采用夹层法。采用夹层法的器物仅用两片金属片打造，金属片之间留有空隙，这样就能以较少的材料打造出厚重的效果。

辽金的玉器制作工艺也相当发达，水平并不逊色于宋，风格也与宋相似，“春水”（海东青啄大雁、天鹅的场景）和“秋山”（贵族秋天在山林围猎的场景）是这一时期的特有题材。辽朝装饰用玉的玉质、工艺明显高于实用玉器，而金朝有完整的用玉制度，统治者对实用玉的重视程度明显高于辽朝。

瓷器烧造是宋朝的重要产业，窑场遍布全国南北。瓷器的生产规模进一步扩大，工艺水平迅猛提高，产品造型更多元，釉色更丰富。一些瓷窑逐渐形成自己的独特风格，并对其他瓷窑产生影响，从而形成窑系。宋朝瓷器还远销海外，成为海外贸易中的重要商品。

宋朝除有定、汝、官、哥、钧五大名窑外，还有河北磁州窑、陕西耀州窑、浙江龙泉窑、江西景德镇窑和吉州窑、福建建阳窑和德化窑等重要窑口。此外，辽三彩、西夏褐釉瓷和金黑白瓷也各具特色。图 9-10 为宋代定窑白釉孩儿枕。

图 9-10 ［宋］定窑白釉孩儿枕

宋辽夏金这四个王朝中，宋的艺术成就较高，各种器物不仅产量大，还对另三个王朝起引领作用。宋人读书热情空前高涨，文化素质很高，审美趣味向典雅优美发展，与唐朝宏硕壮健的风格对比强烈。宋人造器虽为精工细作，但绝不炫技，追求含蓄自然，虽不沉雄，但极为幽远。辽、西夏、金三朝为北方少数民族王朝，风格以质朴豪放为主，总体上制器技术不如宋朝发达。

拓展阅读：宋朝瓷器

（八）明朝器物

明朝时，汉族重掌中原政权。由于手工业和商品经济的发展，明中后期，出现商业集镇和资本主义萌芽，部分器物进一步世俗化。同时，此时期仿古风气盛行，多仿先秦、汉朝器物，出现不少雅致大气的器物。因此，明朝器物的总体特征为雅俗共赏，兼而有之。

明代的金银器制作工艺高超，装饰极其繁复，不见素面者。除传统的纹饰外，多以龙凤纹为主体，另外童子纹也成了这一时期的主要特征，福禄寿喜纹、八仙纹等开始出现并大量运用，纹饰结构趋向于繁密。明代金银器制作广泛采用金银掐丝镶嵌宝石工艺，并有累丝、花丝、金银丝织造等精细工艺。这个时期首创的金银花丝工艺，得到了广泛使用，使明朝金银器繁复华丽，工艺精湛，艺术性极强，令人叹为观止。

知识视窗

明万历皇帝金冠

明万历皇帝金冠（见图 9-11），北京市明十三陵之定陵出土。此冠本名为“翼善冠”，为万历皇帝朱翊钧陪葬之冠。金冠制造精细，高 24 厘米，重 826 克。

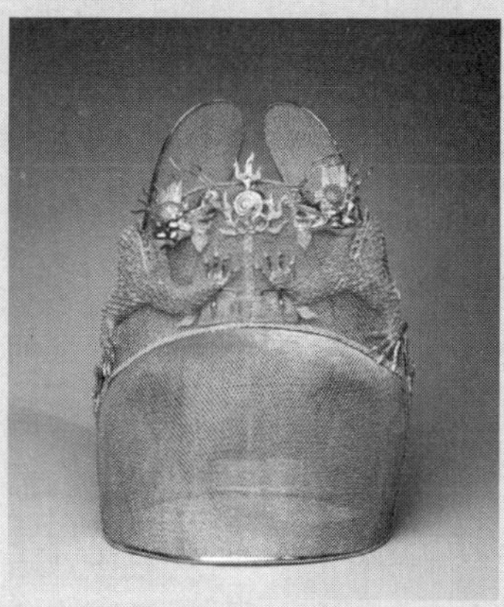

图 9-11 ［明］万历皇帝金冠

此金冠由三部分组成：前屋、两角和后山。前屋指的是帽壳部分，工匠采用“编灯笼空儿”的方法，从上至下用 518 根直径为 0.2 毫米的细金丝手工编结而成。由于工匠的技艺纯熟，编的花纹不仅空档均匀、疏密一致，而且中间无小结，看上去薄如轻纱。半圆形的帽山上挺立着两个状如兔耳的金丝网片，即两角，俗称“纱帽翅”。后山的正前方是精彩的二龙戏珠图案，金龙的造型生动有力、气势雄伟，这也正是金冠制作过程中最难的一部分。据专家鉴定，龙首、龙身、龙爪、龙鳞等部位均是单独制成后，进行整体图案的焊接组装完成的。金冠上仅龙鳞就用了 8400 片，这就需要工匠在焊接时不但要花费很大的气力，还要以积累多年的工作经验，掌握适当的火候，才能完成这样高难度的工艺制品。因此，万历皇帝金冠之珍贵，除质地全为金丝外，还在于整体的拔丝、编织、焊接等方面的高超技艺。目前，金冠在我国仅此一顶，堪称国宝。

明朝玉材数量颇多，基本依靠朝贡和官私贸易。玉器可分为装饰用玉、礼仪用玉、陈设品、日用器皿和文房用具等。这些玉器大量采用镂空雕刻手法，纹样繁密，多与黄金、珠宝组合搭配。高档宝石的大量应用，也是明朝发展的一大突出特点。

明朝中期，玉器的艺术轨道发生了变化，摒弃了宋、元玉器形神兼备的现实主义传统。同书画一样，玉器艺术反对“形似”，力主“神似”，进而转向装饰化、工艺化、玩赏化的拟古主义道路。至明晚期，由于商业经济发达，资本主义因素缓慢成长，玉器生产进一步商品化，一些玉作坊为追求利润，不惜牺牲艺术性，玉器美学价值大为降低，良材精工的玉器极为少见。

明朝，官窑瓷器开始使用年号作款，延续至清朝，达五六百年。而白釉的成功烧制是明朝制瓷技术的另一大成就，也为颜色釉和彩瓷的发展创造了条件。此时，瓷器生产技术有所提高，以吹釉代替蘸釉，以陶车旋坯代替竹刀旋坯。明朝瓷器种类繁多，大如龙缸，薄如蝉翼。在装饰手法上，唐宋时期流行的刻花、划花、印花等方式渐渐衰落，被画花取而代之。在朝廷的扶持下，景德镇成为全国制瓷中心，“昼间白烟掩空，夜间红焰烧天”，窑口数量近乎上千。

（九）清朝器物

清朝是中国历史上最后一个封建王朝，由满族掌权。满族统治者大力吸收汉文化，可以说是少数民族统治集团中汉文明程度最高的民族，所以在器物风格上已不见太多北方民族印记。清朝以康熙、雍正、乾隆三朝最为鼎盛，在器物的艺术、技术性上也发展至巅峰。但在乾隆晚期，开始逐渐迷恋技术，忽视艺术，出现了不少繁缛世俗之器。

时至清代，金银器制造进入又一个鼎盛时期，纯金白银与宝石镶嵌的奢华用料，繁复庞杂的器物种类，精细且多种的加工工艺，是前人所望尘莫及的。其中以皇家宫廷御用金银器为精品。作为昔日清代帝王居所的北京故宫有数千件金银器物藏品，其用途涉及宫廷典章、祭祀、餐饮、礼佛、配饰、日用、陈设等方方面面。其中，乾隆时期的金瓯永固杯是典型的珍贵宝物（见图 9-12），这是我国极为罕见的珍宝，富有

图 9-12 ［清］金瓯永固杯

深刻的历史意义和文化价值。清代金银器物的制作工艺十分考究，注重实用性，许多金银饰品在民间就可以买到，而不再是官僚贵族的独揽器物，这也充分体现了金银器大众化的程度。

中国玉文化历经漫长的发展，时至今日仍独步世界。清代玉器所取得的成就是空前的，尤其是乾隆皇帝爱玉成痴，在位期间所用玉器数以万计，涵盖几乎全部宫廷生活，如此充足的优质玉料，加之国家雄厚的经济实力、精湛的技术和丰富的想象力等诸多因素兼备，自此玉器行业急速迈向发展的全盛时期。从材质上来说，清代玉器制作用料十分广泛，其中以和田玉为主，回部每年分为春、秋两季向清廷进贡玉石。纵观清代玉器与玉文化的时代脉络，所留给今人的宝贵精神文化、物质文化、行为文化财富依旧熠熠生辉。

清朝初年的康乾盛世，在全国形成了政治安定、经济繁荣的社会环境，为陶瓷艺术的发展奠定了物质基础。中国数千年制瓷经验累积以及“督陶官”制度的实行，加之皇家的极度重视，形成了有利于清代陶瓷艺术发展的时代背景。在这一时期出产了大量制作技艺高超、装饰精美华丽的瓷器精品，形成了独特的清代陶瓷艺术，可以说是中国陶瓷艺术的登峰造极之时。清代的陶瓷生产以景德镇的官窑为中心，景德镇官窑瓷器制作工艺高超、装饰精美华丽，成就了大量陶瓷精品，并成为清代陶瓷艺术的杰出代表。同时，各地民窑也不断发展，并伴随着陶瓷外销和西洋原料、技术的传入，不断受到外来影响而变得丰富多彩。

通过以上对中国器物发展历史的梳理不难发现，器物作为劳动人民在物质生产领域创造出来的物质产品，担负着满足人们生活需要的重任。劳动人民的聪明智慧和发明创造凝聚在一件件器物上，人们从中充分享受到生活的自由、生活的乐趣、生活的美好。同时，器物又被赋予了中国文化的品质和精神。可以说，中国古代的器物，无不体现着中国文化的深厚内涵。正因为中国古代器物浓缩了中国文化的优秀精髓，即使时光流逝，仍然闪烁着永恒的光辉。一个时代的器物，就是一个时代文化的标志、文明的象征。从原始陶器、玉器、青铜器、瓷器到金银器，既是中国器物文化发展的轨迹，也是中华民族发展历程的缩影。

古为今用

在中国第一部有关设计的理论著作《考工记》中明确提出了一种注重内在统一、顺应大局、与自然相融合的设计思想，其中讲：“天有时，地有气，材有美，工有巧，合此四者，然后可以为良。”

首先，这反映了在器物生产过程中，天、地、物是基础，人的主观能动性和材料结合起来，才能造就出好的器物。这一造器理念一直影响着整个社会的发展，也就是和谐的理念。其次，器物生产过程是实用和美的结合，因此通过器物传达审美功能和情趣也是古人进行器物设计的根本理念。“器以载道”就是这个原则的体现，器物是文化的反映。因此在器物生产过程中，合理地运用绘画、书法等艺术手法对器物进行加工，不仅仅实现了器物的功用美，还体现了器物的意境美，实现了器物生产和使用的合理结合。最后，器物设计和生产的连续性。人们最初进行器物设计的时候，是依照自然界中的某种原型进行生产和设计，这一传统也一直延续至今。比如鼎，由最初作为食器，到春秋战国时期成为祭祀的礼器，再到后期变为家用的摆设，这种转变背后是文化的变迁和传承。虽然鼎在不同时期具有不同的功能，但它承载的文化功能和精神没有改变。

学思践悟

传统器物文化既是中华几千年优秀文化的代表，也是传统中华文明在器物方面的体现。器物文化本身就可以用博大精深来形容，各地的特色器物与其背后的独特文化也是百花齐放。请大家实地调研或查阅资料，追寻家乡古代器物的踪迹。

第二节　器以载道，道器不离

引经据典

形而上者谓之道，形而下者谓之器。

——《周易·系辞上》

拓展阅读：《周易·系辞上》释义

案例导入

器与道

古人制器，不止于器，更是用器物来承载思想，如鼎有方圆之别，圆鼎象天，方鼎象地。古礼祭天以犊，故圆鼎盛肉；地载万物，遂方鼎盛谷，是谓粢盛而名“鼐”。或铭写“大禾”，为后稷农官。簋也有圆器方座的型制，上圆下方，同样是借器物再现天圆地方。宇宙间以天地为大，天覆地载，以生万物，故古人制器，表现天地便成为他们最普遍的追求。

图 9-13 ［商］牛方鼎

正如从先秦时期开始，人们通过各种方式表达对牛的喜爱之情，寄托人们对生产丰收和生活富足的美好愿望，并且将牛的这种勤劳忠厚、顽强坚毅的美好品德作为中华民族的品格，延续数千年。如河南安阳殷墟出土的牛方鼎（见图 9-13），就在其显著部位绘有牛首兽面纹，底部有“牛”字铭文。

思考：

如何理解中国传统文化中的“器以载道，道器不离”？

理论讲坛

“道”是一种无形的、抽象的、本质的精神观念与思想存在；“器”则是一种有形的、具象的、感性的人为事物。“道”“器”关系，构成了中国古代器物文化的核心范畴，“器以载道”就成为中国古代器物文化的重要思想。人们又通过“器”“器物”得以窥见“道”、感知“道”、领悟“道”。所谓“器以载道”，就是“道”之理，蕴藏在“器”之中。这是人们制作“器”、使用“器”、审美“器”、崇尚“器”的目的和价值所在。

从中国古代造物实践中来看“道”“器”关系，“器以载道”是其重要内涵。器物作为人类的创造物，不仅合乎自然之道、承载社会之道，而且在物趣与人情的融通中，能够体现利生乐生的生命之道。在古代器物上，我们能够感受到生生不息的自然之道与天地之美；不同时代、不同社会的政治、经济、文化、审美状况，甚至不同阶层的人们的愿望、情感与思想等，在古代器物上或多或少的能够找到它们的踪迹。

一、金银器文化

（一）金银器文化的起源

目前的考古材料表明，我国古代最早的金银器产生于夏代。甘肃玉门火烧沟墓葬中出土的金耳环和金银鼻饰，是最早的金银饰品。商代西周时期，金银饰物有了初步的发展。北方地区和中原地区主要生产金首饰、金片、金叶、金箔等；春秋战国时期的金银器发展较快，除了带钩等金银饰物，金银材料还广泛用作青铜器的附饰，出现了一批金银错青铜器。用金银材料作为青铜器的附加装饰，使青铜器表面形成不同质地的金属材料对比，金光银色和铜辉相互映照，产生了富丽的光彩。而北方草原地区的匈奴族所制作的一批金银饰品，有金冠顶、金冠带，各种虎、牛、羊、马、狼、刺猬、鹰鸟形饰牌和金串饰等首饰，体现了游牧民族的艺术风格和审美特色。值得重视的是，战国时期开始出现了金制和银制器皿。如浙江绍兴出土的玉耳金舟，湖北随州市曾侯乙墓出土的金盏、金杯等。这些金银器皿的制作工艺已经较为精湛，可以说开创了我国古代用金银材料制作器皿的先河。

（二）金银器文化的发展

1. 唐代金银器文化

唐代皇室贵族对金银器近乎狂热的追求，并非仅仅因为其昂贵的价值和华美的外观，还在于人们的思想继承和发展了汉代以来对金银所持有的神秘观念。最普通、最常见的是，人们认为使用金银做成的器物对人体健康长寿有奇特功效。价值崇拜和命运向往的结合，使金银器皿更为神圣化，其生产制造也随之发生了根本性的变化。随着其兴盛发展，金银器被大量地用于日常生活、赏赐、馈赠及对外交往之中，社会功能超过了实用功能与审美功能。同时，由于唐代外交往来频繁，输入了大量来自罗马、粟特等地的外来金银器，丰富了唐代金银器的器形，比如西安博物院所藏唐代素面八曲银长杯，杯形就表现出较为明显的萨珊银器的特点。这个时期是我国金银器发展的成熟阶段，精致华贵的金银器代表了中国古代金银器发展的最高水平。

2. 宋代金银器文化

金银器在唐代是专供统治阶级享用的，这种情况在宋代有了改变。除统治者享用外，金银器在民间的市场上也作为商品生产和销售。金银器在宋代虽然十分盛行，但繁复华贵的金银器逐渐减少，素雅秀美的金银器受到更多的欢迎，造型也更为讲究、更新颖别致。特别值得一提的是，这个时期金银首饰的纹样设计大多取自于宋画中的写生小意，花草鱼虫、山水小景，即使尺寸较大，分量也不会很重，整体轻薄精巧、工艺价值极高。

3. 明清金银器文化

明清时期金银器空前发展，但和唐宋时期的金银器在艺术设计上形成了极大的反差。其设计的定位不再是生活化或商品化，而是权欲的物化，财富的膨胀化。这种设计定位的变化其实在元代时已开始显现出来。由于元代延续的时间不长，加上传统金银器的影响不可能在短期内就消失殆尽，因此这种变化还是十分有限的。而明清两代金银器设计定位的变化展露无遗，尤其是清代的金银器，完全变成了权力的象征、财富的堆积。

明代宫廷使用的金银器，多由集中了全国各地优秀工匠的内府“银作局”所制。为了满足宫廷贵族显示自己王者的气派、皇家的风范和拥有巨大财富的显赫地位的要求，金银器的设计已不再像唐宋时期的金银器那样追求实用和审美的结合，不再保持金银材料的本色之美。相反，极尽一切工艺手段，将各种宝石和玉镶嵌于金器之上，金光宝气，豪华至极。最有代表性的是北京明十三陵之定陵出土的金冠、金壶、金粉盒、金盂、金碗、金爵等一批金器。

清代，宫廷使用的金银器遍及典章、祭祀、冠服、生活、鞍具、陈设和佛事等各个方面。不仅皇帝、内廷如此，其他亲王、大臣、富商、巨贾、豪绅也无不大量使用金银器以斗富争胜，这在当时已成为一种社会风气。

中国古代金银器无论从精细的制造工艺，还是从独特的造型纹饰而言，都具有无可厚非的美。这种美不是局限于视觉形象的美，而是来自“有意味的形式”，所有的外在形式沉淀于自然万物、社会文化、时代特征，美在形式而又不限于形式。

二、玉文化

（一）玉文化的起源

中国素有玉石之国的美誉。早在有文字记载的历史以前，玉就作为美好、神圣、贵重和祥瑞的珍宝得到人们的喜爱，玉文化也是中国传统文化的一个重要组成部分。玉在古人的物质生活和精神生活中占据重要地位，人们赋予其丰富的象征意义和多层面的文化内涵，由此构成了中国民族文化的独特表现形式——玉文化。以玉器为载体的玉文化，不仅渗透到社会生活的各个方面，而且深深影响到中国古代的社会礼俗及古人的精神建构。

从远古时期到今天，中华民族爱玉、崇玉、礼玉、藏玉的独有的文化传统，已绵延

8000 多年。早在新石器时代中后期，玉石就已被我们的远古先民所发现、所重视。他们把这种坚硬、晶莹、美丽的特殊石头从一般的石头中分离出来，加工成比普通石器更好用、更实用、更耐用的工具、武器和饰品。于是加工玉器逐步成为一个生产部门，而玉器也逐步由单纯的用具发展成为具有丰富文化内涵的礼器、饰品。随着时间的推移、实践的丰富、玉器的发展，以玉器为载体的一门独特的文化形态——玉文化开始形成。

（二）玉文化的发展

在玉文化的发展过程中，玉器摆脱了单一的物质属性，与中华文化产生了绵绵不息的精神交往，这种“寓德于玉”的思想，把玉器和社会道德结合起来，形成了玉文化的核心理念，实现了玉雕艺术与儒家伦理的结合，物质、社会、精神三大范畴合一，这已经成为中国玉史最明显的特征，这一脉络一直延续至今，充分体现了我国劳动人民的聪慧和创造才能，这一精神也应该被继续发扬光大。

玉文化诠释了中华民族的传统美学，玉雕本身也成为美的化身，工艺之美、造型之美、寓意之美，几千年来不断发展完善，深受中国人喜爱。

知识视窗

山子玉雕

玉雕艺术按用途分为生产工具、生活用器、礼乐器、陈设品、仪仗器、佩饰、杂器类、丧葬品等；按造型分为人物、器皿、花鸟、瑞兽等。山子玉雕按用途属陈设品类别，按造型则是一种集人物、山水、树木、花鸟、瑞兽为一体的玉雕艺术综合体，其艺术形式多样、表现手法丰富、文化内涵深厚，是玉雕艺术重要创作形式之一。

山子玉雕，又称“玉山子”，属摆件类玉器，其表现题材多为带人物故事性质的山水或自然山水景色。因此，山子玉雕的制作，要求艺术家具有很强的形体塑造能力，同时还具备创造性的构思能力及较高的文学艺术修养。从发展脉络看，山子玉雕大概起源于宋代，之所以称为“玉山子”，正是其外形看起来像一座玉石山，这是山子玉雕艺术构成形式最直观的艺术形态特点。扬州山子玉雕第一人顾永骏大师在《山子玉雕的创作体会》著作中精辟地指出：“保留玉山的天然外形，或在各种山石形状的玉料上，经过精心设计，以各种人物和诗词典故为内容，施以山山水水、花草树木、鸟禽走兽，用圆雕、浮雕、镂空雕的方式雕刻出来的一幅立体的画面，这种形式的玉雕作品叫山子玉雕，玉雕行内人称之为山子。”图 9-14 为清代青玉大禹治水图山子。

图 9-14 ［清］青玉大禹治水图山子

总之，在中国传统文化发展中，玉一直被人们视为内美与外美的完美统一，它成为各种美的事物和现象的象征，无论在政治、礼仪、文化，还是在饮食起居、劳作休行中，都具有其特殊的价值，是其他珍宝所无法取代的。

拓展阅读：礼玉文化

三、瓷器文化

（一）瓷器文化的起源

中国瓷器像一面镜子，它照见的是几千年来的华夏文明。每一个时代的民风民俗、审美取向、思想状态都会在瓷器上体现出来。在中国人眼中，瓷器是一种最可亲、最可爱的器物；在外国人看来，瓷器是中国的象征。“中国”一词的英文 China 原意即瓷器，即使是现代陶瓷工业十分发达的一些欧美国家和日本，都要到中国来寻觅瓷器的源头，探究中国古代瓷器所包容的中国文化精神。

中国古代瓷器是崇尚自然的产物。不论从瓷器造型、釉色、纹饰，还是从烧成工艺等方面，都充分说明了这一点。瓷器造型的母型，有许多就取自于自然界的花果植物和动物形象。而这些模拟自然形体的造型，并不像古代青铜祭器和礼器中的象形那样充满了神异的甚至恐惧的色彩，而是以自然亲切、生动优美的形象和情趣，使人从中充分感受到一种自然的美感和韵味。瓷器的釉色，更是以自然天成作为审美的标准。历代文人赞美瓷器的诗文中，无不以瓷釉之美与自然之美相对照。唐代“茶圣”陆羽的“类玉类冰”“类银类雪”，唐代诗人陆龟蒙的“九秋风露越窑开，夺得千峰翠色来”，“诗圣”杜甫的“君家白碗胜霜雪”，晚唐诗人徐夤的“巧剜明月染春水，轻施薄冰盛绿云”，后周柴世宗的“雨过天青云破处，这般颜色作将来”，南宋诗人杨万里的“鹧斑碗面云萦字，兔褐瓯心雪作泓”等，莫不如此。而瓷器的纹饰，也充满了高山流水、鸟语花香的生活情趣和自然情韵。瓷器的烧成，也在经意与不经意当中，体现了一种“巧夺天工”的天然之美。

（二）瓷器文化的发展

1. 中国古代瓷器体现了以人为本的人文文化特性

中国传统文化从以神为本逐渐向以人为本发展，表现在器物艺术上，青铜器艺术的演变就是一个典型的范例。而中国的瓷器艺术，则完全是以人为本文化的产物。纵观中国瓷器艺术史，以人的使用为目的，既是瓷器发明的初衷，又贯穿整个瓷器发展的全过程。上至宫廷，下至民间，全民生产瓷器，全民使用瓷器，这是中国瓷器史的一个突出现象。宋、元、明时期，当欧洲人还把瓷器当作和黄金、宝石一样贵重的东西的时候，瓷器在中国，早已成为人民群众普通的生活日用品。宋代流行斗茶，皇帝赵佶和平民百姓一样喜爱黑瓷茶碗。君民同享同样的器物，是瓷器独有的现象。瓷器的造型和装饰，突出地体现了对民间生活的赞美和颂扬，反映了中国人对美好生活的无限热爱和向往。尤其是宋代以来瓷器的装饰，出现了大量描绘民间生活和具有吉祥意味的纹样题材，如宋代瓷器的婴戏纹，有一婴戏于莲花丛中，有两婴戏逐于梅竹之间，有三婴荡于花枝之上，有四婴攀之于树，有八婴戏于花间……婴孩的天真无邪、生动活泼，向人们展现了一个幸福欢乐的儿童大千世界。明清时期的瓷器纹样，表现民间生活的题材更加丰富，一幅幅耕织图、牧牛图、婴戏图、醉翁图、对弈图，松下老人、山林隐士、琴棋书画以及各种戏曲人物故事，具有吉祥含义的花鸟动物图案，都强烈地反映了人们渴望美好生活的愿望和追求。瓷器艺术如此贴近人的生活，服务人的生活，正是中国瓷器长盛不衰的一个重要原因。

拓展阅读：宋代斗茶

2. 中国古代瓷器是文化传播的重要桥梁

中国瓷器的域外传播史最早可追溯至汉唐。瓷器最初是作为“文化大使”“外交大使”而出使域外的，作为国礼、赏赐的瓷器代表着泱泱大国的气度及文明的高度。随着瓷器艺术与技艺的并臻，瓷以载道的寓意赋予其深刻内涵，从而使瓷器的国礼地位延续上千年。

中国瓷器的历史几乎与中华文明的历史同步，不啻为中华历史文明的活化石。如若将瓷器置于中国历史变迁与社会发展的背景之中予以观照，一件件静默的瓷器便在火与土的故事述说中、在中华文化与文明的表征中鲜活起来。一件普普通通的瓷器，何以承载了如此深厚的文化意蕴和民族精神？因为中国瓷器是中国传统人文文化的产物，是中华民族精神的升华。也就是说，中国古代瓷器，将人文文化和民族精神集于一身，并上升到一种理想的境界，人文文化和民族精神通过瓷器这个特定的载体，得到了完美的再现。

知识视窗

明清外销瓷

外销瓷类文物是研究中西方文化交流的重要历史见证物。明中叶开始，中国瓷器外销欧洲，其纷繁多样的种类、器型、釉彩、纹饰、功能和用途等，对英国、法国等欧洲国家各阶层人士的文化理念和生活方式等都产生了潜移默化的影响，中国外销瓷也因此成为中西方文化交流的重要载体，中国传统文化的魅力和深刻的影响力不断促进着中西方文化的交流与融合。明中叶开始的欧洲瓷器贸易，在丝绸之路上的贸易双方，代表的不仅仅是一种经济行为，更是中西方文化交流的一种特殊方式。西方对中国瓷器的需求主要有以下几类：一是直接购买，满足简单的使用需求；二是彰显地位，对瓷器进行私人定制；三是根据审美、喜好等，对瓷器的色彩和图案等进行再创作；四是根据装饰或实用等需求，对瓷器进行加工改造再利用；五是出于喜爱和大量的使用需求，学习并仿制中国瓷器。如今，中国瓷厂根据欧洲客户提供或提出的器型、釉彩、纹饰、功能、数量等方面的具体需求，进行来样加工或在国外客户、艺术家指导下进行生产。一类是纪念性题材的瓷器，如徽章、肖像等；另一类则是众多的生活题材的瓷器，如适用于餐饮、家庭装修陈设等有明确功能用途的瓷器，装饰多以中国文化元素为主，同时将西方文化元素融入其中。

古为今用

2015年，为纪念联合国成立70周年，中国政府向联合国赠送了一座“和平尊”。“和平尊”以中国古代青铜器中的“尊”为原型，表达中国对联合国的重视和支持，也是所有中国人对联合国的美好祝福。“和平尊”不仅展示了中华民族的悠久历史和当代文明，也体现了不同文明和文化交流互鉴、兼容并蓄、共同进步。“和平尊”传递了中国和中国人民求和平、谋发展、促合作、图共赢的愿望和信念，这也是联合国宪章的精神。

“和平尊”以中国非物质文化遗产景泰蓝工艺制成，以“中国红”为主色调，顶部龙饰象征守望和平，两侧象首、凤鸟寓意天下太平，人民安康。尊体以中国传统吉祥纹饰为主，辅以丝绸之路等元素，传承和平发展、交流合作的理念。尊身展翅高飞的七只和平鸽，代表联合国为世界和平奋斗的70年。

学思践悟

日常生活中，人们往往注重有形的“器”，而忽略无形的“道”。道为器之根，器为道之用，道器相合，这是理解中国传统文化时应秉持的一种态度。选择一个你喜欢的传统器物，从“器与道”的角度阐释作品背后蕴含的人文内涵。

第三节　万器纷呈，东方审美

引经据典

陶歌

［清］龚轼

白釉青花一火成，花从釉里透分明。
可参造化先天妙，无极由来太极生。

拓展阅读：《陶歌》释义

图 9-15 ［明］青花缠枝花纹天球瓶

案例导入

器物造型样式与时代发展

中国古代器物造型样式历经上万年的发展，能够一脉相承、绵延相继，除了政治、经济、文化大环境的原因之外，器物造型样式自身的发展规律也起了不小的作用。每种造型样式都有着较强的生命力，拥有保证其传承与传播的内在机制。在传承与传播的过程中，有些器物造型样式变化不大，而有的中途消失，有的隔代流行。不断有新的造型样式产生，又不断有新的造型样式被淘汰，这种更迭与变迁，使得每个时代的造型样式均有一定时代特色，也使整体中国古代器物造型样式富有活力。

思考：

器物造型样式与各种相关历史因素之间，有着怎样的逻辑关系，又遵循了怎样的发展规律？

理论讲坛

中国古代器物的发展，经历了从无到有、从简单到复杂、从单一到多样的过程。器物造型样式的演化和进步，是多重因素共同推进的结果，也是社会文明进步的标志。从新石器时代的陶器开始，中国器物即已初显自己的特色。在此基础之上，历经上万年的发展，中华器物之美在代代传承中，展现着永不褪色的魅力。

一、金银器中的国宝

1. 鎏金嵌玉镶琉璃银带钩

1950—1953 年，中国科学院考古研究所工作者在河南辉县琉璃阁、固围村一带进行过三次发掘，其中最为重要的是发现了一批战国时期的大墓及其附属的车马坑，此件制作精美的带钩（见图 9-16）就出土于固围村 5 号墓中。这件带钩器型较大，呈琵琶形，中部凸起，呈弧状，底部为银托。钩首为兽首，青玉雕刻，兽首用细线刻画出圆眼、长鼻和长嘴喙，喙两侧有数道横线纹，额头正中有一花蕾纹，上斜刻小方格纹，有角。面为包金组成的浮雕兽面，两侧盘绕两条夔龙，倒向勾端，合为一首。与两侧夔龙方向相反，又蟠绕着两只凤鸟。脊背正中，均匀嵌入三块白玉玦，玦面刻有卧蚕纹。前、后两块玉玦的中心孔各嵌入一个琉璃珠。玉玦色呈青白色，刻纹较为精细。整个带钩把金属铸造工艺和琢玉工艺结合起来，雍容华贵，用料考究、奢华，这样优美的带钩造型称得上是战国时期的精粹作品，反映了战国时期高超的制作工艺水平，堪称中国古代最华美的带钩。

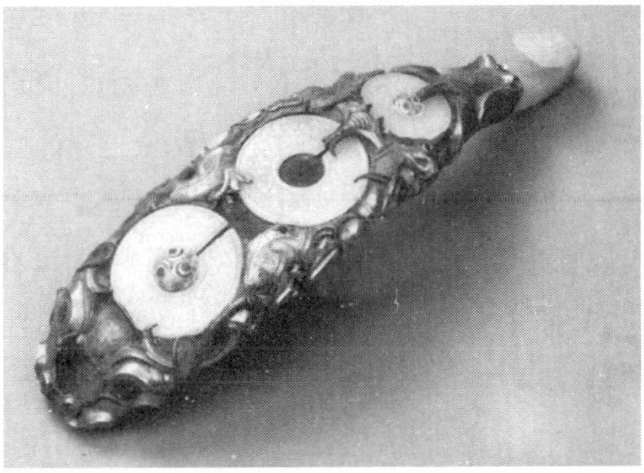
图 9-16 ［战国］鎏金嵌玉镶琉璃银带钩

2. 鸳鸯莲瓣纹金碗

1970 年出土于西安市何家村唐代窖藏的鸳鸯莲瓣纹金碗（见图 9-17），造型规整、纹饰凹凸有致，犹如一朵盛开的金莲花。共出土两件，一件高 5.5 厘米，口径 13.7 厘米，足径 6.8 厘米，重 392 克；一件高 5.6 厘米，口径 13.5 厘米，足径 6.8 厘米，重 391 克。两碗造型、纹饰均相同。纯金质，锤碟成形，錾刻为纹，造型饱满庄重。器壁捶作出上下两层向外凸鼓的莲花瓣纹，每层十片，上下轮廓相合。每一个莲瓣单元里都錾刻有装饰图案，上层主题是动物纹，有鸳鸯、野鸭、鹦鹉、狐狸等，下层是单一的忍冬花装饰图案。莲瓣上空白处装饰飞禽和云纹。鱼子纹底。这两件鸳鸯莲瓣纹金碗也是唐代金银器中少见的、最富丽堂皇的金碗，可以说它们是盛唐时期金银器制作的最高成就。

图 9-17 ［唐］鸳鸯莲瓣纹金碗

二、玉器中的国宝

1. 金缕玉衣

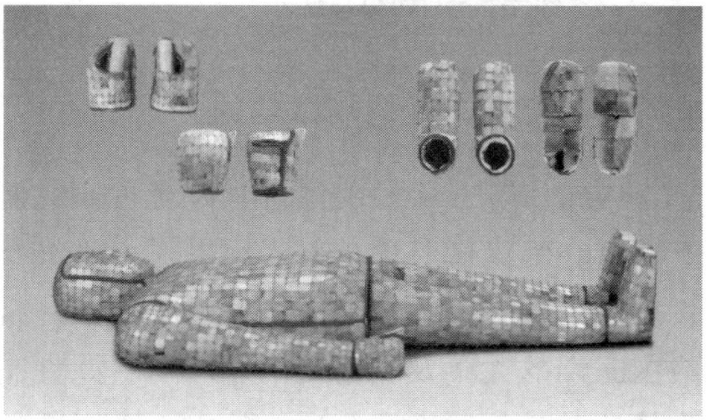

图 9-18 ［汉］金缕玉衣

徐州博物馆馆藏国宝金缕玉衣（见图 9-18），于 1994—1995 年徐州狮子山楚王陵出土，由徐州博物馆花费两年多的时间修复完成。玉衣出土时已严重散乱，曾被盗墓者从棺室中拖至塞石上，抽走金丝，玉片散布于内墓道塞石上和盗洞内塞石之间的夹缝中，不少玉片在抽金丝时被损坏。出土的玉片，玉质温润，呈半透明状。修复后的玉衣由头罩、前胸、后背、左右袖筒、左右裤管等十余部件组成，玉片总数为 4248 片，穿缀玉片用的金丝重 1576 克。该金缕玉衣是目前国内出土的年代最早、玉片数量最多、玉质最好、制作工艺最精的玉衣。

知识视窗

玉衣

玉衣也叫“玉匣”“玉柙”，是汉代皇帝和高级贵族去世时穿用的殓服，外观和人体形状相同。汉代人认为玉是“山岳精英”，将金玉置于人的九窍，人的精气不会外泄，就能使尸骨不腐，可求来世再生，所以用于丧葬的玉器在汉玉中占有重要的地位。玉衣主要出土于河南、江苏、河北、安徽、山东。

玉衣是穿戴者身份等级的象征，皇帝及部分近臣的玉衣以金线缕结，称为“金缕玉衣”，其他贵族则使用银线、铜线编造，称为“银缕玉衣”“铜缕玉衣”。金缕玉衣是汉代规格最高的丧葬殓服，大致出现在西汉文景时期。据《西京杂志》记载，汉代帝王下葬都用“珠襦玉匣”，形如铠甲，用金丝连接。这种玉匣就是人们日常说的金缕玉衣。2000 多年前的西汉时代，根据当时的生产水平，制作一套金缕玉衣是十分不易的。从遥远的地方运来玉料，通过一道道的工序把玉料加工成为数以千计的、有一定的大小和形状的小玉片，每块玉片都需要磨光和钻孔，大小和形状必须经过严密的设计和细致的加工，编缀玉片还需要许多特制的金丝。由此可见，制成一套金缕玉衣所花费的人力和物力，是十分惊人的。

2. 碧玉 C 形龙

国家博物馆的镇馆之宝——碧玉 C 形龙（见图 9-19），是已知红山文化玉龙中体型最大的一件，有“中华第一龙”的美誉。出土地点为内蒙古红山文化遗址群中。该器物高

26厘米，完整无缺，体蜷曲，呈C字形。吻部前伸，略向上弯曲，嘴紧闭，有对称的双鼻孔，双眼突起呈棱形，有鬣，身体呈墨绿色。龙背有对称的单孔，经试验此孔用于悬挂，龙的头尾恰好处于同一水平线上。碧玉C形龙造型独特，工艺精湛，圆润流利，生气勃勃。玉龙身上负载的神秘意味，更为它平添了一层美感。值得注意的是，玉龙形象带有浓重的幻想色彩，已经显示出成熟龙形的诸多因素。红山玉龙的发现，不仅让中国人找到了龙的源头，也充分印证了中国玉文化的源远流长。

图9-19 ［新石器时代］碧玉C形龙

拓展阅读：红山文化

三、瓷器中的国宝

1. 越窑青釉八棱瓶

1988年，考古工作者在陕西扶风法门寺地宫中发掘出越窑青瓷器14件，同在地宫出土的衣物帐碑上将这些越窑瓷器明确记载为“秘色瓷”，说明这些越窑瓷器的制作从选料、淘洗，及至成器、施釉、烧制等各道工序一丝不苟，应为当时越窑的上品，可能是供奉宫廷的佳器。出土的越窑青釉八棱瓶（见图9-20）通体呈八棱形，直口，长颈，溜肩鼓腹，腹以下渐收至底，圈足。胎体呈灰白色，釉面明亮，釉色青绿，犹如一汪湖水。瓶体凸棱部位釉色浅淡，更增加了器形的美感。此瓶在装饰上颇具匠心，瓶类多为圆形，此瓶则呈八棱形，且颈、肩相接处有三条凸棱，可谓与众不同。

图9-20 ［唐］越窑青釉八棱瓶

2. 雍正斗彩缠枝花纹梅器

雍正斗彩缠枝花纹梅器（见图9-21）代表了清代斗彩瓷器的最高水平。此器是历史首件突破釉下青花与釉上五彩工艺之作品，历史地位极高，釉料配方十分复杂。雍正斗彩突破釉下青花与釉上五彩相结合，将当时的粉彩胭脂红等引入画面，形成独一无二的艺术效果，因所用釉上彩釉料配方极为复杂，所以烧成后的花卉显得格外富丽华美，但也因釉料化学成分太过复杂，导致

图9-21 ［清］雍正斗彩缠枝花纹梅瓶

温度控制要求过高，使得烧造成品率极低。

3. 乾隆各种釉彩大瓶

乾隆各种釉彩大瓶（见图 9-22），高 86.4 厘米，口径 27.4 厘米，足径 33 厘米。洗口瓶、长颈、长圆腹、圈足外撇。颈两侧各置一螭耳。器身自上而下装饰的釉、彩达 15 层之多。所使用的釉上彩装饰手法有金彩、珐琅彩、粉彩等；釉下彩装饰品种有青花；还有釉上彩与釉下彩相结合的斗彩。使用釉的类别有仿哥釉、松石绿釉、窑变釉、粉青釉、霁蓝釉、仿汝釉、仿官釉、酱釉等。主题纹饰在瓶的腹部，为霁蓝釉描金开光粉彩吉祥图案，共 12 个开光，其中六幅为写实图画，分别为“三阳开泰”“吉庆有余”“丹凤朝阳”“太平有象”“仙山琼阁”“博古九鼎”。另六幅为锦地“卍”字、蝙蝠、如意、蟠螭、灵芝、花卉，分别寓意“万”“福”“如意”“辟邪”“长寿”“富贵”。瓶内及圈足内施松石绿釉，外底中心署青花篆书“大清乾隆年制”六字三行款。从烧造工艺上看，青花与仿官釉、仿汝釉、仿哥釉、窑变釉、粉青釉、霁蓝釉等均属高温釉、彩，需先焙烧。而粉彩、珐琅彩、金彩及松石绿釉等均属低温釉彩，需后焙烧。如此复杂的工艺只有在全面掌握各种釉、彩性能的情况下才能顺利完成。

图 9-22 ［清］乾隆各种釉彩大瓶

拓展阅读：珐琅彩瓷器

以上展示的国家宝藏，只是万器纷呈的中国古代器物的代表作品，这些考古遗迹和历史文物作为历史发展进程见证的文物，是凝固的记忆，既展示了灿烂辉煌的中国古代文明，也积淀了中华民族的智慧情感和优良传统，我们为之感到骄傲与自豪，也因此受到鼓舞和激励。作为大学生，只有准确认识中华文明起源和发展的历史脉络，认识中华文明取得的灿烂成就，理解中华文化的丰富内涵与重要特质，认识中华文明对人类文明的重大贡献，才能不断增强民族凝聚力、民族自豪感，才能更加自觉地为实现中华民族伟大复兴中国梦而不懈奋斗。

古为今用

李白有诗云：“金樽美酒斗十千，玉盘珍馐值万钱。”自古以来，美酒要配“金樽”，珍馐美味要用“玉盘”来装饰，方能价值万千。2016 年，二十国集团峰会在杭州召开，中方为欢迎二十国集团领导人精心准备的国宴和国宴餐具也引起了人们的关注。在二十国集团峰会欢迎晚宴上，中国将西湖美景融入食器中。国宴不仅仅是一餐饭，更是一顿“中华文化的具象大餐”。一刀一叉，一碗一盘，都在讲述中国故事，用民族特色让全世界感知中华文化的博大精深、源远流长。

全套餐具系列名为“西湖盛宴”，所有图案设计均取自西湖实景，用淡彩国画的表现手法，表现西湖烟雨朦胧、诗情画意的景致，尽现江南山水醉人之美。让世界友人在享用美食时，又好似漫步于西子湖畔。餐具釉色温润通透，采用富有深刻传统文化审美元素的“青绿山水”工笔带写意的笔触创作，布局含蓄谨严，细节丰富，意境尤为清新、空灵。一桌青绿色骨瓷餐具令世界惊叹，这套极美的餐具，蕴含着“西湖元素、中国韵味、世界大同”的深意，此所谓“器以载道，道器不离”。

学思践悟

原始彩陶的质朴敦厚，商周青铜器的刚劲雄浑，汉代漆器的端庄典丽，唐代金银器的灿烂富丽，宋明瓷器的清秀绚丽，明式家具的简洁典雅，明清织物的精致华丽……当我们走进博物馆，仔细观赏各个时代的器物艺术，就会被千姿百态、丰富多彩的器物艺术造型和装饰所吸引。请同学们参观任意展馆，如故宫博物院、中国国家博物馆等，感受中国器物之美，并思考这些器物的时代价值。

参考文献

CAN KAO WEN XIAN

1. 杨伯峻译注．论语译注（简体字本）[M]．北京：中华书局，2006．

2. 杨伯峻译注．孟子译注（简体字本）[M]．北京：中华书局，2019．

3. [汉]董仲舒著．周桂钿译注．春秋繁露[M]．北京：中华书局，2011．

4. [宋]朱熹，吕祖谦撰．斯彦莉译注．近思录[M]．北京：中华书局，2011．

5. 蔡元培．中国伦理学史[M]．北京：中国社科文献出版社，2008．

6. 梁漱溟．东西文化及其哲学[M]．北京：商务印书馆，2010．

7. 梁漱溪．中国文化的命运[M]．北京：中信出版社，2010．

8. 辜鸿铭．中国人的精神[M]．海口：海南出版社，1996．

9. 冯友兰．冯友兰学术精华录[M]．北京：北京师范学院出版社，1988．

10. 冯友兰．中国哲学简史（插图修订版）[M]．北京：世界图书出版公司，2011．

11. 梁启超．新民说[M]．北京：商务印书馆，2016．

12. 胡适．中国哲学史大纲[M]．长沙：岳麓书社，2010．

13. 钱穆．中国思想通俗讲话[M]．北京：生活·读书·新知三联书店，2002．

14. 钱穆．中国历代政治得失[M]．北京：生活·读书·新知三联书店，2001．

15. 费孝通．乡土中国[M]．北京：生活·读书·新知三联书店，1985．

16. 贺麟．文化与人生[M]．上海：上海人民出版社，2011．

17. 徐复观．中国思想史论集[M]．上海：上海书店出版社，2004．

18. 唐君毅．文化意识与道德理性[M]．北京：中国社会科学出版社，2005．

19. 杜维明．现代精神与儒家传统［M］．北京：生活·读书·新知三联书店，1997．

20. 余英时．文史传统与文化重建［M］．北京：生活·读书·新知三联书店，2004．

21. 何俊．余英时学术思想文选［M］．上海：上海古籍出版社，2010．

22. 张岱年．中国哲学大纲［M］．北京：中国社会科学出版社，1982．

23. 张岱年．中国伦理思想研究［M］．北京：中国人民大学出版社，2011．

24. 体育院、系教材编审委员会《武术》编写组．体育系通用教材·武术［M］(第一册)．北京：人民体育出版社，1978．

25. 温力．试论武术的概念［J］．北京：体育科学，1989（2）．

26. 张岱年，方克立．中国文化概论［M］．北京：北京师范大学出版社，2004．

27. 白全贵，师全民．中国传统文化概论［M］．郑州：郑州大学出版社，2003．

28. 梁漱溟．中国文化要义［M］．上海：学林出版社，2018．

29. 李平．中国文化概论［M］．4 版．合肥：安徽大学出版社，2021．

30. 汪涌豪．中国游侠史［M］．上海：复旦大学出版社，2001．

31. 周稔丰．太极拳常识［M］．北京：人民体育出版，1978．

32. 沈寿．太极拳法研究［M］．福州：福建人民出版社，1984．

33. 周伟良．中华民族传统体育概论高级教程［M］．北京：高等教育出版社，2003．

34. 刘秉果．中国体育史（插图本）［M］．上海：上海古籍出版社，2003．

35. 张文奎．人文地理学概论［M］．3 版．长春：东北师范大学出版社，1993．

36. 万籁声．武术汇宗［M］．上海商务印书馆，1929．

37. 李成银．中国武术咨询大全［M］．济南：山东教育出版社，1993．

38. 旷文楠．中国武术文化概论［M］．成都：四川教育出版社，1990．

39. 曾于久，刘星亮．民族传统体育概论［M］．北京：人民体育出版社，2000．

40. 崔希亮．汉语熟语与中国人文世界［M］．北京：北京语言文化大学出版社，2006．

41. 冯亦吾．书法探求［M］．北京：北京出版社，1983．

42. 王岳川．书法文化精神［M］．北京：北京大学出版社，2008．

43. 何云波．弈境：围棋与中国文艺精神［M］．北京：北京大学出版社，2006．

44. 李亮．诗画同源与山水文化［M］. 北京：中华书局，2004.

45. 鲁文忠．《兰亭》墨香醉千年［M］. 北京：人民美术出版社，2013.

46. 巩成国．琴、琴家、琴曲、琴文化［J］. 民族音乐，2007（5）.

47. 贾靖国．浅谈古琴文化的艺术审美和文化内涵［J］. 黄河之声，2009（18）.

48. 路毓贤．中国传统书法的人文本质［J］. 唐都学刊，2012（5）.

49. 彭木木．天下谁人不识君——中国琴文化述论［J］. 艺苑，2005（1）.

50. 张洪彬．中国画与中国传统文化［J］. 文艺争鸣，2010（6）.

51. 张建，刘荣．中国传统文化［M］. 3 版．北京：高等教育出版社，2018.

52. 贾先奎，白春香．中国传统文化概论［M］. 天津：南开大学出版社，2015.

53. 王艳玲．中国传统文化［M］. 2 版．北京：高等教育出版社，2018.

54. 刘冲．日本现代建筑的发展和对中国建筑的影响［J］. 世界家苑，2018（3）.

55. 王新迎．"读城——发现北京四合院之美"展览形式设计解读［J］. 首都博物馆论丛，2019（1）.

56. 李俊杰．永定土楼世遗地景观中客家文化的保护与传承［D］. 福建农林大学，2013.

57. 杨哲，李翔．永定土楼传统聚落和建筑的生态智慧［J］. 生态城市与绿色建筑，2018（3）.

58. 李亚新．先秦时期黄河中上游地区窑洞式房屋研究［D］. 内蒙古师范大学，2018.

59. 梁思成．中国建筑史［M］. 北京：生活·读书·新知三联书店，2011.

60. 陈登才，郑志飚．延安精神与社会主义精神文明建设［M］. 西安：陕西人民出版，1996.

61. 傅林祥．中华大典（交通运输典·交通路线与里程分典）［M］. 上海：上海交通大学出版社，2017.

62. 秦国强．中国交通史话［M］. 上海：复旦大学出版社，2012.

63. 李楠．中国古代交通［M］. 北京：中国商业出版社，2015.

64. 王子今．中国古代交通文化论丛［M］. 北京：中国社会科学出版社，2015.

65. 白寿彝．中国交通史［M］. 北京：团结出版社，2011.

66. 鲍成志．古代中国交通网络变迁对城市体系发展的影响［J］. 中华文化论坛，2019（1）.

67. 段渝．古代中印交通与中国丝绸西传［J］. 天府新论，2014（1）.

68. 孙驰．浅析中国古代交通发展的重要阶段及节点［J］. 交通建设与管理，2018（2）.

69. 夏宝君，陈培爱．中国古代对外传播的分期与特点［J］. 报海钩沉，2018（11）.

70. 王子今．中国古代交通系统的特征［J］. 社会科学，2009（7）.

71. 郝秀．中国古代交通运输制度文化历史回顾［J］. 社会科学，2018（2）.

72. 马洪根．中国古代水上交通安全管理初论［J］. 山东农业大学学报（社会科学版），2017（4）.

73. 吴敦序．中医基础理论［M］. 上海：上海科学技术出版社，2002.

74. 鲁兆麟，陈大舜．中医各家学说［M］. 北京：中国协和医科大学出版社，2000.

75. 王庆其．内经选读［M］. 北京：中国中医药出版社，2007.

76. 吕少民．中国器物简史（全2册）［M］. 北京：研究出版社，人民出版社，2017.

77. 高丰．中国器物艺术论［M］. 太原：山西教育出版社，2001.

78. 齐东方．唐代金银器研究［M］. 北京：中国社会科学出版社，1999.

79. 赵克理．顺天造物：中国传统设计文化论［M］. 北京：中国轻工业出版社，2008.

80. 叶喆民．中国陶瓷史［M］. 北京：生活·读书·新知三联书店，2006.

81. 汪久文．中国玉器时代与玉文化［M］. 北京：科学出版社，2016.

82. 董胤．施艺于玉，如琢如磨——清代玉器与玉文化的时代感［J］. 北京文博文丛，2014（4）.

83. 梅璐琳．清代宫廷金银器的美学研究［D］. 湖南师范大学，2016.

84. 孟程程．传统“道器观”及其当代启示［J］. 长春师范学院学报（人文社会科学版），2013（5）.

85. 王强，张璐．器以载道——《设计史鉴：中国传统设计思想研究·思想篇》评述［J］. 装饰，2011（1）.

86. 李兴华，韩建磊．论传统器物的教化功能［J］. 南昌大学学报（人文社会科学版），2014（5）.

87. 李龙生．道器之辨——兼论中国古代器物美学思想［J］. 中国文学批评，2018（3）.

88. 孔奇妙．从明清外销瓷看中外文化的交融［J］. 陶瓷研究，2021（5）.